楊海英 主編

有關內蒙古人民革命黨講話集

滕海清將軍

下冊

【內蒙古文革檔案】資料編輯委員會

01 滕海清將軍有關內蒙古人民革命黨講話集
主編｜楊海英
編者｜Asuru、Orgen、Seedorjiin Buyant、Uljideleger

02 有關內蒙古人民革命黨的政府文件和領導講話
主編｜楊海英
編者｜Asuru、Orgen、Seedorjiin Buyant、Uljideleger

03 挖內蒙古人民革命黨歷史證據和社會動員
主編｜楊海英
編者｜Asuru、Orgen、Seedorjiin Buyant、Uljideleger

04 內蒙古土默特右旗被害者報告書
主編｜楊海英
編者｜Asuru、Orgen、Olhunud Daichin、Archa

05 內蒙古軍區被害者和加害者紀錄
主編｜楊海英
編者｜Asuru、Khuyagh、Altansuke、Tombayin、Delekei

上：慶祝九大召開的宣傳畫。引自《呼和浩
　　特市　毛主席萬歲，毛主席詩詞繪畫，
　　像章展覽會》。

下：參加慶祝《中共中央關於處理內蒙問題
　　決定》一周年遊行的解放軍士兵。引自
　　《內蒙古日報》1968年4月14日。

上：宣傳工人階級的畫。引自《毛澤東思想宣傳報頭資料》。
下：在田間學習毛著作的農民。引自《毛澤東思想宣傳報頭資料》。

序言

楊海英

中國文化大革命期間，共產黨在內蒙古自治區發動了大規模種族屠殺（genocide）。經中國政府操作過後的公開數據呈示，中國政府和中國人（即漢民族[1]）總共逮捕了346,000人，殺害27,900人，致殘120,000人。親自在內蒙古各地做過社會調查的歐美文化人類學家們則認為被中國政府和中國人屠殺的蒙古人受害者總數達10萬人。[2]筆者曾經在日本編輯出版了兩本文化大革命（以下簡稱為「文革」）被害者報告書，通過用社會學抽樣調查方法探討呼倫貝爾盟和基層人民公社的被害者情況，得出的結論與歐美文化人類學家的結論相同。[3]這些數據裡並不包括「遲到的死亡」，亦即致殘者120,000人的命運。蒙古人的民族集體記憶是：「文革就是一場中國政府和中國人合謀屠殺蒙古人的政治運動」。[4]

　　直接在現場指揮大屠殺蒙古人的中共高層領導是滕海清將軍。滕海清，1909年3月2日出生於中國南部安徽省金寨縣南溪鎮。幼時上私塾讀過《三字經》等，略通文字。1930年8月，21歲的滕海清參加了中共紅軍獨立團，以後編入紅四軍。中共執政后，1950年11月入南京軍事學院學習，兩年後又成為該

---

[1]　蒙古人認為所謂的「中國人」是只指漢民族，只有漢民族才是「中國人」。內蒙古自治區和新疆即東土耳其斯坦的維吾爾人，以及西藏的圖博人只是「中國籍蒙古人」，「中國籍維吾爾人」，「中國籍圖博人」，並非「中國人」。這一點亦是國際學術界共識。參見：Kuzmin, Dmitriev, S. V. 2015　Conquest Dynasties of China or Foreign Empires? The Problem of relations between China, Yuan and Qing, *International Journal Of Central Asian Studies*, Vol. 19, pp.59-91.

[2]　參見：Jankowiak, William，1988　The Last Hurraah? Political Protest in Inner Mongolia. *The Australian Journal of Chinese Affairs*, 19/20:269-288. Sneath, David，1994　The Impact of the Chinese Cultural Revolution in China on the Mongolians of Inner Mongolia. *Modern Asian Studies*, 28:409-430.

[3]　參見：楊海英編『モンゴル人ジェノサイドに関する基礎資料5—被害者報告書1』、風響社、2013年、1頁。楊海英編『モンゴル人ジェノサイドに関する基礎資料6—被害者報告書2』、風響社、2014年、78頁。

[4]　參見：楊海英著《沒有墓碑的草原：蒙古人與文革大屠殺》，八旗出版社，2014年。

校教員。1961年，赴北京軍區任副司令員。[5]

　　內蒙古自治區受到來自北京文革衝擊影響，造反派和政府系統保守派激烈對立時，中共國務院總理周恩來於1967年4月13日深夜命滕海清奔赴內蒙古收拾混亂局面。滕海清在4月18日空降自治區首府呼和浩特市，同時，屬北京軍區之第69軍28師亦入駐內蒙古自治區。軍事進駐的理由是：「蒙古人已經叛亂」。[6]可見，中共從一開始就把蒙古人當作政治敵人；而蒙古人對此一無所知。

　　滕海清有過一段與造反派的「蜜月」。他通過打壓蒙古人領袖烏蘭夫等菁英階層和獲取造反派支持的手段成功掌握了內蒙古局勢。因為在整肅打擊蒙古人「資產階級當權派」一點上，滕海清和造反派等中國人（即漢民族）利益一致。中國人從來不認為自己是剛剛從長城以南逃難來到蒙古人自古生息的草原上的殖民者，相反，他們堅信自己是高人一等的解放者和「文明的傳播者」。中國人以農耕為上，視遊牧業為落後，從而更敵視遊牧民族蒙古人。所以，滕海清和殖民內蒙古的中國人都想利用文革運動改造同化「落後」的蒙古人，全面奪權，建立中國人「當家作主」的內蒙古自治區。有了造反派的支持，滕海清在1967年11月1日坐上了新成立的內蒙古革命委員會主人的交椅。

　　在中國人全面掌控內蒙古的政治權利後的1968年1月6日至18日間，自治區革命委員會召開了第二次全體擴大會議。滕海清在會議上做了長篇講話，決定正式開始屠殺蒙古人的「三股勢力」。滕海清的「作戰計劃」得到了「人民的好總理」周恩來和毛澤東夫人江青的大力支持。中共情報機關頭目康生指示滕海清「蒙古族的壞人，要由蒙古人自己抓」。到1968年5月時，滕海清又提出「挖出烏蘭夫的社會基礎」，「敢於拼刺刀，要刺刀見紅」，直接號召對全體蒙古人社會動用暴力。

　　中國政府和中國人認為「叛亂」了的蒙古人應該有組織。1968年7月20

[5]　參見：廖西嵐著《百戰將星：滕海清》，解放軍文藝出版社，2000年，1-12頁。楊海英編『モンゴル人ジェノサイドに関する基礎資料1―滕海清将軍の講話を中心に』、風響社、2009年、31頁。

[6]　高書華 程鐵軍著《內蒙文革風雷：一位造反派領袖的口述史》，明鏡出版社，2007年，261-262頁。楊海英編『モンゴル人ジェノサイドに関する基礎資料1―滕海清将軍の講話を中心に』、風響社、2009年、33頁。

日，中共內蒙古自治區革命委員會正式認定內蒙古人民革命黨為「非法反革命組織」，有「民族分裂」的前科。於是，早在1947年5月既已被中共強迫解散的「內蒙古人民革命黨」原成員和普通蒙古人皆被打成「內人黨員」，並命令在短期內登錄自首。從此，中國政府在自治區佈下天羅地網，號召殖民內蒙的中國人起來「從蒙古人手中奪權」，同時從鄰近的河北省和陝西，山西等地區動員「貧下中農毛澤東思想宣傳隊」大批移居內蒙古。外來的中國人在政府支持和解放軍保護下，屠殺草原上的蒙古人，搶奪原住蒙古人的土地並改造為農田。這一切，都是在滕海清將軍的直接指揮下進行。

1969年4月1日起，中共召開第九次全國代表大會。會議期間，毛澤東認為，「內蒙古的清理階級隊伍的運動已經擴大化」。毛只是講從中共體制內「清理」蒙古人的運動「擴大化」，他並不認為運動本身錯誤。在內蒙古的滕海清，因為其獨斷行為觸動了造反派利益，於是又引發了解放軍和造反派的對立。1969年7月底，中共決定肢解內蒙古自治區。把東部呼倫貝爾盟和哲里木盟及昭烏達盟分別割讓給東三省；西部阿拉善盟割讓予甘肅省和寧夏回族自治區，從而又完全恢復了歷史上中國王朝善用的對異族分而治之的統治方式。翌年11月，滕海清將軍離開了他熱愛的革命委員會主任一職。1975年10月1日，中共任名其為山東省濟南軍區副司令員，至1987年退休。

滕海清將軍自始至終認為自己「打擊蒙古人民族分裂集團」有功。因此，他拒絕在大量屠殺蒙古人一事上承擔責任。蒙古人則堅決要求把滕海清送上法庭一邊，審判中國政府所犯下的人道主義罪行。至晚到1981年8月1日，蒙古人知識分子和政治菁英代表整個民族和內蒙古自治區向中共司法機關「提出追究滕海清法律責任，並詳細陳述了理由」。然而，中共中央「念其在長期戰爭中，出生入死，為人民流血奮鬥，做了不少有益的工作，所以還從寬，不擬追究刑事責任」。[7]就這樣，滕海清「為中國人民流血奮鬥」的功績大過了他屠殺蒙古人的罪惡，最終無罪釋放。1997年10月26日，滕海清在北京一家專供中共高幹利用的「301醫院」死去。[8]

---

[7]　圖們 祝東力著《康生與內人黨冤案》，中共中央黨校出版社，1996年，299-300頁。

[8]　楊海英編『モンゴル人ジェノサイドに関する基礎資料1─滕海清将軍の講話を中心に』、風響社、2009年、31頁。

　　滕海清是文革期間大量屠殺蒙古人的象徵性人物，他的存在和中共暴力性民族政策聯繫在一起，也是中國人根深柢固的歧視少數民族的精神文化的結果。本書收錄了滕海清在內蒙古執政時期的講話和文革後期圍繞他的一些文獻，亦即是否追究滕海清屠殺蒙古人政治罪行的論爭。

　　中共高級幹部的講話帶有特殊意義。在一個沒有法制的專制政權之下，領導人物的講話就是法律而帶有生殺予奪職權。講話往往以「意見」，「批示」和「指示」等形式出現，實際上代表政府意志，具有不可抗拒的性質。

　　全部文獻曾經在日文版的『モンゴル人ジェノサイドに関する基礎資料1―滕海清將軍の講話を中心に』（風響社、2009年）中以影印的方式出版。本次中文版屬影印版文獻的重新輸入。讀者如果願意探討文革期間的印刷文化，即排版和蠟紙刻印的獨特氛圍的話，希望直接閱讀日文版。在此次重新電子輸入時，文革期間專用的簡體字和繁體字一律統一為現行繁體字。除明顯的錯別字以外，未作任何改動。

目次 │ CONTENTS

編輯書前註：

本書內容為史料檔案，有些文革時期的詞彙和現今我們所習慣的正確用字並不相同。例如「付主席」（副主席）；「揮午」（揮舞）等等。這些不同的用字，為尊重歷史、呈現特殊的文革文化，我們將予以保留。

60.滕海清同志在呼市工人毛澤東思想宣傳隊學習班的講話（1968.12.10）

同志們：

　　首先讓我們共同敬祝我們的偉大領袖我們心中最紅最紅的紅太陽毛主席萬壽無疆！萬壽無疆！！萬壽無疆！！！

　　同志們：今天向工人毛澤東思想宣傳隊，包括解放軍毛澤東思想宣傳隊的主要負責同志們談一下目前的工作問題。我瞭解的情況很少，談的一些問題不一定正確，有錯誤的地方請同志們批評指正。首先談一下內蒙地區的形勢問題。

一、形勢問題

　　自從自治區四次全委擴大會議認真貫徹和全面落實毛主席的最新指示，林副主席重要講話和黨的八屆十二中全會公報精神以來，自毛主席在七屆二中全會上的報告重新發表以來，全區運動迅猛向前發展，形勢一片大好。

　　形勢大好的主要標誌是：

　　毛澤東思想更加深入人心，群眾更加廣泛、更加充分地發動起來了，掀起了鬥，批、改的新高潮。全區通過大辦毛澤東思想學習班和大派毛澤東思想宣傳隊，使毛主席、林副主席的聲音和公報精神迅速的家喻戶曉，深入人心，成為推動運動最強大的推動力。呼盟十一個旗縣舉辦了5945期學習班，參加學習班的人員約三十萬；昭盟農牧區舉辦了學習班、講習所一萬二千多個；呼、昭二盟組織了九萬人參加的七千三百多個公報宣傳隊，深入農牧區宣傳黨的八屆十二中全會公報。目前，從城市到農牧區，從工廠到街道，從機關到學校，人人都在學習毛澤東思想，人人都在關心國家大事。

　　革命的大批判聲勢浩大。根據主席的最新指示，我們把路線鬥爭交給群眾，大家通過普遍召開聲討大叛徒，大內奸，大工賊劉少奇大會，大揭大批了劉少奇，烏蘭夫的反革命修正主義路線和民族分裂主義路線，大揭大批了高錦

明的右傾機會主義路線。通過革命的大批判，廣大群眾的階級鬥爭覺悟和路線鬥爭覺悟進一步提高了，對毛主席關於在無產階級專政條件下繼續革命的理論有了深切的認識，對毛主席的無產階級革命路線有了更深切的感受，從而大大推動了全區的鬥、批、改。

清理階級隊伍運動已進入到一個新階段。十二中全會公報發表以來到十二月七日為止，據七盟二市不完全統計，在 一個多月的時間裡揪出各種壞人××××名，相當於過去一年挖出來的78%。這個階段的主要特點是運動更加廣泛、更加深入，所謂更加廣泛，是指農牧區，街道居民等都廣泛的發動起來，開展了清理階級隊伍工作；所謂更加深入，是指把隱藏最深，偽裝的最狡猾的階級敵人，特別是混入到各級紅色政權中的反革命兩面派揪出來了。全區新挖出了一大批反動黨團，特別是挖出了新內人黨，是我們「挖肅」鬥爭的一個偉大勝利；全區新挖出來一大批潛伏下來和派遣來的特務組織，發現和破獲了一些重大政治案件。包頭東河區廣大革命群眾，通過「擺鬼現象，摸鬼線頭」，挖出了許多壞蛋，其中有幾十條血債、潛藏了二十多年的國民黨專員，閻錫山的軍長，女特務——李宗仁的舞伴，有大特務陳立夫的侄兒，有「紅岩」中大特務徐鵬飛的姪女。這些成績的取得，給高錦明同志的「挖肅」過頭論，「挖肅」到頂論，「挖肅」上當論一記響亮的耳光，也給那些患有右傾頑症的同志一付清涼劑。使他們更加清楚地看到是不是還有敵人。

通過這段鬥爭，階級陣線更加清楚了，紅色政權更加純潔了，無產階級專政更加鞏固了。由於進一步摧毀了烏蘭夫反黨叛國集團的反革命老班底和他的反動社會基礎，由於揪出了鑽進我們肝臟內的階級敵人，我們的階級陣線更加清楚了，紅色政權更加鞏固了。據錫盟11月底統計，旗縣以上革委會共揪出了各種壞人59名，公社一級的揪出的壞人144名。全區其他地區也揪出了很多鑽進革委會內部的一些壞人，我們現在沒有完全統計上來，這些都不是一般犯錯誤的人，而是階級敵人。

革命的高潮推動著生產的高潮。以包頭為例，鋼鐵、鋼材、煤、棉紗等產品，十一月份比十月份是分別增長了15%到70%，包鋼自十一月份以來天天超產，已接近完成全年計劃，有幾個地方企業以提前完成一九六八年全年計劃。烏達煤礦至十月下旬以來，由於狠抓階級鬥爭，三十多天以來，平均日產4600

頓，創造了文化大革命以來高產穩產的最新記錄。

全區大好形勢的出現，說明毛澤東思想一旦為廣大群眾所掌握，就會化為巨大的物質力量，說明八屆十二中全會公報的威力無窮，說明我們在貫徹毛主席最新指示、林副主席重要講話和八屆十二中全會精神的過程中，結合內蒙古自治區的實際情況，開展兩條路線鬥爭，批判高錦明同志的右傾機會主義路線是完全必要的，正確的。

二、目前階級鬥爭的新動向、新特點

在大好形勢下，我們還必須看到運動是有阻力的，這種阻力主要來自階級敵人。目前，階級敵人破壞活動的主要特點是，利用我們某些同志的右傾思想和資產階級派性，大搞右傾分裂主義和大搞形「左」實右。

在鬥爭中，各種矛盾是縱橫交織的，但基本矛盾仍然是無產階級和資產階級兩個階級、社會主義和資本主義兩條道路的矛盾，表示在當前內蒙地區是：全區廣大無產階級革命派、革命群眾和劉少奇及其在內蒙地區的代理人——以烏蘭夫為代表的黨內一小撮走資派之間的矛盾，鬥爭的焦點仍然是圍繞著政權問題，鬥爭的實質仍然是奪權和反奪權、復辟和反復辟的問題。

一小撮階級敵人，目前已陷入人民戰爭的汪洋大海中，他們面臨滅頂之災，必然要做垂死掙扎，現在階級敵人採取的手法不外有兩種：一是公開的頑抗，但這種公開的頑抗很容易被我們識破；一是隱藏在陰謀的角落，耍陰謀，放暗箭，利用我們某些同志的右傾思想和資產階級派性，大搞挑撥離間，製造分裂，以求一逞，這是當前的主要危險。也就是說右傾分裂主義，右傾投降主義，是我們內蒙地區當前的主要危險。不管階級敵人採取什麼狡猾的方法，什麼詭詐的形式，他們的目的是一個，就是挑撥離間，製造分裂，企圖破壞毛主席的偉大戰略部署，破壞無產階級文化大革命。

外因是通過內因起作用的。敵人的破壞活動是通過我們內部右傾思想和錯誤認識起作用的。為了識破敵人的奸計，擊敗敵人的猖狂進攻，我們必須提高自己的政治識別能力。在尖銳複雜的階級鬥爭中，我們要看到什麼人講什麼話，搞什麼活動，都有他一定的政治目的，如果不用階級分析的方法去看問

題，我們是看不出問題的，會上敵人當的。目前，必須認清如下幾個問題：

（一）關於反擊「二月逆流」和「挖肅」鬥爭：反右傾左機會主義的關係問題

前一個時期，有人提出：今年全國反擊「二月逆流」內蒙在幹什麼？我想這個問題，我們很多同志能回答。特別是我們工人同志，解放軍同志和要把無產階級文化大革命進行到底的無產階級革命派能答得很清楚的。我們內蒙地區廣大的無產階級革命派在毛主席無產階級革命路線的指引下，去年英勇的擊退了「二月逆流」，今年通過「挖肅」鬥爭和反右鬥爭也從根本上粉碎了為「二月逆流」翻案的妖風。「二月逆流」是一九六七年二月間在北京發生的，八屆十二中全會公報已講了這個問題。那麼「二月逆流」發展到內蒙地區是一種什麼情況呢？大家都很清楚。從去年一月間到二月間，一直到五月二十七日這一段，不正是劉鄧資產階級反動路線和「二月逆流」的黑幹將配合起來，反對毛主席的革命路線，鎮壓革命群眾嗎？內蒙不是搞得很熱鬧嗎？烏蘭夫的代理人王鐸、王逸倫之流鎮壓群眾。四月十三日，實際上是四月十四日中央發表了關於處理內蒙問題的八條決定後，四月十六日呼和浩特就開始遊行了，一直遊行到五月二十六日。五月十六日他們在北京已經採取了行動，呼和浩特的對外電話已不通了，五月二十六日晚上支左部隊進入呼市，五月二十五日毛主席批准了內蒙軍區五條命令。「四‧一三」規定的八條和毛主席批准內蒙軍區的五條命令，加上廣大無產階級革命派英勇奮戰，徹底粉碎了劉鄧司令部在內蒙古地區的代理人烏蘭夫反黨叛一國集團掀起的反革命逆流，也就是粉碎了「二月逆流」。我想這個大家是很清楚的，只有幫助烏蘭夫，王逸倫，王鐸講話的人才可以提出那樣的問題。

全國今年二月間反擊為「二月逆流」翻案的妖風時，內蒙在幹什麼呢？內蒙那時候一方面反擊了楊、傅、余為「二月逆流」翻案的妖風，另方面用更大的力量開展「挖肅」鬥爭，挖烏蘭夫黑線，肅烏蘭夫流毒，要徹底催垮烏蘭夫反革命的班底，徹底催垮烏蘭夫反黨集團的反動的社會基礎，這正是從根本上粉碎「二月逆流」。我們在「挖肅」鬥爭中，不斷地反對右傾機會主義，使得我們的「挖肅」鬥爭不斷向縱深發展，這本質上也是反擊「二月逆流」。現在

偏偏有那麼一小撮別有用心的人，他們對這個非常不滿，對摧垮烏蘭夫反革命黑班班底，挖烏蘭夫黑線，肅烏蘭夫流毒不滿意，所以提出那樣的問題。我認為這樣的人，提出這樣的問題並不奇怪，這說明了他們是站在那條路線上的。什麼是「二月逆流」呢？「二月逆流」就是搞資本主義復辟。「二月逆流」的黑幹將主要是攻擊偉大領袖毛主席，攻擊林副主席，攻擊中央文革，為劉鄧翻案。他們胡說什麼無產階級文化大革命搞「亂」了，搞「左」了，企圖否定無產階級文化大革命，為劉鄧資產階級反動路線翻案，反對毛主席關於在無產階級專政條件下繼續革命的理論，他們否定延安整風，為王明翻案，他們保護老幹部是假，打擊一大片，保護一小撮走資派是真，他們保護幹部子女是假，反對紅衛兵，為「聯動」翻案是真，他們關心生產是假，壓革命是真。一句話，他們就是反對無產階級文化大革命，要搞資本主義復辟。

反擊「二月逆流」，從根本上說，就是反右，反復舊，反復辟，就是奪權與反奪權，復辟與反復辟的鬥爭，就是打垮劉鄧司令部和烏蘭夫反黨叛國集團的反撲，把無產階級文化大革命進行到底。

內蒙「挖肅」鬥爭，就是從組織上把劉少奇在內蒙地區的代理人烏蘭夫反黨叛國集團打倒，並摧毀其反動的社會基礎；從政治上、思想上，理論上把劉少奇、烏蘭夫的反革命修正主義路線和民族分裂主義路線批深批透，批倒批臭；當前批判高錦明同志的右傾機會主義路線，和批判劉鄧陶，烏蘭夫的修正主義路線是一致的就是為了把「挖肅」鬥爭進行到底；把烏蘭夫反黨叛國集團的反革命班底徹底催垮，把無產階級文化大革命進行到底。這樣，就是為了從根本上反擊了「二月逆流」。正是為了從根本上防止了復舊和資本主義復辟，有些人把反擊「二月逆流」和「挖肅」鬥爭，反右鬥爭完全對立起來，這不是政治糊塗，就是別有用心。毛主席教導我們說：**「我們看事情必須要看它的實質，而把它的現象只看做入門的嚮導，一進了門就要抓住它的實質，這才是可靠的科學的分析方法。」**我們有些同志恰好與此相反，他們只看現象，不看本質，只看提法不同，不看實質內容，這是十分錯誤的。

特別值得警惕的是，階級敵人會利用這種錯誤認識，製造混亂，製造分裂，以抵制「挖肅」鬥爭和兩條路線鬥爭，把我們無產階級文化大革命引到邪路上去。我相信我們擴大的無產階級革命派特別是工人階級，對這些問題一定

能看得很清楚，不會上敵人的當。

（二）關於路線鬥爭和階級鬥爭的關鍵問題

　　黨內的路線鬥爭是社會上階級鬥爭的反應，兩者既有關係，又有區別。毛主席說：**「黨內不同思想的對立和鬥爭是經常發生的，這是社會的階級矛盾和新舊事物的矛盾在黨內的反應。」**林副主席說：「由於文化大革命是無產階級和資產階級的政治鬥爭，這樣兩條路線鬥爭就必然產生。」這都是說兩條路線鬥爭和兩個階級鬥爭是既有區別又有聯繫的。我們黨幾十年來的鬥爭歷史完全證明了這一點，一方面，我們與蔣介石，日本帝國主義，美帝國主義，蘇修叛徒集團進行著殊死搏鬥，另一方面，在黨內以毛主席為代表的無產階級革命路線與「左」右傾機會主義路線進行著持續的、激烈的鬥爭，特別是同以劉少奇為代表的資產階級反動路線作了反覆的長期的鬥爭。沒有黨內兩條路線鬥爭，沒有毛主席革命路線在鬥爭中取得勝利，我們是不可能取得階級鬥爭的勝利，是不可能取得民主革命和社會主義革命勝利的。現在，有些同志把階級鬥爭和路線鬥爭完全對立起來，這是不對的。路線鬥爭是階級鬥爭的反應，有兩個階級鬥爭，必然有兩條道路鬥爭，兩個階級，兩條道路的鬥爭反映到黨內，就是兩條路線的鬥爭。在無產階級專政條件下，階級鬥爭集中地突出的表現為黨內兩條路線的鬥爭。文化大革命中，以毛主席為代表的無產階級革命路線和劉鄧的資產階級反動路線一直進行的鬥爭，兩條路線鬥爭，實際上是兩個司令部的鬥爭。兩條路線鬥爭必然要影響和推動兩個階級，兩條道路鬥爭，兩者是既有區別又有聯繫的。

　　目前我區廣大革命群眾對路線鬥爭和階級鬥爭的關係是有正確理解的，他們正通過批判高錦明同志的右傾機會主義路線，把階級鬥爭推向了一個新的階段，這是目前運動的主流。但是也有少數同志把路線鬥爭和階級鬥爭割裂開，對立起來。

　　一種說法是：「你們只抓階級鬥爭，不講路線鬥爭。」這裡他們所說的路線鬥爭僅僅是指「五十天」站隊的表現。他們把五十天批判資產階級反動路線，頂「二月逆流」鬥爭和現在的「挖肅」鬥爭對立起來甚至以五十天來包庇十七年。這就把路線鬥爭和階級鬥爭對立起來了。我們說，路線鬥爭是階級鬥

爭的反應，反過來還要影響階級鬥爭，路線鬥爭是不能和階級鬥爭脫離開的，世界上從來沒有脫離階級鬥爭的路線鬥爭。在文化大革命中，我們搞路線鬥爭和階級鬥爭的目的是一致的。毛主席說：「**無產階級文化大革命，實質上是在社會主義條件下，無產階級反對資產階級和一切剝削階級的政治大革命，是中國共產黨及其領導下的廣大革命人民群眾和國民黨反動派長期鬥爭的繼續，是無產階級和資產階級鬥爭的繼續。**」拿主席這一指示來分析我們幾個回合的鬥爭，就可看出他們之間的內在聯繫和他們在本質上的一致性，我們批判資產階級反動路線，反擊「二月逆流」，「挖肅」鬥爭和當前的反右傾機會主義鬥爭，其根本目的都是為了擊敗劉鄧資產階級司令部，烏蘭夫反黨叛國集團的進攻，都是無產階級和資產階級的鬥爭，都是和國民黨反動派長期鬥爭的繼續。因此，不能把批判資產階級反動路線，頂「二月逆流」和當前的「挖肅」鬥爭，反右鬥爭對立起來，更不能以前者抵制後者。

其實這些同志所強調的「路線鬥爭覺悟」，他只是講五十天那一段，而不講當前的路線鬥爭。最近中央「兩報一刊」社論中指出「現在正在進行鬥、批、改，改革不適應社會主義經濟基礎的上層建築，就是兩條路線鬥爭的繼續。」為什麼這些同志不講鬥、批、改中兩條路線的鬥爭呢？為什麼這些同志不講當前的內蒙地區兩條路線鬥爭呢？難道只講五十天的路線鬥爭，不講鬥、批、改中兩條路線鬥爭，就是路線鬥爭覺悟高嗎？其實，這正是真正不抓路線鬥爭。別人揪出混進造反派的叛徒、特務和其他反革命分子，他卻高喊「造反派受壓」了。請問，這又是一種什麼立場，什麼感情，什麼路線呢？！

另一種表現是不重視目前反右傾機會主義的鬥爭，他們說只要「挖」就行了，批不批沒有關係嘛。這些同志可能是受了高錦明同志錯誤的影響，高錦明不是反對搞兩條路線鬥爭麼！不搞路線鬥爭是不行的。你想一想，有右傾機會主義路線影響，你能挖下去嗎？不可能挖下去的。另外，工人宣傳隊一到各個單位後，要注意一個問題，就是不要只注重家庭出身成分問題，而不注重階級鬥爭覺悟和路線鬥爭覺悟。我們清理階級隊伍，是清理什麼人呢？主要是清理那些叛徒，特務，階級異己分子，沒有改造好的地富反壞右分子和其他一切反革命分子。對個人的出身成份問題要注意，但還是要按照主席講的，要有成份論，但不是唯成份論，要重在表現，特別是要看這兩年多文化大革命以來，他

是不是真正的站在毛主席革命路線上，這是我們要注視的問題。

總之，我們認為真正的無產階級革命派，是會正確處理階級鬥爭和路線鬥爭的關係的。如果你真正懷著強烈的階級仇恨，狠抓階級鬥爭，你就必然反抗壓制你們的右傾機會主義路線。反過來說，如果你們真正理解了批判資產階級反動路線和當前批判右傾機會主義路線的意義，那就必然會把鬥爭落實到「挖肅」鬥爭上去，而不是把兩者對立起來。我們要把清理階級隊伍徹底搞到底，必須反對右傾機會主義，只有堅決地批判右傾機會主義，我們的階級鬥爭才能搞得徹底，搞得好。

（三）關於「造反派受壓」和「老保翻天」問題

最近，有人串聯，高喊「造反派受壓」和「老保翻天」，實際上這個問題從去年十一月間「挖肅」鬥爭開始以來就一直流傳著，我聽了已有一年了。對這個問題，我們必須結合實際情況，具體分析。

首先，我們看一看，我們內蒙古自治區各級革命委員會掌權的是什麼人呢？是造反派還是老保？我們內蒙古自治區革命委員會裡有沒有一個老保呢？有沒有一個站錯隊的人呢？的確，在這個問題上我們還欠中央一筆帳還沒有還呢，成立籌備小組的時候，中央就講過這個問題，說你們成立籌備小組時最好找一兩個站錯隊的同志參加籌備小組，結果一直沒找出來，是不是沒有呢？不是沒有，就是我們有些同志思想不通。一直到成立革命委員會，還是想找幾個站錯隊的同志參加革命委員會，但是還沒有找著，一直到現在，我們還沒有發現我們革命委員會裡面有一個老保，都是造反派嘛。大家能提出內蒙革命委員會裡面有多少老保在裡面呢？內蒙革命委員會共有委員一百二十四人，其中造反派代表六十四人，占百分之五十一點六，革命領導幹部三十七人占百分之二十九點八，軍隊代表二十三人占百分之十九點六，各旗、縣革命委員會共有委員一千八百二十六人，其中造反派代表一千零四十七人，占百分之五十七點三，革命領導幹部四百零六人，占百分之二十二點二、軍隊代表三百七十三人，占百分之二十點五。這裡面到底有多少老保在裡面呢？大家可以查一查嘛！這到底是老保掌權，還是造反派掌權？現在不是有人說內蒙古自治區是資本主義復辟嗎？那麼，那不就是說現在造反派都成了老保嘛！我看這沒有什麼

根據。我記得各盟市成立革命委員會時，錫盟革命委員會比較主動，找了一個站錯隊的同志參加了革命委員會，當時我還表揚他們說，你們的態度比較高，比我們高，我們還沒有找出來一個。其他的我就沒聽到哪一個旗、縣有一個站錯隊的人參加革命委員會，這怎麼能叫老保翻天呢？從這裡看，革委會中到底是造反派的人多，還是一度站錯隊的人多呢？實際上站錯隊的參加革命委員會是很少的，在這一點上我們還沒有按照中央的執行。

對所謂「造反派受壓」的問題，有三種不同的情況有區別看待：一種情況是，真正緊跟毛主席偉大戰略部署的無產階級革命派，他們在批判資產階級反動路線，頂「二月逆流」和當前的鬥、批、改高潮中都站在最前列，他們狠抓革命大批判和清理階級隊伍工作，但前一段受了高錦明右傾機會主義路線的壓制，對這些同志，我們必須堅決保護，堅決支持，這是我們依靠的骨幹力量。

第二種情況是，不緊跟毛主席的偉大戰略部署，甚至抵制毛主席的偉大戰略部署。他們躺在自己五十天站隊站對了之上，而不知無產階級文化大革命每個時期幹什麼，他們認為所謂站隊問題就是五十天，而不知運動的各個階段都有個站隊問題；他們以為五十天正確了，以後犯什麼錯誤，別人也不能批評了，一受到批評就喊「造反派受壓」，這都是錯誤的。前一段他們有些人死摀階級鬥爭蓋子，現在受到群眾的批評，感到有壓力，對這些同志批評一下有好處，只要他們改正錯誤，廣大群眾是會歡迎的。還有的造反派沒進入革命委員會，也錯誤的認為對他們不重視了，認為自己受壓了，這種看法不對。全區幾百萬造反派不可能都參加到革命委員會中來。

有一種糊塗觀念必須批判。有的認為造反派受壓主要來自站錯隊的群眾，這種看法根本不對。我們認為造反派受壓的總根子是來自劉鄧司令部和烏蘭夫反黨叛國集團，來自包庇烏蘭夫反革命班底的右傾機會主義，而不是來自廣大群眾。站錯隊的廣大群眾是要革命的，是我們的階級兄弟，不是敵人。真正壓造反派的是階級敵人，而不是群眾。造反派只有狠抓「挖肅」鬥爭不轉向，狠批右傾機會主義，把劉鄧司令部，烏蘭夫反黨叛國集團及其反動社會基礎徹底催垮，並批倒批臭，才能從根本上解除壓力。

第三種情況是，混進造反派隊伍的少數壞人（叛徒，特務和其他反革命分子等等）被群眾揪出來了，他們也喊叫「受壓」，他們受壓是理所當然的。

毛主席說：「**人民大眾開心之日，就是反革命分子難受之時**」。如果他們痛快了，人民就倒霉了。對那些壞人，我們過去壓他們，現在壓他們，將來還是要壓他們，這是毫無疑問的。如果有些人從山頭主義出發，和這些壞人同流合污，包庇壞人，不與他們劃清界限，將來也可能陷在泥坑裡爬不起來。所以，對造反派受壓的問題要作階級分析。我們有些同志五十天站隊站對了，大方向是對的，這是可貴的，但文化大革命向縱深發展的時候，你還躺在那裡吃老本，不按毛主席和林副主席指示辦事，不知文化大革命每個階段幹什麼，那就錯了，在這種情況下，群眾當然不滿意，群眾就要起來批評嘛，批評了，你在輿論上受壓了，那個受壓我認為是應該的，只要你改正了錯誤，才不受壓，群眾才歡迎。毛主席教導我們說：「**不要吃老本，要立新功**」。這是對什麼人講的呢？我想對我們這些人都有份，對年輕人有份，對我們也有份，對大家都有份，運動是不斷向前發展的，運動中的積極分子也是不斷變化的，不斷一分為二，你如果故步自封，停滯不前，就會被運動所淘汰，認為自己一貫正確是不對的，可能在這個問題，這段時間你正確的，在另一段時間，你並不見得正確，沒有緊跟毛主席的偉大戰略部署，你正確什麼呢？錯了沒關係，很快改正就好，不堅持錯誤，那就不受壓了。

怎樣對待過去站錯隊的同志？毛主席說：「**站隊站錯了，站過來就是了**」，又說：「**要爭取團結一切可以團結的人們。無產階級不但要解放自己，而且要解放全人類。如果不能解放全人類，無產階級自己就不能最後地得到解放。**」毛主席還指示我們要團結百分之九十五的群眾和百分之九十以上的幹部，但是有的同志不按毛主席的指示辦事，他們提出，「要三萬，還是要十八萬？」我們說，除了一小撮階級敵人外，我們都要團結。過去一度站錯隊的廣大群眾，是受蒙蔽的，他們是我們的階級兄弟，而不是敵人，我們要把仇恨記在劉鄧司令部和烏蘭夫反黨叛國集團的身上，而不能記在群眾身上，只要他們改正錯誤，我們就應該團結他們，相信他們，不能揪住人家犯過一次錯誤不放，要允許人家改正錯誤，允許人家革命。我想站錯了隊的人一度受蒙蔽，絕大多數群眾是熱愛毛主席的，他們是要革命的。毛主席說：「**革命不分先後**」，我們應該歡迎廣大群眾起來革命，而不能動不動就以「老保翻天」來壓制他們。值得警惕的是，一小撮階級敵人會利用這一口號來分裂我們的革命隊

伍,一小撮階級敵人深知,如果公開打出反對「挖肅」的旗號,那就太露骨,太易被人們所識破,而利用「老造反派受壓」「老保翻天」這一口號,最能迷惑群眾,煽動群眾,製造革命群眾隊伍分裂,以達到破壞無產階級文化大革命的目的,我們必須擦亮眼睛,免中敵人奸計。

我們依靠的骨幹力量是無產階級革命派,但同時,必須團結廣大革命群眾,不如此我們的無產階級文化大革命就不能取得全面勝利。

(四) 關於反右防「左」和反對形「左」實右問題

毛主席教導我們:「**在群眾尚未認真發動和尚未發展鬥爭的地方,必須反對右傾;在群眾已經認真發動和已經發展鬥爭的地方,必須防止『左』傾**」。目前,我們主要是反右,繼續批判高錦明同志的右傾機會主義路線,但同時也要防「左」,要全面貫徹毛主席關於「穩、準、狠」的指示,強調,調查研究,講究政策。在批判右傾機會主義時,對下邊來說主要是吸取教訓,改正錯誤,不要太追究個人責任,更不要在基層單位都找一個錯誤路線的代表人物。現在我們下面有些單位,由於批判高錦明的右傾機會主義路線,都要在本單位找一個代表,這種做法是不對的。雖然下面很多單位的同志執行了高錦明的右傾機會主義路線,但那是認識問題。高錦明同志是以副主任身分把他的錯誤路線貫徹下去的,下面很多同志沒有認識到這個問題,所以執行了右傾機會主義路線,只能作為認識問題,這些同志只要認識了錯誤,取得經驗教訓,改正了錯誤就行了,不要在每個單位都找一個右傾機會主義路線的代表人物,這樣搞是不對的。這樣不利於我們團結一切可以團結的力量,向一小撮階級敵人發起猛烈攻擊。右傾機會主義路線錯誤的主要責任在上面,在高錦明同志,而不在下面,下面雖然執行了,但只要總結經驗教訓,改正錯誤就行了。

目前,要特別警惕和反對形「左」實右的現象,他們貌似「左」,實際很右,他們故意混淆兩類不同性質的矛盾,放著特務,叛徒和其他反革命分子不抓,卻把矛頭指向有一般問題的人員(如生活作風問題,出身成份問題等),企圖人人頭上摸一把,有的則是大搞打、砸、搶、抄、抓,製造恐怖氣氛,壓制真正「挖肅」積極分子,破壞運動健康發展。值得注意的是,搞這種形「左」實右的人,正是一貫右傾的人,正是開始堅決抵制批判高錦明右傾機會

主義路線錯誤的人。這正如林副主席最新指出的：「右得過分的時候，就導致『左』的思想」。他們已由右跳到了形「左」實右，實際上是以右反右。這些同志必須立即改正錯誤，回到正確的路線上來。同時，還有警惕一小撮階級敵人挑動群眾鬥群眾，故意把水攪渾，攪亂我們階級陣線，破壞無產階級文化大革命。

三、關於工人毛澤東思想宣傳隊問題

工宣隊進駐各單位後，做了大量的工作，取得了巨大的成績。他們高舉毛澤東思想偉大紅旗，大抓毛澤東思想學習班，開展「三忠於」活動，使毛澤東思想深入人心，他們狠抓二個階級、兩條路線，兩條路線鬥爭，特別是狠抓了革命大批判和清理階級隊伍，推動了各單位的鬥、批、改。有的工宣隊前一段還頂住了右傾機會主義的邪風。他們同各單位群眾同吃，同住，同勞動，把工人階級的優秀品質和優良作風帶到了各單位，使各單位的思想面貌煥然一新。

當前，在對待工宣隊和工宣隊本身建設上，我談幾點意見：

（一）必須堅決支持工宣隊（包括人民解放軍毛澤東思想宣傳隊）

毛主席教導我們說：「**我國有十億人口，工人階級是領導階級。要充分發揮工人階級在文化大革命中和一切工作中的領導作用。**」工人階級主力軍登上了上層建築鬥、批、改的舞臺，是六十年代的偉大創舉，是毛澤東思想的偉大發展。對待工宣隊態度問題，就是對待毛澤東思想和工人階級的態度問題。目前我們有的單位圍攻工宣隊，甚至有的要攆工宣隊，這是嚴重的政治錯誤，必須嚴肅處理。要把這一問題提高到忠不忠於毛澤東思想和毛主席革命路線的高度來檢查，來認識。對工宣隊有意見可以善意的提出，也可以反映給上一級革委會，但絕不允許圍攻和刁難工宣隊，工宣隊的個別人員有缺點錯誤，但這絕不是工宣隊的集體問題，絕不能因此而否定工宣隊的大方向。

（二）工宣隊進駐各單位後，主要抓什麼？

目前，工宣隊就是要抓八屆十二中全會精神的落實，狠抓兩個階級，兩條道路，兩條路線的鬥爭，狠抓兩條路線鬥爭史的教育，推動各單位的鬥、批、改。結合內蒙地區的情況，當前還要繼續狠批高錦明同志的右傾機會主義路線，把「挖肅」鬥爭進行到底。有些工宣隊前一段也受了高錦明右傾機會主義路線的影響，不狠抓革命大批判和清理階級隊伍，但是這個責任不在工宣隊本身，而是由高錦明同志來負責任，我們希望工宣隊也要克服自己的右傾情緒，堅決支持無產階級革命派，支持狠抓階級鬥爭的革命群眾。

我們有的工宣隊個別人對待群眾的態度是不夠好的，我希望要改變這種態度。我們宣傳隊要突出無產階級政治，堅持四個第一，做好廣大群眾的政治思想工作，團結一切可以團結的力量，共同對敵。

為了達到這個目的，首先要解決依靠誰，團結誰和打擊誰的問題。毛主席教導我們說：**「誰是我們的敵人？誰是我們的朋友？這個問題是革命的首要問題，也是文化大革命的首要問題」**。我們要依靠決心把無產階級文化大革命進行到底的無產階級革命派，依靠狠抓革命大批判和清理階級隊伍的同志，團結廣大革命群眾，打擊一小撮階級敵人。目前各個單位，總的來說多數同志是緊跟毛主席偉大路線不部署，狠抓革命大批判和清理階級隊伍的，這是我們必須依靠的力量；但也有少數同志還站在十字路口，搖擺不定，這些同志我們要教育他們，使他們真正堅定不移地站在毛主席革命路線一邊。只有這樣才能團結大多數群眾，鼓勵和打擊一小撮階級敵人。不這樣做，我們宣傳隊的工作是做不好的。各個單位的無產階級革命派要正確地對待宣傳隊，我們宣傳隊也要正確對待廣大的革命群眾。毛主席的革命路線與劉鄧資產階級反動路線鬥爭的焦點，就是如何對待群眾。相信群眾，依靠群眾，尊重群眾的首創精神，放手群眾發揮群眾，就是毛主席的革命路線；鎮壓群眾，跳動群眾鬥群眾，是劉鄧資產階級反動路線。所以我們工宣隊到任何一個單位，都要放手發動群眾，依靠那裡的積極分子，團結廣大革命群眾，教育幫助站在十字路口上的那些人。

（三）正確處理兩類不同性質的矛盾，穩，準，狠地打擊一小撮階級敵人。

注意掌握政策，把有一股政治歷史問題的人和叛徒、特務和其他反革命分子區別開，把家庭出身不好、社會關係比較複雜的人同堅持反動立場的人區別開來；把黑幫黑線的頭目骨幹與一般成員分開；把有一般錯誤言論與「三反」言論區別開；把一般生活問題和政治問題區別開；把主動交代與隱瞞抗拒的區別開。對知識分子也要按毛主席的最新指示辦事，相信，他們大多數是可以和工農相結合的，同時要看到舊社會培養出來的知識分子和新社會培養出來的知識分子是不同的。

我們要注視調查研究，重證據而不要輕信口供，更不能搞逼、供、信。要文鬥，不要武鬥。在這方面我們工人宣傳隊要起模範作用。

（四）正確處理工宣隊之間，工宣隊與解放軍之間，工宣隊與群眾之間的矛盾。

現在的工宣隊是由幾個單位成員組成的，他們的意見不一致，就是由一個單位組成的工宣隊內部也有矛盾，這個問題要很好解決。工人階級是領導階級，應當顧全大局，團結一致，共同對敵。為什麼自己內部鬧磨擦，這是很不對的。工人宣傳隊和解放軍沒有厲害衝突，解放軍也就是拿槍的工人、貧下中農，有什麼利害衝突呢？這裡面我想有一些同志不那麼虛心，或是工作做出點成績，總怕人家講自己的缺點，這是不好的，應當虛心聽取各方面的意見。只能聽表揚，不能聽批評，這就不是解放軍的作風，也不是工人階級的作風。我們有些宣傳隊和群眾之間有矛盾，甚至有的單位搞得比較僵，這個要解決。某一些單位的階級鬥爭蓋子揭不開，那不是廣大群眾的問題，那是錯誤路線的影響，或是走資派在那裡操縱。廣大革命群眾都是好的，我們不能壓制他們，應當團結教育他們。宣傳隊不能輕易親一派疏一派，只能按毛澤東思想辦事，符合毛澤東思想的，我們就支持，不符合毛澤東思想的我們就抵制，就反對。支一派壓一派是錯誤的，是不符合毛澤東思想。

怎樣解決工宣隊、解放軍和群眾之間的分歧和矛盾？首先要強調各自多作自我批評，按照團結——批評與自我批評——團結的方針去處理。認識上的分

歧是不可避免的和可以解決的。只要按毛澤東思想辦事，只要從團結的願望出發，通過批評和自我批評，是能夠在新的基礎上團結起來的。不要各執己見，不要隨意把「大方向錯了」的大帽子扣在對方頭上。要特別警惕一小撮階級敵人利用我們之間的分歧，挑撥工人和解放軍之間，解放軍和群眾之間的關係。我們為什麼要給敵人造成這樣的空隙呢？敵人就希望我們宣傳隊內部不團結。

（五）正確處理工宣隊和各單位革命委員會之間的關係。

工宣隊進駐單位的革委會，要根據不同情況區別對待。對真正是無產階級革命派掌權的革命委員會，要堅決支持，並和他們一起戰鬥。對查明有據，混入革委會的壞人，要同該單位群眾商量把它揪出來。對犯有右傾錯誤的革委會或其他某些成員，要通過教育的方式，幫助他們改正錯誤；但對個別犯有嚴重右傾錯誤，而應堅持不改的，可考慮同群眾商量，讓他退出革委會。對革委會中某些有比較嚴重歷史問題的成員，查明後可調整工作，不擔任領導職務，也就是不能掌權。對不起作用的某些領導成員，我說這樣的人，不要佔著革命委員會的位置。對真正是壞人掌權的革委會，工宣隊要把權接過來，但對普通成員要區別對待。一個革委會有十二個人，如果有八個壞人，還有四個好人，可以調整，補充嘛。如果有壞人在裡面撥弄是非，混淆黑白，那些人是少數，但是壞人是少數，他們能量很大，就得把他揪出來，是好人犯錯誤我們要教育，盡量爭取過來，教育不過來，勸他們退出革委會。

對革委會中某些委員進行組織處理時，要通過該單位群眾和革委會內部討論，並報上一級革委會批准。有錯誤，群眾要批判，那是可以的。總的一條，我們心中要這樣想，我們革委會中大多數是好的。我現在還沒有發現我們內蒙古那個革委會全部爛掉了，一個好人也沒有，沒有的，真正革委會有壞人，那是少數。所以工宣隊，解放軍一定要支持革委會。使它鞏固，發展完善。

（六）工宣隊要強調自我革命化。

毛主席說：「**工人階級也應當在鬥爭中不斷提高自己的政治覺悟。**」工人階級領導一切是通過工人階級的先鋒隊·中國共產黨來實現。是通過以毛主席為首、林副主席為副的無產階級司令部的領導來實現的，是通過毛主席的每一

項指示來實現的。工人階級領導一切並不是工宣隊的某個人領導一切，而是用毛澤東思想去領導一切。我們沒有毛澤東思想我們就一事無成。為什麼有的工宣隊到老大難的單位，能把工作做好呢？就是因為我們工人同志，按毛澤東思想辦事，所以才把工作做好了。為什麼有的單位工作做得不好呢？不團結，和群眾對立，工宣隊自己鬧對立，和解放軍對立，我認為就是毛澤東思想偉大紅旗舉得不高，請同志們自己檢查一下，工宣隊只有在鬥爭中不斷活學活用，毛主席著作，不斷提高政治水平，不斷促進自己的思想革命化，堅決貫徹毛主席的每一項指示和無產階級司令部的每一項戰鬥號令，才能體現工人階級的領導作用。

（七）各單位不要插手工宣隊工作。

前一段，由於各派出單位都插手工宣隊工作，所以搞得很亂。我們組織了一個工人宣傳對領導小組，軍區的支左辦公室協助，共同來抓工宣隊的工作和解放軍毛澤東思想宣傳隊的工作。希望各派出單位不要去那裡插手，因為大家都插手，就把那個單位搞得很亂，很不好領導。

當然，整個工宣隊的工作是由革命委員會核心小組來抓的。工宣隊也應是一元化的領導，要強調一元化的領導。

（八）工宣隊成員要考慮分批輪換的辦法辦法，使大多數人都能參加階級鬥爭的鍛鍊。

宣傳隊的輪換，請工代會領導小組統一考慮。但每次不要抽人過多，並注意保留相當的骨幹。最後我希望同志們在工作繁忙，事情很多的時候，不論如何不要放鬆了自己學習毛主席著作這項工作，毛主席著作一定要很好地學習。希望所有進駐各個單位宣傳隊和廣大革命群眾在內，每天能堅持一小時天天讀，使廣大革命群眾真正的直接掌握毛澤東思想，光靠吃老本不行，那樣我們的工作是做不好的。越是工作繁忙，鬥爭越是複雜，越要學習毛主席著作。

61.滕海清十二月二十九日談話（1968.12.29）

滕司令員在十二月二十九日聽了我們讀〈從二月逆流到九月暗流〉一文後，說：「這篇文章把問題說清楚了」，並作了幾點指示：

政策的問題，在文章裡最好也能提幾句。不要把正確執行黨的政策，看做是「右傾」，是「束縛群眾手腳」。

「造反派受壓」的問題，也應當說一說。造反派受壓，要很好研究。其實，每一次逆流來了，都要壓造反派一次。問題是逆流怎麼來的，又是誰壓的，這要搞清楚。那次反覆，不是首先造反派受壓？逆流一來，矛頭總是對準誰？都是上對毛主席的無產階級司令部，下對革命造反派。一定要解決究竟是誰在壓造反派的問題。要把這個問題提到兩個階級，兩條路線鬥爭的綱上來認識，這是階級鬥爭的反映，只要造反派繼續堅持正確路線，就要受壓。當然，要把兩類矛盾分開，有的是敵人在壓，有的是右傾機會主義在壓，要分清楚。那些披著造反派外衣的敵人，往往也叫「受壓」，他們算什麼真正的「造反派」！清理階級隊伍清到他們頭上了，他們喊「受壓」，這不算「造反派受壓」，應該壓！真正的造反派，才談得上受壓的問題。

形「左」實右、唯成份論，目的要說清楚，是轉移鬥爭大方向，保護敵人。抓住出身成份和一般問題不放，就把敵人放過去了。要點出本質：為什麼搞這一套。具體表現不必說得太多。

附：滕海清祕書陳小莊同志元月四日談話摘要

（元月四日李葆義又去找陳小莊同志，他談了許多問題。現摘錄如下，供辦報同志參考。）

（一）今天我給樹德同志打了電話，說了幾點：①梳辮，進一步弄清敵情，②抓首要分子、骨幹分子（內人黨）；③不要光搞內人黨；④挖與肅結合的問題；⑤抓死角（陰暗角落）

（二）工作上要抓住兩條（活學活用毛澤東思想群眾運動和領導班子的建

設）抓住三個隊——工宣隊、貧宣隊、解放軍支左部隊，這是重要環節。

（三）元旦社論要進一步宣傳，抓四個問題：①活學活用毛澤東思想群眾運動的新高潮。政治部已作出決定，可配發社論；②一元化——指揮部的問題；③宣傳隊問題；④政策問題。毛主席說**「歷史的經驗值得注意⋯⋯」**，我們就是要反覆宣傳。

（四）反對形「左」實右，不要再突出的反了，主要是正面引導。①把形「左」實右的問題，要講得深一些；②新動向到底是什麼？形「左」實右是一個，有打擊面寬的問題，但更有漏掉的問題，兩方面都有，又是互相聯繫的。形「左」實右是一方面；大量的，主要的，本質的東西，還是右。位置顛倒了，就要犯錯誤。根子還是右。幾個大學，師院路線鬥爭搞得好，內大就得補課。③要把貫徹政策，反右防左、保護群眾的積極性並引之走向正確軌道等等，聯繫起來考慮。犯形「左」實右的人，多數還是好人，用心還是好的，少數是別有用心。對群眾的革命積極性，一定要愛護。不要害怕群眾。④反對形「左」實右，可能被人利用。我們反傾向的鬥爭應當謹慎些，但也不要怕，你反一種傾向，另一種傾向總要來抓你並且利用的。右傾機會主義路線是否反透了？我看伊盟就有問題。有的地方就沒有開門。

（五）烏達工宣隊的經驗應該好好總結。這個工宣隊是二冶派去的，是包鋼、二冶經驗的新運用和新發展，很好地解決了繼續革命的革法問題，體現了毛主席一貫倡導的調查研究、突出政治、作人的工作、政策攻心、政策觀念、打殲滅戰的思想，基本經驗是可貴的。作到了既轟轟烈烈，又扎扎實實。包鋼、二冶的經驗，由於右傾機會主義路線的干擾，未能推廣，應繼續搞大會戰。滕司令員六月十四日報告還是正確的。

（六）批高的問題，可以繼續寫些文章，如結合一元化問題，批高的反動多中心論、右傾分裂主義。可看看「七評」：《蘇共是最大分裂主義者》。

（七）專欄要好好辦下去。搞好工農兵論壇。寫些短文章，自由一些。應當專門有人研究社會動向。一個時期可以穩定地反對一種傾向，但又隨時抓住新的苗頭反一下，總之，專欄應該是最敏感的論壇。

62.滕司令員談一九六九年工作打算和當前應當注意的幾個問題（1968.12.31）

（一九六八年十二月三十一日，滕司令員在北京接見內蒙古日報李葆義、呼三司郭是海，談了一九六九年的工作打算，挖與肅相結合以及有關「內人黨」的問題。現將記錄整理如下。）

滕司令員：元旦社論怎麼寫，我考慮的不多，明年的工作抓什麼，我倒是想了想。毛主席在十二中全會上講，文化大革命到六九年上半年差不多。我們內蒙怎麼搞？我看主要抓兩條：（一）狠抓活學活用毛澤東思想的群眾運動。這是最主要的。過去我們挖出了很多成就，明年還要突出地推動推動。文化大革命的中心任務有兩個，一個是毛澤東思想大普及，讓七億人民都能掌握毛澤東思想，林副主席講話說這是從來沒有過的大事情。不是抓一次，抓兩次就行了，在奪取全面勝利的時候，一定要突出一個活學活用毛澤東思想的新高潮。（二）狠抓領導班子的整頓，健全和鞏固。這是政權問題。這兩個問題解決了，其他一切都好解決。這是用什麼掛帥、靠誰去抓的問題。沒有毛澤東思想掛帥，沒有好的領導班子，毛主席指出的鬥批改五項任務就無法完成。鬥批改就是在毛澤東思想指導下，在各級指揮部直接領導下進行的。這兩個問題解決了沒有，解決了沒解決。全面勝利靠什麼？就是靠毛澤東思想。我們的毛澤東思想水平，停留運動初期和中期不行，一定要不斷提高。政權問題是革命的根本問題，政權在馬克思主義者還是修正主義的手裡的問題不解決，指揮部的問題就不解決，其他問題就無法解決，解決了也還會回生。

在這樣的前提下，其他工作才好安排。只要有毛澤東思想，有了這樣的領導班子，各項工作如何搞，怎樣各有側重，都能很好安排。

別的任務都是階段性的，這兩個問題確實經常的，根本的。活學活用毛澤東思想的群眾運動，運動中比運動前強，去年比前年強，今年比去年強，明年要比今年更強，要一浪高過一浪，不斷發展。我們的一切成就，都是毛澤東思想大普及的結果。各項任務都要完成，但有掛帥的東西，也要有執行掛帥的

班子。有了正確的方針，幹部就是決定的因素。但是領導核心，領導班子是體現核心的。領導班子不好，工作就搞不好。一年來證明，哪裡的領導班子好，工作就好，哪裡的領導班子不好，什麼也不行。根本還是不是毛澤東思想掛帥了，毛澤東思想有多少。對於毛澤東思想，有的是自覺執行，有的則不自覺。總是由不自覺到自覺，新的來了，又不自覺，到自覺，這是一個發展過程。抓住了這兩條，其他就可以帶上來了。這兩條不好，其他肯定做不好。

學習毛澤東思想怎樣學？林副主席，康老在八屆十二中全會上的講話，對主席思想評價和闡述，是我們學習毛澤東思想的綱，我們一定要用上。要著重學習毛澤東關於社會主義條件下繼續革命的理論、路線、方針和政策，學習毛主席一系列最新指示。第三個里程碑的主要標誌就在這裡。

怎樣實現一元化，這是必須解決的問題。一元化，要有一個統一的思想，這就是毛澤東思想。化就化在毛澤東思想上。沒有毛澤東思想就不會有統一的步伐，統一的行動。一元化，就是要我們緊緊地團結在以毛主席為首，林副主席為副的無產階級司令部的周圍，緊跟無產階級司令部的各項號令統一行動。

陳祕書：政權建設是一切建設的中心。高錦明的問題出來以後，各級革委會也要抓思想革命化建設，二要抓健全組織，現在有些地方不是三結合，而是兩結合；三是要改進作風，反復舊、反保守。這一段作法，把路線鬥爭交給群眾，有的革委會已經嘗到甜頭。看來這仍然是一個有效途徑。

滕司令員：政權建設主要是組織上、思想上、作風上。思想解決了，組織也好解決。組織上堅持精兵簡政，吐故納新。思想上包括很多，目前存在的問題，右傾，形「左」實右，主要是右傾，都是路線問題。

陳祕書：右傾主要反映在領導層，因而就有很大的欺騙性、危險性，指揮部的作用就在這裡。你執行右傾機會主義路線，人家要跟你走，不跟就是「對待革委會權威」問題。

滕司令員：今後各項工作，元旦社論可以提一提。但主要是解決領導思想問題，抓根本。突出這個中心思想。鬥批改各項任務，每段時間多少側重什麼，這是工作安排問題。要突出兩條中心，提出鬥批改各項任務，鬥批改的重心還是大批判和清理階級隊伍。兩條中心，其實還是一條中心，活學活用毛澤東思想是最主要的。要把毛澤東思想落實到什麼地方？首先就要落實到革委會

建設上。

農村今冬文化大革命抓什麼？（一）進一步開展活學活用毛澤東思想群眾運動，進一步落實毛主席的一系列最新指示，活學活用「老三篇」；（二）充分發動群眾，發揮群眾組織（貧協，民兵）的作用，開展大批判和清理階級隊伍。（三）狠抓領導班子問題，政權一定要掌握在貧下中農手裡；（四）發揮專政的威力。農村文化大革命，一是要解決廣大群眾掌握毛澤東思想問題；一是要解決領導班子問題。走什麼道路的問題，與這兩條直接相關。解決了這兩條，就什麼都好解決了。

革委會目前有一種情況，要強調一下思想、組織、作風上反復舊的思想。

下面談談大批判問題。

回去以後，向樹德同志彙報一下，請他們研究一下：現在清理階級隊伍，大家都把注意力放在挖上，批的自然要差了，這也是正常情況。一月中旬以後，強調一下大批判，要有準備有計劃的搞。人批判搞好了，清理階級隊伍就可以深入一步。怎麼轉？首先是找好典型，介紹先進經驗，這樣來轉。我們現在就要找出大批判和清理階級隊伍結合的好的單位，介紹他們的先進經驗，逐漸誘導大家轉。大批判和清理階級隊伍，不矛盾，是相互促進的關係。批得好，就挖得深。這次轉，不要採取先發社論的作法，而是採取先推廣典型經驗，逐步誘導作法，讓大家先有了思想準備，看看人家是這樣把人批判同清理階級隊伍結合起來，怎樣轉的，也就逐漸轉過來了。到一定時候，再發幾篇社論。回去以後要研究一下，究竟怎樣轉，才能使大家思想上有準備。轉的時候，不要把人們的思想搞亂了，以為不搞清理階級隊伍了。（郭是海同志問：這次轉，是不是意味著大批判為重點？）不是說以大批判為重點，而是強調清理階級隊伍要與大批判緊密結合，原因是這一段批得不夠，批與挖結合的不夠，所以強調一下批。不要靠發社論，發指示來轉，而通過介紹典型經驗，逐步強調出來。這方面，領導上要有底，沒有底怎麼行呢？到了一月中旬，我們這次又挖了兩個月了，大批判一定要緊緊跟上，就可以大挖又推進一步。挖出來的，不經過大批判，也沒辦法搞清楚。一批，不僅組織上搞清楚了，思想上也搞清楚了。

陳祕書：當前挖肅鬥爭，既要深挖，又要考慮群眾定案，這都得進行大批

判。批透了，也就好結論了。

滕司令員：要把挖與肅、破和立，大批判和活學活用毛澤東思想結合起來。現在有的地方把清理階級隊伍的群眾運動好成了專案運動，這樣不行。回去以後，一定向樹德同志彙報一下，在挖半個月左右，就抓一下大批判，用毛澤東思想做武器，結合活材料，進行批判，提高群眾覺悟，再把挖推進一步。現在就著手準備，挖典型材料，一定不要先發社論。好的典型總是有的。小單位大單位都行。要逐步引導。到一定時候再發社論，強調大批判的重要性，大批判與清理階級隊伍的關係，與活學活用毛澤東思想的關係。領導上先作這方面準備，心中無數就不好。

還有一個問題，就是對待內人黨的問題。核心組寫來的幾條，第三條中提到的「證據確鑿的首要分子」，指的是支書以上的人。我看，這裡面還應當分別一下，分成首要分子和骨幹分子兩種提法。首要分子是指內人黨的老班底，各地的總頭目。骨幹分子包括內人黨的支書，總支書以上的。對骨幹分子，也要進一步提出區別對待的政策，把罪大惡極的和罪惡較輕的，交代好的與抗拒交代的區別對待。對於在職幹部中的一般內人黨徒和脅從分子，可以加一條：一貫表現好，運動以來表現也好的，要號召他們主動交待，既往不究。這種人總是有的。

還有一條：在中學以下的學生中，不搞內人黨的問題。大專學生如有參加內人黨的，應當進行正面教育，號召主動交代，也不予追究，年輕人嘛，如果光是一般黨徒，沒有別的罪惡（特務，情報員等），就不要追究。蒙族學生中是可能有內人黨的。對他們，要靠辦學習班的辦法，提高覺悟。

對於內人黨徒的家屬和小孩，更要注意，一定按政策辦，主要是教育他們劃清思想界限。

特別在農村牧區，對貧下中農，貧下中牧的內人黨徒，一定要堅持正面教育，號召主動交代，不予追究。工人中也是這樣。（工人裡有混進來的地富反壞右例外。）

首要分子，骨幹分子可以隔離審查。一般黨徒，要採取辦學習班的辦法。支書以上（支部委員不算）的才算骨幹。當然有的黨徒身兼叛徒，特務，地富反壞右，那就根據後者辦。

現在對內人黨要發動大量的、公開的宣傳攻勢、宣講政策。前一段出現的支流，是難免的。有人不理解政策，也有壞人搞鬼。支流要轉過來。要明確，我們跟內人黨是敵我矛盾，但如何處理法，則要好好考慮。

一定要嚴禁逼、供、信。不准隨意抓人，隔離，抄家。骨幹分子也要區別對待。要重證據，重調查研究。

對工人，貧下中農、貧下中牧、學生中的一般內人黨徒，一定要堅持正面教育，不准抓，打，圍。如果我們有的大隊支書是內人黨的支書，經查證，可以調離出來，撤換，放到學習班裡，結合整黨進行。對城市貧民中的一般內人黨徒，也要堅持正面教育。

內人黨問題的重點：①主要抓旗縣以上機關；②從組織上可以摧毀；③首要分子要狠狠打擊；④一般黨徒中的叛徒、特務，則按叛徒，特務對待。

要擴大教育面，縮小打擊面。一般成員要抓好教育，讓他們看到有希望。工人、農民、牧民、學生中的內人黨徒，大多數是受蒙蔽的，應從寬處理，不逼不揪。一般幹部要弄清問題。不戴帽子，不圍攻，不批鬥，還是要辦學習班，提高覺悟，主動交待。對集團性的東西，如情報集團，叛國投修集團，劃的面也不要寬。就是對重點成員，也應採取「**利用矛盾，各個擊破**」的辦法，不要把鬥爭對象看成鐵板一塊，他們也是可以分化的。毛主席十二月二十六日有個批示，說「**不要　提走資派就以為都是壞人**」。這個提示，一定要好好學習，好好領會，好好貫徹。文件前邊，要引用這幾條毛主席的最新指示，不要寫的那麼多，明明確確寫幾條就行了。寫出以後，要開大會宣講，解釋這個政策。

注意：搞內人黨問題，僅僅是清理階級隊伍的一部分，可以在一定時間裡當個重點搞，但不是清理階級隊伍的全部。

63.滕司令員一月四日接見陶繼藩同志時的指示精神（1969.01.04）

（陳曉莊同志一月六日在北京作的傳達。傳達時有所說明。現一併據記錄整理，僅供內部參考）

　　滕司令員在同陶繼藩同志談話時，就當前工作共講了五個問題。

（一）今年的中心任務抓什麼？

　　總的講，按元旦社論提出的任務。中心的中心，是普及毛澤東思想，開展活學活用毛澤東思想的群眾運動，堅持下去，深入下去，落實下去。這兩年文化大革命，就是把毛澤東思想交給群眾。今年要求搞得更好。尤其是把毛主席最新指示，把毛主席關於無產階級專政下繼續革命的理論、路線、方針和政策落實下去，武裝人們頭腦。今年考慮要搞幾次大的學習高潮。迎接「九大」，搞一次學習高潮。「九大」是總結社會主義革命經驗，特別是近三年的文化大革命的經驗。要抓緊這個機會，開展大學習。國慶前後再抓一次高潮。年底前，接近全面勝利了，能否再搞一次大的學習運動，用毛澤東思想來總結文化大革命，開展群眾性的總結。學習主要是辦學習班。學習班要提高質量，改進方法，強調活學活用。

（二）建設革命委員會，建設階級鬥爭指揮部的問題。

　　靠誰去領導學習毛澤東思想的群眾運動？關鍵是在各級革委會。革委會有一元化領導，就是毛澤東思想的領導。上下結合，關鍵在革委會。建設政權，是當務之急，關鍵的關鍵。

　　革委會的建設，抓三個方面：思想建設、組織建設、作風建設。而領頭的，掛帥的是思想建設，用毛澤東思想建設。思想建設不解決，組織建設也不

好解決；但組織建設不解決，思想建設不鞏固。思想建設很重要，目前。不少地方的革委會作風上還有問題，主要是有復舊。作風的復舊，是復辟的過渡。

目前一些革委會的班子是不純，不齊，不利。不純，就要吐故納新。不齊，想辦法補齊。不利，就是不純不齊帶來的領導不力。許多革委會實際上是派性合股公司。有些是使用了一批「老好人」、「和事佬」，他們對繼續革命不理解。

革委會建設，還是人的因素第一。這次清算高錦明的左傾機會主義路線錯誤，又來了一次大審查、大清理、大整頓，地方幹部就是少、很弱。幹部是個大問題，要解決。

（三）抓好工人、貧下中農宣傳隊，還有支左部隊。

在許多具體工作中，我們要依靠宣傳隊去搞。通過他們，去依靠和團結廣大革命造反派，廣大群眾，打擊一小撮敵人，建設我們的事業。他們是一支推動和促進文化大革命全面勝利的強大突擊隊，他們左右一個地區、一個單位形勢的好壞，他們的覺悟決定著這個地區，單位運動的成敗勝負。

以上三個問題聯繫起來，思想　　掛帥的；革委會　　指揮部；宣傳隊突擊隊。有了這三個，就好像打仗一樣，完全具備了打勝仗的條件。這是三點式當前運動的關鍵，三點實際上是一點，就是用毛澤東思想統帥一切。

（四）當前鬥、批、改怎麼搞？

今年，十二中全會公報提出的各項任務都要基本完成。但還是要抓住要點，抓大問題。領導上要抓兩頭，帶中間。

最近兩個月（指十一月—十二月）戰果很大，有些地區接近和超過了兩年的戰果。這是公報精神的鼓舞，毛主席最新指示的強大威力。我們的主要辦法，是把路線鬥爭交給群眾，把路線鬥爭和階級鬥爭結合起來。過去有一段我們反右不徹底，因此階級鬥爭抓的不利，抓不下去。高錦明這條右傾機會主義路線壓制群眾的，一反了以後就把群眾解放了。群眾思想一解放，運動就出現

的飛躍。

下一段怎麼抓？還是以兩個階級、兩條路線鬥爭為綱，抓主要的。具體的，就是搞規劃。如何把運動引向深入？那就是要把大批判搞上去，把大批判和清理階級隊伍結合好，他們之間互為因果，相互依存。這就是深挖深批。

怎麼搞大批判？怎麼引？不一定先發社論。可以先發一些挖肅結合的很好的典型、報道，使人們逐步有所認識，對大批判重視起來。目前看來，挖出了一批，組織陣線是比較清楚了，但思想上的敵我界限不太清楚，什麼是無產階級的，什麼是資產階級的。所以，只有通過大批判，才能使兩個階級陣線更加清楚。不過，搞大批判不要使人們感到清理階級隊伍不搞了，而是要認真地把兩者結合起來。

「整黨擺在非常重要的地位」，「整黨逐步展開」，這些提法不變。精兵簡政，改革不合理規章制度等項工作，是建設問題。其中突出的問題，是大學解放軍。這方面包頭已有經驗，要堅持下去。要把解放軍的經驗全套貫徹到群眾中去，貫徹到政權建設中去，在那裡開花結果。

（五）反傾向鬥爭問題

現在究竟是「左」了，「右」了？我感到基本上正常。「左」是支流，主要問題是右。一般的右傾，會發展成右傾路線的。反了一段右，再過一段會不會還有右？可能還會有右，主要出現在領導層。

右在哪裡？主要是怕群眾。革命的群眾運動有一股衝擊力。群眾運動的洪水沖來，泛起一些污泥濁水時，容易出現右。鄧子恢過去就是這樣，二月逆流的幹將也在這個問題上犯錯誤。一般來說，群眾未發動起來時，他們不害怕；群眾一起來，尤其出現一些支流時，他們就怕了。

運動每前進一步，總會有阻力。阻力主要來自右。「左」的問題要糾正，但主要是正面講政策。要始終注意保護群眾的革命積極性。不要老是反「左」，不然，會給右傾機會主義路線翻案。

出現「左」，原因很多。其中有壞人，也有不明政策的人，又犯過右的想立新功的，還有從「右」跑到左的。只要是好人，你正面給他講道理，是會被

接受的。不要老批評群眾。

　　對造反派，不要怕講政策。講政策不是右傾。政策是有束縛力的，但只是束縛那些不按政策辦實事的人。我們的造反派敢想敢幹立了很大功勞，但具體政策在他們頭腦裡框框較少。要對他們進行說服教育。

64.滕海清同志來信關於對目前形勢和任務的幾點意見（1969.01.06）

（一）關於形勢問題

自貫徹落實黨的八屆十二中全會精神以來，我區運動迅猛向前發展，形勢一片大好，兩個多月以來，取得了巨大的成績，是一個大躍進的局面。清查階級隊伍方面，又挖出了×萬×千多名壞人和一些潛伏很深的反動黨團，特務組織，破獲了許多重大政治案件，越過了過去將近一年來的成績，革命的大批判更加廣泛深入，紅色政權更加純潔鞏固，活學活用毛澤東思想的群眾運動已推進到一個嶄新的階段，工農業生產有了大幅度的增長。這是運動的本質和主流。

目前，運動發展基本上是正常的，群眾運動的主流是正確的，運動中出現一些錯誤和缺點是難免的，但這是支流問題，不是主要的，也是不難糾正的。毛主席教導我們說：「我們應當積極地熱情地有計劃地去領導這個運動，而不是用各種辦法拉它向後退。運動中免不了要出現偏差，這是可以理解的，也是不難糾正的。幹部中和農民中存在的缺點和錯誤，只要我們積極的去幫助他們，就會克服和糾正。」我們要遵照毛主席這一教導，對運動中出現的一些偏差，要採取正面教育的方式解決，要組織大家學習毛主席一系列最新指示和無產階級司令部的政策，要保護群眾的革命積極性，善於因勢利導而不給群眾潑冷水，不能光是指手畫腳的批評，要交給群眾政策，交給群眾辦法。

不要把支流問題誇大了，不要把非本質，非主流方向的東西，看成為本質和主流，那樣就會迷惑自己的方向，就會否定群主運動的大方向，就會犯新的右傾錯誤。毛主席教導我們說：「在勝利面前，我認為有兩種不好，（一）勝利沖昏了頭腦，是自己頭腦大大膨脹起來了，犯出『左』的錯誤，這當然不好。（二）是勝利嚇昏了頭腦，來一個『堅決收縮』犯出右的錯誤，這也不好」。我們的同志是否有在勝利面前沖昏了頭腦或嚇昏了頭腦呢？我看兩者都

有，但主要危險還在後者。有的同志在群眾發動起來之後，怕的要命，被群眾運動下昏了頭腦，把運動看成漆黑一團，這是右傾機會主義的特徵，右傾機會主義就是害怕群眾，害怕群眾運動。

有右必然有左，正如林副主席在八屆十二中全會講話中指出的：「右的過份的時候就導致『左』的思想。」因之，我們在反右時必須防左，但當前主要還是防右。運動向縱深發展主要阻力還是來自右的方面，形「左」實右或否定群眾運動的大方向，本質上都是右。對形「左」實右也要作具體分析，主要是階級敵人的搗亂，但也有私心和派性作怪，有的是過去犯了嚴重右傾錯誤，現在急於立功補過，但方法不對，有的是對敵鬥爭中辦法少，有急躁情緒，這都是可以通過教育解決的。

（二）當前的主要任務

今年的主要任務在元旦社論中都提出了，我們必須堅決貫徹執行。當前我們的主要任務是：

第一，狠抓毛澤東思想的大普及，繼續深入的開展活學活用毛澤東思想的群眾運動，這是中心的中心，是我們實現鬥、批、改各項任務，奪取無產階級文化大革命的全面勝利的根本保證。

第二，狠抓各級革委會的思想建設，作風建設，組織建設，特別是要狠抓各級領導班子的整頓，健全和鞏固。各級領導班子必須帶頭活學活用毛主席著作，搞好思想革命化，要用毛澤東思想統一認識，統一政策，統一計劃，統一指揮，統一行動，加強革委會的一元化領導。

第三，狠抓工人毛澤東思想宣傳隊，貧下中農毛澤東思想宣傳隊和解放軍毛澤東思想宣傳隊的工作。最近要召開一次工宣隊的經驗交流會。

以上三條的關係是：第一條是政治掛帥，第二條是指揮機構的建設問題，第三條是使用突擊隊問題。

關於鬥、批、改各項任務的安排問題，各單位可根據不同情況，逐步側重不同重點，前一段清理階級隊伍較好的單位，到一月中旬之後，可重點搞一下革命大批判，革命大批判和清理階級隊伍是相互促進的，只有搞得深才能挖的

透。革命大批判和清理階級隊伍和整黨等緊密結合起來。

（三）關於清理階級隊伍和執行無產階級司令部的政策問題

我們偉大領袖毛主席在八屆十二中全會上指出，「清理階級隊伍，一是要抓緊，二是要注意政策。」

怎麼抓緊？（一）抓敵情，把出來的問題梳梳辮子，進行分析研究；（二）抓重點，抓骨幹；（三）防止只抓「內人黨」問題而不抓叛徒、特務，頑固不化走資派和其他反革命分子；（四）挖與肅結合起來；（五）注意抓死角。

最近毛主席已在指示，要注意掌握對敵鬥爭的政策，我們必須堅決貫徹執行。有人說政策是束縛群眾手腳的，這種看法是錯誤的，堅決貫徹執行無產階級司令部的政策，是為了更廣泛的調動群眾的積極性，孤立和打擊一小撮階級敵人的。

關於搞「內人黨」問題，提出以下幾條意見：

一、重點是搞旗、縣以上單位，打擊證據確鑿的首要分子和骨幹分子（指上層領導機構中的成員和支部書記以上的領導骨幹，以及有重大罪惡的分子），對他們要隔離審查，並根據其罪惡大小和交代好壞，區別對待，貫徹**「給出路」**的政策。

2、一般內人黨徒中，除叛徒，特務和反革命分子外，只要徹底交代，一律不戴反革命分子帽子，並通過辦學習班，提高其政治思想覺悟。[1]

3、在工人、貧下中農、貧下中農、青年學生和農村牧區基層一般幹部中，如果發現「內人黨」問題，應堅持正面教育的方針，通過辦學習班搞清問題。只要不是叛徒、特務和反革命分子，而且從思想上與「內人黨」劃清界限，就不予追究。

4、各級革命委員會的成員和各單位領導小組成員中，如有「內人黨」分子，應報上一級領導機關批准，調離工作，如系一般黨徒，則通過辦學習班搞

---

[1]　編按：此處編號及以下應與上點同一層級，但原文換為阿拉伯數字編號。編輯保留。

清問題，如系首要分子和骨幹分子，則調離審查。

5、對一般「內人黨」徒的家屬，子女，不能當作反革命分子家屬對待，不可歧視他們，即使對待「內人黨」首要分子的子女，也要按中共中央、中央文革一九六八年十二月二十六日通知中的精神執行。

6、在搞「內人黨」問題時，要嚴禁逼、供、信，嚴禁打、抓、抄。

此外，搞其他集團性案件（如叛國投修案件）也要區別對待，而不能打擊面太寬。

以上幾條通過後，可開大會宣講。

滕海清 六九年一月六日

65.自治區革委會核心小組就當前運動的六點指示（1969.01.14）

各盟（市）核心小組：

我區形勢一片大好，越來越好，為了以鬥、批、改的優異成績迎接黨的第九次代表大會的召開，望你們在工作中認真地抓好以下幾項工作：

一、必須狠抓活學活用毛澤東思想的群眾運動，要經常研究，瞭解動向，及時總結交流經驗，特別要抓好典型，以推動全面。活學活用毛澤東思想是根本的根本，中心的中心，必須堅決抓好。

二、整頓各級革委會的問題必須認真地抓一下，在今年二月底以前基本上把各級領導班子整頓好，搞得更加純潔，鞏固和健全。一定要搞好革委會成員的政治思想覺悟，要重教育，不要把不應該撤職的人撤了職，不要一犯錯誤就撤職，要警惕階級敵人趁機破壞革委會，也要防止派性作用。

各級革委會都應召開革命大批判，破舊立新，要破舊思想、舊作風，為了把這個工作做好，各部門可以抽人帶著問題到農村去調查研究，徵求意見，回來再批判。一定要向解放軍學習，把解放軍政治建軍的一套辦法學到手，把解放軍堅持三八作風學到手，從而建立起一套新的作風和新的工作秩序，工作制度，真正實現毛主席：瞭解情況，掌握政策兩件大事。

三、必須認真抓革命大批判和清理階級隊伍的工作，要把隱藏在群眾中的各種階級敵人通通挖出來，不要單提「圍殲內人黨」，在清理階級隊伍中有堅決貫徹執行黨的政策，一定要把挖與肅緊密結合起來，要推廣挖肅結合的好的典型經驗，要把「挖肅」鬥爭進行到底。

四、要加強對工人毛澤東思想宣傳隊和貧下中農毛澤東思想宣傳隊的領導。各盟（市）、旗（縣）都應與支左部隊結合起來，組織一個小班子來專門領導公平軒對的工、貧宣隊的工作，及時給他們解決問題。

五、各級革委會都必須組織力量深入下去抓一些典型的調查報告，每個盟（市）在第一季度都應向內蒙革委會呈送至少三份像樣的調查報告，此外還應當特別注重總結一些典型經驗，推廣一些典型經驗。抓典型的方法必須經常應

用。各級第一把手應該親自抓一下典型調查和總結經驗的工作。

六、積極組織掀起工農牧業生產的高潮。今年是取得全面勝利的一年,各方面都應當顯示出無產階級文化大革命所創造的豐富成果,各級革委會應當認真狠抓生產大躍進組織準備工作,要拿出措施來,要向全區各族革命人民,向工人、貧下中農、貧下中農牧,革命幹部,革命的知識分子發出號召,行動起來向黨的第九次全國代表大會獻禮。一些好的典型要及時報內蒙古自治區革命委員會。

中共內蒙古自治區革命委員會核心小組

一九六九年一月十四日

66.滕海清同志在元月八日下午四時在聽烏盟革委會主任周發言同志彙報工作後的指示（1969.01.08）

一

　　黨的八屆擴大的十二中全會公報發表以來，全區形勢發展很快，形勢很好。這主要是毛主席的極其重要的指示、林副主席的講話，十二中全會公報的精神與廣大群眾之間見面的關係；是廣大群眾掌握毛澤東思想，有精神變物質的結果。應當看到，情況發展是正常的，全國都是這個情況。

　　十二中全會以後，毛主席，林副主席講話以後，出現了大好形勢。在大好形勢下，怎麼認識形勢？是大好，成績是很大；但工作中也有缺點，也有支流。如何看主流，肯定主流，在這樣的前提下，有步驟的克服支流。領導群眾運動，要尊重毛主席的最新指示的精神，把群眾充分發揮起來，落實毛主席的最新指示。毛主席講要抓緊清理階級隊伍，這段就是這樣做的，是按毛主席的指示，毛澤東思想辦事的。應當看到，按毛澤東思想辦事整個形勢就好。為什麼十二中全會以後形勢發展這樣快，群眾發動的比以前任何時候都更加廣泛，更加深入，所有農村、牧區街道居民等方面的群眾都發動起來了，這種力量就大了。進一步把群眾發動起來，不是盲目的發動，而是按毛主席的最新指示，按照無產階級司令部的戰鬥號令發動群眾的，大方向是正確的。現在要緊跟大好形勢，乘勝前進。領導思想跟不上大好形勢，大好形勢就會冒一下又下去。現在，要鞏固、發展大好形勢，這是當前應當注意的問題。

　　運動發展不平衡是正常的現象，各個地區的領導力量，工作經驗，不可能五個指頭一樣長，不可能一刀齊，平衡與不平衡，平衡是相對的，不平衡是絕對的，運動總是波浪式前進的，一浪過去又來一浪，群眾運動就是這樣，我們要抓主要方向，有死角，有落後的單位好解決，毛主席講，今年上半年文化大革命搞得差不多，差不多不是什麼都解決了，元旦社論提出完成公報提出的各

項戰鬥任務。還有個收尾工作，還有事情做，不平衡沒有什麼關係。

目前，應當看到，群眾發動起來以後，從革委會內部揪出來不少壞人，不要簡單看這個問題，這是群眾革命性的表現。我們的群眾，有這樣的革命精神，就不怕出資本主義。因為群眾敢於革命，你搞資本主義的東西，搞資產階級的東西就不行，群眾就會起來反對。我們革委會整個是好的，但有壞人，起碼是有些人群眾不信任，當然不是揪出來的都是壞人。這樣把這些人搞出去，革委會就純潔了。但最大的問題是群眾的革命性強，這是最可貴的。儘管不是十分準確，也沒有什麼關係，現在不做結論，可以搞清楚。群眾的行動是好的。群眾並不是想把革委會搞垮，而是把壞人揪出來，把好人留下來。至於敵人想把革委會搞垮是另一個問題了。群眾對革委會是愛護的，應當表揚與鼓勵群眾的革命性，當然也要強調科學性和組織紀律性，但是，沒有革命性，科學性和組織紀律性也沒有用的。

目前形勢應當如何看，反右還是防左，應當實事求是。整個文化大革命以來一直是反右，六六年文化大革命開始以來，都是反右，有從敵人方面來的，黨內的走資派，叛徒，特務搞的，我們有些同志跟不上形勢，思想右傾。「二中全會公報一發表，群眾就發動起來了。目前說來反右是主要的，有「左」的地方，問題不是孤立的，大方向是對的。不是左點就是右點，但大方向是對的。有左和右都應該從正面講清，不是說「左」就對了，左和右都不對。內蒙古日報社說的用意是好的，應當從正面講。支流問題從整個說來是極少數，主流是好的，把大量的敵人揪出來了，整個內蒙地區現在挖出了××萬多，這兩個月，超過了前兩年的一倍。當然，不能只從數量上講，但這也是廣大群眾緊跟毛主席的偉大戰略部署，清理階級隊伍的結果，這是很大的成績。「左」的問題，有。要作分析，應當從正面講清，不要指責人家，應當肯定大多數單位是按毛澤東思想辦事的，個別單位掌握政策不準，對毛主席對敵鬥爭的政策理解不深，在對敵鬥爭中熱情高，階級鬥爭和路線鬥爭覺悟高，對階級敵人有仇恨，革命性強，但水平跟不上，所以應當從正面講，不要批判這個問題。毛主席的每一最新指示，我們也不是一下子能理解好的，領導也是跟不上的問題，何況廣大群眾呢？出現一些之流，主要領導上一講，廣大群眾是完全可以接受的，領導一講怎麼做對，怎麼做不對，不要批判，要保護革命群眾的革命積極

性。過去有的同志思想一直右傾，現在轉過來了，想立新功，有些「左」的行動，有的做過了頭。對他們也是進行教育的問題。敵人搞形「左」實右是少數，大多數是掌握政策不準，搞一些武鬥，出發點是好的，想快點見成績，向敵人戰鬥，戰鬥積極性高，對敵人恨，這方面多，要保護群眾的積極性。領導也有責任，沒有把政策講清楚不要上下埋怨。

任何群眾運動不可能四平八穩，一點亂子也不出，這種想法是天真的，怎麼可能呢？領導要指出方向，方向對了，不要把問題看重，把支流看得過多，就危險了，被支流迷住了眼睛，又會犯右傾機會主義的錯誤。當然我不是說支流越多越好。正確的看法應當是肯定運動的成績，支流是少數，只要領導講清楚群眾經過實踐，活學活用毛澤東思想是能夠克服的，也是不難克服的，不要把支流看得了不起，不要給群眾潑冷水。有些人往往把支流擴大，這是不對的。我們應肯定主流，正面講支流，否則會使群眾思想混亂，辛辛苦苦幹了幾個月，搞得對不對。領導那樣講，用意是好的但群眾不容易接受，怎麼轉發？怎麼看待出現的毛病？從領導講，是領導的責任，不是群眾的問題。說領導不積極也不是，領導是積極的，沒有經驗出偏差。群眾有缺點領導也有偏差，主要的是要學系毛主席的一系列指示，關於對敵鬥爭的政策來解決，不要上下埋怨。

二

「內人黨」的問題，是整個清理階級隊伍的一部分，不是整體。

清理階級隊伍要把所有的叛徒、特務、反革命分子都清理出來。「內人黨」只是一小部分，從組織上看，「內人黨」是很大的一部分，但人數還是少數。挖「內人黨」與清理階級隊伍是一致的，不能挖了「內人黨」其它都不搞了。群眾提出有沒有這麼多，這看如何清理，必須調查研究烏蘭夫在內蒙二十年的歷史是幹什麼的，烏蘭夫在內蒙二十年，就是反黨叛國，反對毛主席，反對社會主義的二十年。「內人黨」的組織這樣大，長期以來，一直沒有發現和破獲，進一步證明烏蘭夫反黨反社會主義，反毛澤東思想鐵證如山。因為他是總頭目，他自己搞反黨叛國，用共產黨作為公開招牌，把他的人員安插在裡

面。不瞭解烏蘭人的歷史是不可理解的。為什麼在社會主義、無產階級專政條件下，長期沒有破獲，最主要的原因是烏蘭夫保護的，是烏蘭夫反黨叛國的基礎和力量，只有徹底摧毀內人黨，才能徹底摧毀烏蘭夫反黨叛國的反動社會基礎。要不是清理階級隊伍向縱深展開，怎麼能搞得出來呢？內人黨有很大的勢力，「內人黨」問題不解決，內蒙的無產階級文化大革命就不能奪取徹底勝利。從黨、政、軍，真是三裡五界都有「內人黨」，他們掌握了一部分實權，特別是混進了軍隊，有的權被他們奪去了，不把這個權奪回來怎麼得了？他們搞反黨叛國、搞修正主義，搞資本主義復辟。現在不但在軍隊裡有，還被他們奪了權，有的已鑽到革委會裡了，革委會裡有這一些反動傢伙，這個領導班子怎麼能是「三忠於」的領導班子呢？他們是些反革命的頭目，把他們挖出來，特別是把反動政變組織力量挖出來，意義很深刻的。是否有那樣多？今後會搞清的，而寬一點的可能是領導的問題，有的單位派性作怪，有的領導不清楚，群眾熱情高，也有的是敵人故意把水攪渾。這些情況都存在，沒有什麼不可以解決的。

革委會寫了幾條，發下去討論摸索一下。烏盟搞了這麼多，×萬多，占三百萬的比例不算多。（周插話說：統計不一定準確）問題不在於幾萬，而在於的確揪出了大批壞人，敵人是越來越少，不是越來越多，你說搞清了沒有？不一定，有的搞清了有的不一定搞清。目前我們的策略應該：挖重點，打擊主要的打擊首要骨幹，從這方面搞，就好了。群眾發動起來後，不應該剎車，要突擊骨幹以上的，一般的，不是叛徒、特務、反革命分子，可以採取正面教育，提高路線鬥爭覺悟，把罪惡算在烏蘭夫的帳上，因為烏蘭夫長期反毛主席、反毛澤東思想，群眾沒有很好用毛澤東思想改造自己的世界觀的，上了烏蘭夫的賊船。現在應該把仇恨記在烏蘭夫身上。開個動員大會，公開動員，與「內人黨」劃清界線，爭取從寬處理。對首要分子要抓緊，你們需要有個分析，有些不是骨幹，但是叛徒、特務、反革命分子也要抓緊。特別是對工人，貧下中農，貧下中牧，一般幹部，出身好，過去表現不錯，歷史沒有問題，加入了一般黨徒，還是要挽救他們。

集寧地區揪出的「內人黨」不少是漢人，這個問題值得注意，有沒有那麼多，要調查一下。當然，漢人也有加入「內人黨」的問題。應該怎樣理解呢？

不難理解,其他地區也發現有這種情況。我們不能從民族界限來理解,應該從階級界限來理解,是反革命不是哪個民族的問題,當然有的問題是自覺的,有的是不自覺的。中國人也有漢奸的,給外國人當特務的,他也不是日本人,很多都是受騙的。(這一段與烏盟傳來的記錄稿有區別,是電話詢問陳小莊同志後更正的。)

我們向中央彙報,準備講一下「內人黨」的問題,烏蘭夫是有組織、有計劃的搞的。有些算是證據,烏蘭夫的講話算是證據,是指導思想,他們打的共產黨招牌幹的是「內人黨」的事情,所以不容易發現。在社會主義條件下,反革命分子總是打著紅旗反紅旗的,欺騙群眾搞背後活動,過去我們警惕不高,不容易發現,同時也被老「內人黨」欺騙。搞「內人黨」是抓重點,這個問題要研究區別對待。

三

革委會有的班子癱瘓了,有的垮了,壞人不一定那樣多,這是好事還是壞事,我看是好事。有些革委會建立的時候是合股公司,按派性的需要成立的。總的情況當然還是好的,混進了壞人也不奇怪,革委會成立後雖然有整頓,但沒有這次這麼大,這是好事,是革委會鞏固、發展完善的必然過程。目前幹部可以搞三幾個人,把工作支持起來。揪出來的有的不是壞人,但現在馬上讓他們工作有困難。每個單位要有幾個精捍的人,今後慢慢充實起來,吐故納新有個過程。革委會還是採取調整、充實、加強的辦法。調整就是把力量調整一下,一個革委會又有幾個人抓工作,充實就是要加強一些新生力量,有一些可以補充一下,到春節後,革委會的吐故納新工作就差不多了。大隊比較不難解決。這樣抓革命,促生產什麼問題都好解決了。

農村文化大革命就整個來說,一個還是要掀起學習毛澤東思想群眾運動的高潮,這是總綱,是掛帥的問題,一個是解決領導班子的問題。一個是要開展清理階級隊伍必須要開展革命大批判,在此基礎上,把今年生產搞上去,農村突出這幾個問題,其他問題條件成熟就可以搞,如整黨等問題,下放科室人員和精簡機構,到大隊公社就有什麼了不起了,主要整黨,清理階級隊伍搞得差

不多就整黨，在整黨中還可以繼續清理階級隊伍。根據巴盟情況，公社、大隊班子不好的要派宣傳隊進去，好的就不用再去了，搞重點，搞落後的單位。

　　這一段，清理階級隊伍的高潮基本過去了，革命大批判也搞都不差，一月底以前還是要抓緊清理階級隊伍，狠抓革命大批判，來一深挖猛批，肅清毒，把大批判要專門形成一個階級的高潮，主要解決幾個問題：不光是批判劉少奇的「階級鬥爭熄滅論」「三自一包」烏蘭夫的「三不兩利」等，而革命大批判在機關特別是解決解放幹部的問題，該打倒的堅決打倒，該解放的大膽解放，革命大批判不解決解放幹部的問題，到什麼時候解決解放幹部？在幹部中要把陣線搞清，現在都把幹部搞出來，百分之九十是否都是打倒對象，不是死不改悔的走資派，不是叛徒、特務、反革命分子，內人黨骨幹分子，犯有一般錯誤還得按照毛主席的教導解放他們。這個工作任務很重，一年來解放幹部的情況不好，主要是與清理階級隊伍不深入，革命大批判不深入有關係的，特別是旗縣以上機關不解決就不好辦，因為沒有問題的不多了嗎！

　　幹部解放以後，還要考慮去向，到哪裡去，旗縣，盟裡幹部比較多一點，要早考慮去向，我想出路：　個去生產建設兵團，這個不會人多，一是加強基層，有的是否可以去當大隊長，當公社的什麼幹部，主要是到農村去，也可到工廠去，加強工廠，當工人，還可以抽調　部分力量加強教育界，加強中小學，加強基層，教育界的力量不行。幹部要下放到基層去，再一個可以下放到國營牧場、牧場去，最後一個還有一部分，是否可以辦一個小型的「五、七」幹校，小規模的，活潑一點。首先要搞好骨幹！有的幹部也可以去鍛鍊。有的幹部進機關後沒有去鍛鍊過；有的犯了錯誤馬上不能工作，可以給一點出路；也可以安置一些沒有地方去的老弱病殘到農場安家落戶。「五、七」幹校要有骨幹，幹部去勞動鍛鍊，犯錯誤的在勞動中改造，也是安置部分老弱病殘。幹部出路問題，就是叛徒、特務也不能都判刑，也可下放到農村生產隊交給群眾監督勞動，管制勞動，搞勞改農場不行，都去「五、七」幹校也不行。這些問題都要考慮一下。你們現在搞了大學校，到三四月份還可以到「五、七」幹校去勞動，清理階級隊伍差不多了，最後是整黨，大批判在哪裡搞也行。大批判子孫萬代都可搞，不合理的東西都可以提。清理階級隊伍，大批判在二月底大致是高潮，陣線基本清楚了，大批判把這個問題都解決了，有條件的就可以整

黨；家裡準備寫個規劃，只能參考，沒有這麼具體。現在整個內蒙地區最困難的是幹部問題。

四

最後一點：

目前工作的綱是毛澤東思想掛帥，一個指揮部，三個隊（工人宣傳隊，解放軍宣傳隊，貧下中農（牧）宣傳隊）。毛澤東思想統帥一切，統帥指揮部，沒有好的指揮部，毛澤東思想就貫不下去，下面主要靠幾個隊，各個單位的工作可以自己安排，緊跟毛主席，今年上半年差不多按這個去做。

上半年主要是清理階級隊伍，大批判，解放幹部，整黨是個關鍵。下放人員容易解決，幹部不解放是麻煩事。「內人黨」還是抓首要，農村的支書與機關、軍隊的支書有區別，看他罪大罪小來區別。除了骨幹、壞分子以外，主要辦學習班進行正面教育，這個問題牽涉整黨問題，如何整黨，掌握細一點，農村就是有內人黨，不摧毀不行，一般黨徒堅持正面教育，黨籍問題支書以上的不能保留，一般黨徒可以看其表現，主要抓幹部，大多數還是堅持正面教育。「內人黨」在四清中發展了一些積極分子這就麻煩了。那時很可能是矇騙群眾，用了很多方法。

工宣隊、貧宣隊、解放軍宣傳隊要有個專門班子抓這個，指揮不好會出問題。你組織力量要跑面，蹲點是不是又有那樣多的力量，要及時發現問題及時糾正。

各級革委會內部要有明確分工，參加革委會應全力以赴搞革委會的工作，支左人員可以調動，參加革委會的人員不能隨便調動，否則那還得了，應該屬革委會領導。革委會的幹部要精悍一點。

（記錄稿未經本人審閱）

67.滕司令員對內蒙文藝界運動幾點指示（1969.01.18）

一、要肯定文化戰線挖肅的成績：

　　文藝界的造反派的挖肅鬥爭中做出很大成績，這是必須要肯定的。但文藝界一年多的鬥爭，一直沒解決一個問題就是誰戰勝誰這個問題。一直存在革與保的鬥爭。工宣隊進駐後就是要搞革與保。革的人是少數。革的就是要徹底摧毀烏蘭夫反黨叛國集團；另一方面就是死保烏蘭夫的，一直保，保特務，叛徒、保牛鬼蛇神的。這就是兩條路線的鬥爭。有的人實質是站在烏蘭夫的立場上的。

　　這個問題一直沒解決，現在還是存在革與保的問題，為什麼要保？很多群眾是受蒙蔽的，大多數是好人。文藝戰線的烏蘭夫基礎沒有催垮，他們至今還和我們爭奪領導權。文藝戰線人員複雜，壞人多，流毒也沒有肅清。

　　（陳曉莊同志：有些人是好人，但世界觀是舊的）。

　　有沒有派性？可能有，但不是主要的。現在主要是兩條路線鬥爭。派性可能是掩蓋路線鬥爭，階級鬥爭。

　　文藝界陣線也清楚，也不清楚。過去你們不善於團結群眾，現在要號召群眾站過來。一些人繼續下去前途是危險的，當然是指政治前途了，（按：是指犯有右傾頑症的少數人。）

　　文藝界這塊陣地的領導權一直沒有解決。你們要有信心，這次是非解決這個問題不行，這個權非奪過來不行。搞了一年多，抓得不夠，我們領導有責任。他們以為我們沒辦法了，不要怕那些人怎樣跳，告訴他們，回頭是岸，繼續搞下去政治前途是危險的。

　　你們鬥爭要有信心。不要人家一出點事，就覺得了不起。形勢好你們就趾高氣揚，形勢不好就垂頭喪氣。天塌下來，也翻不了天。

　　你們要學會鬥智，要勇敢，要不停頓地向階級敵人進攻。你們就沒有這本

事。敵人一跳就驚慌失措，大家要有信心。

二、要和工宣隊搞好關係：

工宣隊進來了，你們要幫助他們瞭解情況。在工人階級領導下，依靠挖肅積極分子，充分發揮動群眾，一定會把仗打好。

包頭工宣隊搞得不錯。你們的意見人家可以參考，不對的可以不照辦，人家要按毛澤東思想辦事。你們是主人，要主動介紹情況，工宣隊有缺點不能看笑話，那樣就會幫助了敵人。要相信他們會瞭解情況，起碼一段時間的瞭解情況。（陳曉莊同志：要相信他們，依靠他們。）你們要真心真意和他們搞好關係，工宣隊進來了，這是一支堅強的力量，結合積極分子就能打好。

三、幾個需要注意的問題：

滕司令員說：對於站錯了隊的人，要教育他們不要上敵人的當，不要叫敵人牽著鼻子走，因為敵人是不可能講實話的嘛！

滕司令員：最近革委會搞了幾條政策。敵人想從政策上撈點油水，是撈不到的。我們要理直氣壯地執行黨的政策，真正的敵人才害怕政策，政策是戰勝敵人的武器，真正怕政策的就是敵人，我們的同志是不怕的。不要怕別人鑽空子，我們的政策是為毛主席革命路線服務的。要看遠點，要想到自己搞什麼，還要看到敵人搞什麼。光搞自己的不研究敵人怎麼能打仗。

文藝界搞了一年多，我們沒下大的力量，我們現在要下決心搞了。

（陳曉莊同志：右傾勢力抬頭了，要堅決打下去。）

高錦明是保護了敵人的，當然不是每一件事都是他幹的，主要是他思想上同敵人是共鳴的。要狠批高錦明的右傾機會主義路線。

滕司令員說：你們打仗打不到點上，沒把主要問題抓住，文藝界幾起幾落，我看裡面肯定有人在下邊統一指揮。當然依然還是少數，不要草木皆兵。只要狠鬥一小撮敵人，群眾會受教育轉過來的。你們要狠鬥布赫，必然會鬥在布赫身上，打在保皇派的心上。

　　布赫那些人沒有搞倒。他沒倒，蝦兵蟹將當然還有希望，如果真正從思想、理論、組織上把布赫批深批臭了，下邊就自然好解決了。

　　在鬥爭中不要搞武鬥。敵人不怕武鬥，怕文鬥。武鬥不解決問題，不要上人家的當

　　文藝界是個黑堡壘，一年多還沒徹底攻破。這次要同工宣隊團結在一起，徹底攻破他。

　　我們過去沒騰出手抓，讓了一步，現在告訴他們，我們一定要把它攻下來。

　　滕司令員最後說：你們不能軟弱，軟弱是不行的。要和工宣隊團結在一起，把仗打好。

　　（根據記錄整理，未經審閱，僅供參考，不得翻印）

68.滕司令員聽取軍區政治部學習班彙報後的指示（1969.01.30）

（69）字第20號 機密　內蒙古軍區黨委文件

各師，工區、分區、軍區司，政、後機關，獨立團黨委：

現將滕海清同志一月三十日對軍區政治部清理階級隊伍學習班的重要指示轉發給你們，望結合你們對敵鬥爭的實際情況認真研究，很好貫徹執行。

敬祝

偉大領袖毛主席萬壽無疆！萬壽無疆！

中共內蒙古軍區委員會
一九六九年二月十日

滕司令員聽取政治部學習班彙報後的指示（1969年1月30日晚）

一、辦清理階級隊伍學習班，要把「內人黨」的骨幹分子同一般成員分開。問題交代清楚了，再進「鬥私批修」學習班。

二、對「內人黨」的方針：第一條是組織上徹底摧垮。怎麼摧垮？只有靠群眾起來，辦法就是發動群眾。把「內人黨」這個反革命組織徹底摧垮，這一條不能動搖。第二條，政治上徹底批臭。光摧垮不行，還得把「內人黨」批臭。怎麼批臭？毛主席教導我們，要「利用矛盾爭取多數，反對少數，各個擊破」。我們的辦法就是利用「內人黨」的炮彈去打「內人黨」，從政治上把「內人黨」批臭。單憑我們批不行，還要用反面教育。第三條，區別對待。對骨幹分子，把那些出身成份好的，同那些反動軍官，反動學校出來的區別開來，要打擊那些主要分子和反動的骨幹分子。對一般成員也要區別對待。

三、轉入「鬥私批修」學習班：第一，要在「內人黨」徒交待，揭發以

後；第二「內人黨」徒要下與「內人黨」斷絕關係的保證；第三，「內人黨」徒要從思想上與「內人黨」劃清界線；第四，在「鬥私批修」學習班之後，還要他寫個東西。

四、沒有進清理階級隊伍學習班的，現在我們的力量顧不過去，先不要動。但是，不要動不等於不對他們進行教育。當前要集中力量，把骨幹分子的問題搞清楚。

五、對那些轉到「鬥私批修」學習班以後表現好的內人黨徒可以利用當骨幹。開始可以少用一點。用他們去搞那些骨幹分子。這樣搞（那些骨幹分子心就發慌，內部容易瓦解），就更有力。

六、骨幹分子不要串了供。對轉到「鬥私批修」學習班表決心的，只要他們表態度，不要他們講內容。

七、對於一般內人黨徒，特別是對那些出身成份好，平時表現不錯的一些年輕的，應當指出他們是受蒙蔽的。為什麼受蒙蔽？烏蘭夫長期統治內蒙以來，幹部沒有很好地用毛澤東思想改造世界觀。因為烏蘭夫反對毛澤東思想，幹部中了毒。他們就是這樣受蒙蔽的。這樣講一講，可以減少他們一些壓力。

八、要用毛澤東思想分化瓦解敵人。要指出，你不交待別人會交待，要他交待是為了教育，挽救他，使他受感動。要用毛澤東思想深入一步地講，有針對性地講。

九，領導同志應上第一線去。給他們（指內人黨徒）講講話，講一講政策為什麼不可以？領導同志講一講，會講的更透一些。

十、圖們昌的交待有他的合理性，態度好我們歡迎，只要坦白交代得好，可以將功贖罪。對其他內人黨的骨幹分子也可以講一講。為什麼要自殺？怕戴反革命帽子，交待的好可以不戴。對鮑蔭扎布也可以根據中央對待楊、廖的精神做思想工作。

十一、對骨幹同志要講一講，一是不要急，二是不要慌。

69.滕海清同志在彙報會議上的講話
（1969.02.06）

一九六九年二月六日於北京

　　這個會議開了十幾天了，彙報了情況，交流的經驗，部署了一九六九年的工作，統一了思想。這個會議是緊跟毛主席偉大戰略部署的，是進一步貫徹落實毛主席「五統一」指示的，大家的精神狀態還不錯。會議期間，中央對內蒙無產階級文化大革命，對軍隊問題都作了重要指示，對到會同志，對內蒙各族革命人民是極大的鼓舞，極大的關懷，極大的鞭策。中央首長對內蒙的無產階級文化大革命歷來是很關心的，歷來是抓的很緊的。這次中央文革、中央首長的指示精神，要迅速傳達下去，一定要認真貫徹執行。

　　目前內蒙地區的形勢同志們都談了，中央首長指示很明確，概括的很好，內蒙形勢很好，清理階級隊伍成績很大，應當肯定，在這樣大的群眾運動中，在清理階級隊伍工作中，出現這樣或那樣一些缺點是難免的。從去年十一月宣傳，貫徹，落實黨的八屆十二中全會以後，內蒙地區的形勢特別好，主要表現是：

　　首先是毛澤東思想大普及。黨的八屆十二中全會一結束，全區迅速掀起了對「公報」，對毛澤東思想的大宣傳，大落實，大普及的高潮，深入學習「公報」、「元旦社論」，把毛主席一系列最新指示傳達到群眾中去。全區活學活用毛澤東思想的群眾運動更加深入，更加廣泛，更加扎實，特別是在黨的八屆十二中全會以後，廣大革命群眾進一步充分發動起來了，發動的比以往任何時候都更加廣泛、深入。

　　第二，清理階級隊伍取得了很大成績。清理階級隊伍，不論廣度和深度都超過以往任何時期。在廣大農村，牧區也都開展了清理階級隊伍的鬥爭，機關，廠礦、學校，都挖出了一批隱藏很深的壞人，其中特別是從組織上基本催垮了烏蘭夫反黨叛國工具，民主分裂主義集團「內人黨」，消除了內蒙地區的

一個人隱患。

第三，革命委員會更加純潔、鞏固，無產階級革命權威有了很大提高。各級革命委員會把路線鬥爭交給群眾，揭發批判右傾機會主義路線，開門整風，在革委會內部又搞了**「吐故納新」**，這是革委會成立後第一次這樣廣泛深入的開展兩條路線鬥爭。在革命委員會內部開展兩條路線鬥爭是非常必要的，通過這場鬥爭，給我們上了一堂生動的階級鬥爭和路線鬥爭的課，各級幹部又接受了一次新的考驗和鍛鍊，加強了一元化的領導。

第四，生產建設迅猛發展，出現了躍進局面，實現了六九年開門紅。特別是包鋼軌梁廠提前一年建成，煤炭生產成績突出，進一步顯示了革命帶來的豐碩成果。

所有這些，都是當前運動的本質和主流，都是毛澤東思想、毛主席革命路線的偉大勝利。我們要遵照毛主席一貫的教導和這次中央首長給我們的指示，在成績面前，在勝利面前，要清醒地看到敵情，看到困難，也要看到我們工作上的支流，要繼續反右傾，各級領導同志和廣大革命群眾都要謙虛謹慎，戒驕戒躁，鼓足幹勁，力爭上游，以最大的決心，敢想、敢幹的魄力，出色地完成黨的八屆十二中全會公報所提出的各項戰鬥任務，奪取無產階級文化大革命的全面勝利。

一九六九年的工作怎麼個搞法，會議上有個文件，同志們回去後組織廣大革命群眾很好地討論一下。全年規劃，從時間上是不是劃這樣兩條線：一條線就是從現在起到「五一」前，還是要狠抓革命大批判和清理階級隊伍，在先進地區可以根據實際情況轉入整建黨，不敢講轉是不對的，有的單位工作搞得好一些，搞得好就要向前進，落後的要向先進單位看齊，趕先進，先進的要更先進。從工作上講，就是要狠抓大批判，清理階級隊伍，整建黨，教育革命，精兵簡政，改革一切不合理的規章制度，解放幹部，繼續整頓各級領導班子等幾項工作。一定要認真做好解放幹部的工作，要在「五一」前做出顯著成績來。在清理階級隊伍的鬥爭中，要抓重點，抓死角，深挖反革命集團，特別是要深揭、深挖、深批「內人黨」，這一點一定要堅持下去，我們就是要把「內人黨」這個反黨叛國集團在組織上徹底摧垮，在政治上徹底批臭。只有把它在政治上徹底批臭，才能教育廣大革命群眾，才能使群眾從思想上劃清界線。要正

確區分兩類不同性質的矛盾。區別對待，對於推一推就推過去，拉一拉就拉過來的人，應盡量把他拉過來。要打擊首要分子，打擊骨幹中最反動的分子，對「內人黨」的一般黨徒要爭取、教育，挽救他們，做到**「對反革命分子和犯錯誤的人，必須注意政策，打擊面要小，教育面要寬，要重證據，重調查研究，嚴禁逼、供、信。對犯錯誤的好人，要多做教育工作，在他們有了覺悟的時候，及時解放他們。」**面上的對敵鬥爭，要注意抓核實定案工作，在定案工作中，要使群眾和領導結合起來。旗縣以下，特別要狠抓農村、牧區的文化大革命，一是清理階級隊伍，二是整頓加強領導班子。**革命的根本問題是政權的問題**，領導班子就是政權，農村的大權一定要牢牢的掌握在貧下中農，貧下中牧農手裡。知識分子應當充分的知道自己的缺點，應當接受貧下中農，貧下中牧的再教育，無論任何時候，農村，牧區的政權一定要掌握在貧下中農、貧下中牧的手裡，這比什麼都重要。只要農村、牧區政權掌握在貧下中農、貧下中牧手裡，什麼問題都好解決。「五一」前後不一定都一刀齊，我看一個地區和單位階級陣線清楚了，班子問題解決了，就可以搞整建黨。

第二條線是「十一」前，基本完成黨的八屆十二中全會公報所提出的各項戰鬥任務。同志們回去後要廣泛徵求廣大革命群眾對六九年工作的意見，各盟市要把廣大革命群眾的寶貴意見搜集起來，修改出一份，在二月二十五日前送自治區革委會是核心小組。

今年工作的指導思想文件已經寫了，我想再強調一下，今年的任務很艱巨，鬥爭還很激烈，我們的工作情況通報中央首長和廣大革命群眾對我們的要求還存在著很大差距。我們是在二十周年大慶前完成各項戰鬥任務向國慶獻禮，還是在十二月完成，這就看我們的思想是先進還是保守，不管怎麼樣，今年的各項戰鬥任務一定要基本完成，必須完成。看來我們現在的工作很艱巨，階級鬥爭很激烈，很多工作還不落實。怎麼辦？沒有別的辦法，唯一的辦法就是各級革委會有毛澤東思想把廣大革命群眾充分發動起來，用毛澤東思想統帥一切，自覺地用毛澤東思想，毛主席的革命路線、黨的各項政策來統帥我們的思想和行動。我們要完成今年的各項戰鬥任務，必須有雄心壯志，有了雄心壯志才能鼓足幹勁，力爭上游，有了雄心壯志才會有革命朝氣，才能戰勝各種困難，鼓起勇氣，全力以赴打好這一仗。從現在起，全區上下要一起動員起來，

齊心努力，大概七個月，奪取無產階級文化大革命全面勝利。這裡重複一下今年元旦社論的一段話：「一九六九年，在中國革命和世界革命的進程中，將是光輝的，極其重要的一年。一九六九年，中國共產黨將召開第九次全國代表大會。一九六九年，全國人民將基本完成黨的八屆擴大的十二中全會提出的各項戰鬥任務。無產階級文化大革命將取得全面勝利。一九六九年，我們將隆重慶祝中華人民共和國成立二十周年。」我們一定要完成這項光榮、偉大的任務。我們的前途是光明的，但必須看到我們的工作是很艱苦的，道路是曲折的。我們的一切工作必須抓緊再抓緊，我們只能前進，不能後退，只能搞好，不准搞壞。

為完成一九六九年黨的各項艱巨、光榮任務，我們必須：

第一，用毛澤東思想統一認識。這是最根本的一條，抓不抓這一條，是馬列主義、毛澤東思想的領導，還是資產階級修正主義的領導的根本區別，也是革命的領導幹部同走資派的分水嶺。要抓，抓幾個什麼問題呢？我想抓這麼幾條：

1、狠抓，抓好我們領導同志自身的思想革命化。我們只抓下面同志的思想革命化，而自己不思想革命化，這不是真正的無產階級革命派。林副主席指示我們：「以毛澤東思想掛帥，搞好人的思想革命化，這是關係到國家的存亡，黨的存亡，政權的存亡，是人民得到一切或喪失一切的頭等重人問題，這是政治中的政治，靈魂中的靈魂，核心中的核心」。所以我們各級領導同志必須下狠心親自帶頭搞好實行革命化，帶頭用毛澤東思想武裝頭腦，用毛澤東思想指揮自己的言行。這個問題有反覆強調的必要，特別是各級主要領導同志，如果不用毛澤東思想去改造，去統帥，必然要有資產階級或小資產階級思想去統帥，去佔領陣地，怎麼能完成黨的各項艱巨任務呢？！

2、要狠抓，抓好各級領導班子的思想革命化。領導班子的思想革命化同每個領導同志的思想革命化是有密切聯繫的，領導班子是集體，光有領導同志的思想革命化，沒有領導班子的思想革命化不行。領導幹部，領導班子的思想革命化，集中到一點就是要破私立公，徹底克服資產階級思想，牢固樹立毛澤東思想。要在頭腦裡有兩條路線的鬥爭，就是公與私的鬥爭。在我們的頭腦裡不能有壞思想，不能讓私心雜念佔領陣地，必須用毛澤東思想去佔領陣地。用

毛澤東思想佔領陣地，就能對我們偉大領袖毛主席有深厚的無產階級感情，具有革命的朝氣，就能學好毛澤東思想，就能使自己有一個革命的思想，正確的思想。如果沒有一個革命的思想、正確的思想，既毛澤東思想，這個領導班子就不可能真正做到「五統一」。看來我們各級革委會基本上是好的，但與毛主席的要求還有很大的差距。

3、要狠抓，抓好活學活用毛澤東思想的群眾運動。一個是狠抓領導幹部，一個是狠抓領導班子，光有兩條路線不夠，還要搞活學活用毛澤東思想的群眾運動。我們一定要把活學活用毛澤東思想的群眾運動堅持下去，有計劃地抓幾次高潮，迎接「九大」搞一次，全區召開學習會搞一次，迎接國慶搞一次，要搞他幾次高潮，一浪高過一浪，一環扣一環，這樣把活學活用毛澤東思想的群眾運動抓下去，作為推動各項工作的基本動力。內蒙革委會已經有了決定了，最近政治部又召開了政治工作會議，也有個紀要，要很好的貫徹下去。

第二，要放手發動群眾，真正貫徹落實黨的八屆十二中全會精神，繼續狠反右傾，鼓足幹勁，力爭上游，以戰鬥姿態完成今年的各項偉大任務。

各級革命委員會，領導幹部，領導班子，機關工作人員的精神狀態好不好是取得全面勝利的關鍵問題。現在我們大多數革命委員會的領導班子的精神狀態基本上是好的；但是我們還要看到某些機構，某些同志的革命精神還是不旺盛的，當然這些同志同文化大革命前比較是好多了，但同廣大革命群眾在文化大革命中煥發出來的革命精神相比還有很大的差距，我們同中央首長比就更比不上了。中央首長機關全國的大事，又關全世界大事，每天都忙的很，他們就是一條有毛澤東思想，一條依靠群眾，一條有革命幹勁。我們在這方面還有不少問題。用什麼樣的思想掛帥，就有什麼樣的幹勁。用毛澤東思想掛帥，就有革命幹勁，精神充沛；不用毛澤東思想掛帥，就有私心雜念，精神狀態不振作，就沒有幹勁，這是從思想上說的。從工作上說，有毛澤東思想掛帥，就敢於鬥爭，敢於勝利。工作就是鬥爭，在工作上肯定會有很多問題的，但最大的問題，最根本的問題還是人的思想革命化的問題。人的思想一旦有毛澤東思想掛帥，就可以精神變物質，就敢於鬥爭，敢於勝利，這也是關係到能不能奪取無產階級文化大革命全面勝利的一個很重大的問題。

當前領導思想上存在的主要問題是右傾。群眾中有右傾，有搖擺，我看沒

什麼，領導上要是有右傾思想這個阻礙就很大。從全區各級領導班子來說，右傾思想還存在不存在？我看右傾思想還存在，只是右傾的程度不同。右傾思想主要表現在：

一是對敵情的嚴重性估計不足，特別是對「內人黨」這個反革命組織估計不足，不少領導同志在關鍵時刻就猶豫、動搖，持懷疑態度，懷疑有沒有「內人黨」，因此這些領導同志就不敢勇敢的領導廣大革命群眾向階級敵人作鬥爭，他們怕犯錯誤；也不敢講政策，不去恰當的組織群眾的積極性走向正確的方向和提高到高級的程度。在八屆十二中全會以後，清理階級隊伍有很大的成績，但也有右傾，特別是在群眾鬥爭中出現一些支流時，不是很好的積極的引導群眾到正確的方面來，保護群眾的積極性，而是在那裡懷疑，向群眾潑冷水。我們有些領導同志反右傾錯誤，就是當革命群眾把敵人揪出來放在那裡他就害怕了，而敵人沉在底下，讓敵人在背後搞陰謀活動他到不害怕。是什麼問題？這就是看不到敵人的存在，看不到敵人存在的危險性。

二是看支流多，看主流少，甚至擴大支流去衝擊主流。我們有的領導同志，在群眾運動中出現的某些問題不去想辦法解決，而是在那裡指手畫腳的批評、指責，一個勁反對，就是不拿辦法，不宣傳毛澤東思想，實際上是給群眾潑冷水，這個問題地方存在，軍隊裡也有。革命群眾堅決往外揪壞人，這種革命積極性是很可貴的，大方向是完全正確的，但是其中有一些同志對毛主席的最新指示一時領會不深，不大懂政策，又缺少辦法，有點急躁情緒，做了一些違反政策的事，這也用不著大驚小怪，只要我們各級領導注意，廣大革命群眾是會在鬥爭實踐中逐步加以糾正的。搞這樣大的文化大革命，一條就是靠毛澤東思想，一條就是靠廣大革命群眾。我們對革命的群眾運動的態度，就是對毛澤東思想的態度。群眾運動中出點問題就害怕起來，有什麼可怕的。林副主席指示我們：「害怕群眾運動，是右傾機會主義分子、資產階級革命家的本性，他們在運動面前專門挑剔缺點，誇大缺點，目的是散佈鬆勁、洩氣、埋怨、悲觀情緒，否定成績，否定黨的總路線。」這個問題很值得各級領導同志嚴重注意。特別是這段挖「內人黨」，很明顯我們有些領導同志思想右傾。我不是說挖得越多越好，而是要實事求是，有多少就得揪多少，特別是要看到敵人存在的嚴重危害性。「內人黨」是烏蘭夫反黨叛國的工具，是裡通外國的，讓這樣

的人掌握槍桿子，印把子不害怕，群眾起來了，出點問題有什麼可怕的？廣大革命群眾就是好，他們掌握了毛澤東思想，有雄心壯志，特別好，好極了！「內人黨」到底有多少？群眾發動起來了，群眾心裡是有數的。我們領導也要心中有數。如果你不是「內人黨」，難道群眾非要把你打成「內人黨」不可？現在揪出各種壞人××萬，將來可能不到××萬，不一定都是敵人，有些人幹了壞事，群眾把他揪出來，把問題搞清楚就行了嘛。問題不在這裡，問題是我們領導思想右傾，要堅決反掉右傾，對專政對象要下決心搞清楚，不下決心，猶猶豫豫，是嚴重的犯罪。在這次文化大革命中，在清理階級隊伍中，就是要把我們機關、學校、工廠、農村的群眾隊伍搞得清清楚楚，才能發揮群眾專政的威力，不搞清楚，好壞人不分，怎麼實行專政？過去烏蘭夫搞了那麼多年，階級陣線不清，包庇壞人，無產階級文化大革命不解決這個問題，什麼時候解決？這是個大問題。

三是右傾保守。當群眾要前進，我們不前進，這就是右傾機會主義，當然這裡頭不一定全是右傾機會主義，有些同志是思想落後於形勢，這個問題經常發生，所以今後各級領導一定要抓緊，好好解決一下。

四是有些領導精神狀態不好。他們在這樣大的是非面前不敢暴露思想，不敢講話。群眾中的好意見也不敢歸納集中起來，也不學習群眾的好經驗，群眾中的錯誤思想更不敢進行批判，自己的思想也不敢公開亮出來，有不同意見也不敢提，悶在肚子裡，這是不好的。我們說凡是符合毛澤東思想的就堅決支持，大講特講，凡是不符合毛澤東思想的就堅決抵制，堅決反對，原則問題不能讓步，不能和稀泥，不能調和。在這樣大的群眾運動中每個人都應當有自己的看法，都要表態，沉默是不行的。如果是毛澤東思想掛帥，就不能沉默。有什麼可沉默的呢？右傾機會主義是客觀存在，你犯了怕也怕不掉，你沒有也用不著怕，只要好好學習毛主席著作，學習毛主席一系列最新指示就可以解決。

上述問題歸根到底還是兩條路線的鬥爭問題。一條是毛主席的革命路線，相信群眾，依靠群眾，放手發動群眾，尊重群眾的首創精神；一條是資產階級反動路線，右傾機會主義路線，不相信群眾，不依靠群眾，不敢放手發動群眾，害怕群眾。我們必須用毛澤東思想去戰勝資產階級思想，用毛主席的革命路線去戰勝資產階級反動路線，在路線鬥爭上不能馬虎，毛主席教導我們：

「不是東風壓倒西風，就是西風壓倒東風，在路線問題上沒有調和的餘地」。你不站在這一邊，你就必須要站在那一邊，中間路線是沒有的，搞折衷是不行的。我們必須與錯誤路線劃清界線。

首先在精神狀態上，我們要繼續進攻，不能停頓，要鼓氣，不能洩氣，只能前進，不能後退，只能搞好，不能搞壞。我們同右傾機會主義的原則區別，在於我們要進攻，要鼓氣，要前進，而他們誰則要洩氣，要倒退，要停止革命，在當前尖銳激烈的階級鬥爭面前，我們必須有明確的思想，堅定的立場，絲毫不能含含糊糊。

在成績與缺點的問題上，我認為我們的工作中存在著缺點錯誤的，但同右傾機會主義這個錯誤是有原則區別的。我們是要革命要前進的工作成績是主要的，在革命前進過程中出現這樣或那樣的缺點錯誤是難免的。我們說成績是主要的不是沒有條件的，最根本的一條就是用毛澤東思想統帥一切，就是緊跟毛主席的偉大戰略部署，堅決貫徹執行以毛主席為首，林副主席為副的無產階級司令部的各項戰鬥號令，相信群眾，依靠群眾；如果相反那事情做得越多，越糟糕，錯誤也越大。右傾機會主義的錯誤不是領導革命，而是反對革命，不是前進而是倒退。一是要革命，一是反對革命，這就顯示了原則的區別。

在反傾向鬥爭上，一是要反右，二是要防左，重點是反右，要特別警惕形左實右。當然反傾向要實事求是，哪裡有右就反右，哪裡有左就防左。從全區來看，主要是繼續反右傾，在局部問題上，在某個具體問題上可能有「左」的錯誤，有「左」就克服，但整個看來阻礙運動前進的主要是右。目前有形左實右，實際不是左還是右。對形左實右要有階級分析，籠統的講是不科學的，我認為在某些具體做法上違反了點政策，就絕大多數革命群眾來講是要革命的，但因他們缺乏經驗，辦法少，因此產生些急躁情緒，只要領導積極引導，經過教育，他們是會糾正的。還有，就是過去犯了右傾錯誤，這次起來革命，想立新功，但是搞了些違反政策的事，不但沒有立了新功結果又犯了一些錯誤，對這些同志我們也要愛護，要積極的幫助他們。真正搞形左實右的是那些右傾頑固患者，對這些人要嚴肅批判教育。另一種就是壞人，他們就是有意識地給我們攪混水，轉移大方向，對這樣的壞人要狠狠打擊。形左實右是客觀存在的，不承認有形左實右是不對的，但反形左實右應當很好地加以分析，正確對待。

總之有右反右，有左反左，要實事求是，目的是使廣大革命群眾能夠沿著毛主席的無產階級革命路線勝利前進。在這個問題上，那些右傾頑固患者往往借反對某種錯誤傾向，製造混亂，企圖轉移鬥爭大方向，打擊革命群眾的積極性，使運動來一個急剎車，拉向後退，這個要注意。群眾的革命積極性要長久的保持下去，任何時候，任何人都不能打擊革命群眾的積極性。如何處理這個問題，也是毛主席的革命路線與資產階級反動路線的分界線。

在執行政策的問題上，我們必須堅決正確地貫徹執行黨的政策，我們認為黨的各項政策都是正確的，你不執行毛主席的正確的政策，就必須執行錯誤的政策，能不能堅決貫徹執行黨的政策，也是兩條路線的鬥爭。一條是放手發動群眾，把政策交給群眾，充分發揮黨的政策的威力。一條是不敢把黨的政策交給群眾，畏首畏尾，縮手縮腳，顧慮重重，這是錯誤的做法。我們黨的各項政策是為廣大階級和廣大勞動人民服務的，只有好好掌握，才能保護群眾，狠狠打擊一小撮階級敵人的。我們有些同志講政策，不是從積極方面去看，而是從消極方面去看，一講政策就好像認為過去搞錯了，現在要糾偏了，把執行政策與發動群眾對立起來，成了促使右傾翻案的理論根據，這一點我們一定要堅決反對。我們不能以想當然辦事，以感情代替政策，我們必須在頭腦裡有完整的系統的政策觀念，貫徹執行政策的過程，也是教育提高群眾思想覺悟的過程。我們這次把政策交給群眾討論的辦法很好，讓群眾討論，實際上繼續向群主學習，又是向群眾進行宣傳教育。

在清理階級隊伍的問題上，我們必須堅決貫徹執行毛主席的教導：**「清理階級隊伍，一是要抓緊，二是要注意政策。」**抓緊是首要的，沒有抓緊也就談不到注意政策，抓而不緊等於不抓。怎樣才算抓緊？就是下定決心把敵人抓出來，要狠抓重點，抓死角，抓反革命集團，抓深挖，抓出來把問題搞清楚。要注意政策，首先就是要分清哪些是敵我矛盾，哪些是人民內部矛盾，要擴大教育面，縮小打擊面，不要混淆了兩類不同性質的矛盾。要反覆宣傳貫徹執行毛主席的**一是要抓緊，二是要注意政策**的教導，要搞出樣板來。在定案方面各地都可以試點，如包鋼，二冶採取領導與群眾相結合，其他單位也可以創新嘛！國慶節前定案工作不一定能搞完，特別是首惡分子可能時間長一點，但也要抓住主要的帶有關鍵性的幾個問題落實定案。在定案問題上首先要抓住主要

的，一般的人要首先分清那些人該專政，那些人不該專政，首先把專政對象搞清楚。

再一個講講革命性，科學性和組織紀律性。在奪取無產階級文化大革命全面勝利的關鍵時刻，強調這「三性」非常必要。主要是革命性，沒有這一性，其他幾性就做不到，沒有革命性就談不上科學性，組織紀律性，特別是當工作上取得很大成績，要奪取全面順利的時候，就更需要強調革命性。現在我看我們有些革命派以為自己掌權了，革命性也少了，有求穩怕亂的思想了。解放戰爭時期，一九四九年，我們偉大領袖毛主席特別強調**「將革命進行到底」**，同時還強調了組織紀律性，加強請示報告。我們在奪取無產階級文化大革命全面勝利的時候，也要特別強調這一點。

總之，只要我們各級領導同志頭腦清醒，劃清正確與錯誤的界限，既看到成績又看到缺點錯誤，既肯定主流又看到支流，又有解決的辦法，就可以不使支流持續的時間很長，才能使我們在兩條路線鬥爭中提高自覺性，去掉盲目性，站穩立場，保持正確的政治方向。為此我們各級領導同志要虛心請聽群眾的意見，不要不讓群眾批評，群眾敢給我們提意見，敢批評我們工作上的缺點錯誤，我看這是對我們最大的愛護，這和少數壞人利用我們工作上的缺點錯誤，心懷惡意，進行惡毒攻擊的性質完全不一樣，不管廣大群眾對我們批評的多麼尖銳，多麼激烈，甚至多麼難聽，**「只要你說得對，我們就改正，你說的辦法對人民有好處，我們就照你的辦。」**即使說的不對，也可以作解釋。群眾敢批評我們這是好事，說明我們還沒有完成脫離群眾，群眾很信任我們，如果群眾不給我們提意見了，我看那就很危險了。所以群眾對我們的批評與敵人有意識的搞顛覆破壞完全不一樣，對來自敵人的攻擊，要陰謀，放暗箭，我們要針鋒相對，狠狠打擊。

第三，一定要把階級鬥爭的指揮部——各級革委會建設好。

建設一個真正無限忠於毛主席、忠於毛澤東思想、忠於毛主席無產階級革命路線的無產階級政權班子，這是當務之急，是革命成敗的關鍵，是奪取無產階級文化大革命全面勝利的大問題。在建設革命委員會班子上，要下最大決心，要有計劃、有步驟的進行。

革命委員會的建設，要狠抓思想革命化，組織革命化。對領導幹部有一個

一個地搞清楚誰是無限忠於毛主席的，誰是三心二意，腳踏兩隻船的。我們決不能用三心二意，腳踏兩隻船，站在我們對立面的人當我們的領導骨幹。通過整頓，補充一些新鮮血液，進一步加強革委會領導。整頓不是重新奪權。建設好革委會，就是要實現一元化領導。就是要實現毛主席提出的「五統一」。一元化領導，就是毛澤東思想的領導。要抓好思想革命化，組織革命化，作風革命化，工作制度革命化。領頭的，掛帥的是思想革命化，要以一化帶三化。這是很重要的，到底是以組織建設為主，還是以思想建設為主？還是要以思想建設為主。如果大家把毛澤東思想偉大紅旗都舉得很高，我看革委會裡即使有一兩個不大好的人也沒什麼了不起。樹德同志講，只要核心小組不出問題，常委不出問題就好辦。

在實行一元化領導，加強革委會建設問題上，我們已經寫了一個決定，經討論修改後再交給群眾討論，然後貫徹執行。這個問題我就不多講了，我只講一個民主作風問題，就是民主與集中的關係問題。

毛主席教導我們：「**沒有民主，不可能有正確的集中，因為大家意見分歧，沒有統一的認識，集中制就建立不起來。什麼叫集中？首先是要集中正確的意見。在集中正確意見的基礎上，做到統一認識，統一政策，統一計劃，統一指揮，統一行動，叫做集中統一。**」這是我們偉大領袖毛主席對民主集中制最精闢的闡述，最科學的概括。這裡毛主席說的是要充分發揚民主，二要集中正確的意見，這兩者是缺一不可的，但沒有民主就不可能有真正的集中。特別是我們軍隊的同志要很好地學習毛主席對民主集中制的一系列指示，善於充分發揚民主。要發揚民主，一是領導同志要讓人家講話，要聽得進反面意見，好話壞話，正確的話，錯誤的話都要聽，要聽得進去，即使是錯誤的話，也只有聽了之後才能瞭解他錯在哪裡，才便於對症下藥。一聽到錯誤意見，就馬上跳起來，那不好，要用毛澤東思想對他們進行耐心的教育，指出如何改正的辦法。我們有些同志很急躁，一聽到錯誤的意見就馬上頂回去，對方就不講話了，但思想並沒有通，問題還沒有得到解決。思想問題總是要暴露的，現在不暴露，一有機會還是要暴露，還得解決。所以，領導幹部一定不要粗暴，要虛心向群眾學習，這也是對待群眾的態度問題，在這個問題上我們有的領導同志還沒有完全解決。毛主席教導我們說：「**讓人講話，天不會塌下來，自己也不**

會垮臺。不讓人家講話呢？那就難免有一天要垮臺。」不讓別人講話，難免有一天要「別姬」就是了，我們不能重蹈走資派的覆轍。文化大革命以來，群眾的思想大大解放，他們想出很多好東西，有許多發明創造，我們領導一定要虛心向他們學習。

　　二是自己要敢於講話，敢於講不同意見，敢於抵制錯誤的領導和領導的錯誤意見。同時，也要敢於頂歪風，但不要粗暴，既要敢於鬥爭，又要善於鬥爭，我們有些同志就是不敢頂。文化大革命以來人們的思想很敏感，正確與錯誤能很快辨別清，而且也有自己的看法，而有的同志就是不敢講，錯誤的不敢講，正確的也不敢講。階級敵人無時無刻不在窺測方向，利用我們的一些弱點進行造謠煽動，搞破壞活動，向那些歪風邪氣，不抵制怎麼得了，怎麼能讓他們自由氾濫呢？所以要敢頂，一定要硬著頭皮頂住。領導同志決不可以隨風倒，要有反逆流的大無畏的精神。我們有些領導同志現在不敢講話，這是很不好的，必須加以克服，特別是領導幹部一定不能隨風倒，凡是隨風倒的人，一定是私心雜念很嚴重的人，他們的哲學是，只要群眾不揪鬥，他們就可以出賣原則。有的領導幹部特別愛講「官話」，該表態的不表態，該支持的不支持，該批評的不批評，講話根本不敢接觸實際。我們要態度明確，旗幟鮮明，正確的就大膽支持，錯誤的就大膽批評，我就反對那種四平八穩，八面玲瓏，頭上沒角，身上沒刺，都是光光滑滑的人。錯誤的東西要講，同時還要講為什麼是錯誤的，錯誤在哪裡，怎麼改正。我們要繼承和發揚我們黨的三大作風，要有勇於自我批評的精神。如果沒有這種精神，現在有人擁護你不垮臺，但將來總有一天是要垮臺的。

　　當然，我們必須明確，強調發揚民主，同時也要反對極端民主。民主是手段，集中是目的。我們要實行民主，但要反對藉口民主搞極端民主化，從而破壞正確的集中。我們要反對「多中心」，「以我為核心」，但也要反對藉口反「多中心」，搞右傾分裂，另立中心。我們要提倡「群言堂」，反對「一言堂」，但要反對藉口反「一言堂」來破壞必要集中，破壞民主集中制。革委會一定要強調集體領導，不要個人說了算，特別是重大問題上一定要集體討論，集中正確的意見，然後貫徹執行。我們的革委會要發揚民主，要置身於群眾的監督之下，但我們要反對藉口實行「群眾監督」來損壞革委會的革命權威。我

們只有把民主和集中正確的結合起來，才能造成「**既有民主，又有集中，既有紀律，又有自由，既有統一群眾，又有個人心情舒暢，生動活潑的那樣一種政治局面。**」為了達到這個目的，各級革委會是否可以每年搞他幾次開門整風，正確的開展思想鬥爭，把路線鬥爭交給群眾，使各級領導永遠保持無產階級革命的朝氣蓬勃的精神，鞏固和加強我們的革命委員會。

在建設各級革委會問題上，還有一點值得注意，就是要正確的對待群眾組織的代表，要愛護和保護革命小將，要幫助他們能頂住和擊退糖衣炮彈的襲擊和資產階級的捧場。現在階級敵人用糖彈和捧場把一些小將搞的昏昏然。老走資派搞了幾十年被拉下水，我看有些群眾代表若不警惕，就用不了那麼長的時間，有個三、五年就可能成為新的走資派。在這樣複雜在階級鬥爭中他們還缺乏經驗，所以對他們存在的問題要嚴肅地指出來，及時進行批評、教育、幫助，不能遷就，不能含糊。我們要對黨，對人民，對他們負責，盡到我們盡的責任。對革委會結合的學生要注意讓他們下放鍛鍊，當農民，當工人，不鍛鍊不行，沒下去的今年都要下去，他們從學校門走進機關門，從學生到當幹部，不經過鍛鍊，將來基礎不好。就是有些老幹部，在民主革命時期長期與階級敵人作鬥爭，但是在社會主義革命時期不繼續革命了，甚至反對革命，成了走資派。我們的小將只是在社會主義革命時期成長起來的，畢竟是時間太短，因此我們必須特別注意不使他們脫離群眾，脫離原單位，脫離生產勞動，參加各級革委會的群眾代表可以實行輪換。有充分發揮他們的先鋒的作用，同時也要不斷地幫助教育他們，使他們能夠更迅速，更健康的成長起來。革委會整頓以後，特別是旗縣以下要吸收一批工人、貧下中農、平下中牧到革委會裡來，不脫產，可以輪換，要培養提拔一批年輕的蒙族幹部。培養幹部的問題下半年是不是辦幾期短期學習班，一、二個月，培養基礎幹部，培養一批少數民族幹部，漢族幹部也要培養。培養幹部主要是從工人，貧下中農，貧下中牧裡面挑選。

最後，為了實現一九六九年的光榮任務，還要注意抓好「三隊」（工人、貧下中農、解放軍毛澤東思想宣傳隊）的工作，領導要充分發揮他們的作用。全區「三隊」有二十三萬多人，這是我們的一支勁旅，一支強有力的突擊隊，我們一定要加強對他們的領導。我們大量的工作是在農村，不要老是在城市、

機關裡轉，特別是旗縣一級主要是抓農村，農村不抓不得了。希望各級領導需要深入群眾，深入實際，大興調查研究之風，把調查、研究、實踐結合起來。現在我們的調查研究工作搞得不太好，實際上我們有很多好的典型，各方面的典型都有，除了像包鋼、二冶、杭錦後旗、寧城、五四大隊，阿巴嘎旗，喀喇沁旗等以外，還有很多新出現的先進典型，問題是我們下不定決心去抓。包鋼，二冶過去是先進典型，現在還是先進典型，他們的經驗很好，當時由於受右傾機會主義路線的干擾沒有很好推廣。現在有一種說法，如果哪裡的革委揪出一兩個壞人那個先進典型就有問題了，比如錫盟揪出了高萬寶扎布，有些人就認為阿巴嘎旗的經驗就成了假的了，怎麼能這麼看呢？有人說，華建是高錦明搞的點，這是敵人在搞鬼，高錦明從來不抓點，那是我們革委會搞的。先進單位的典型經驗是廣大革命群眾創造出來的，不是某一兩個人搞出來的。現在的問題是，我們有些領導幹部對敵情、我情若明若暗，心中無數，這就不可能實行正確的領導，不可能真正便革委會成為向階級敵人不斷進攻的鬥爭的指揮部。

關於抓革命促生產問題，會上進行了討論，在一九六九年的工作規劃裡，已經提出了具體要求，各地都應當放手發動群眾，掀起工、農、牧業生產高潮，力爭超額完成各項生產任務。

同志們！一九六九年是二十世紀六十年代最後的一年。二十世紀六十年代是馬克思主義、列寧主義、毛澤東思想同現代修正主義大論戰、大搏鬥，並取得偉大勝利的年代，帝國主義和各國反動派的日子越來越不好過了，我國無產階級文化大革命將取得全面勝利。我們要肩負起時代賦予我們的重任，把內蒙古建設好，用中國革命去推動全世界革命。為此，我們一定要牢記毛主席的一貫教導和中央文革的指示，保持旺盛的革命精神，戒驕戒躁，乘勝前進。

這次中央首長接見的精神，同志們回去要好好傳的，特別要講一下我們存在的問題。這次小型彙報會的精神怎麼傳達，我看可採取一竿子插到底法，開大會，掀起革命、生產的新高潮。

（根據記錄整理，未經本人審閱）

呼和浩特工代會翻印
1969年2月15日

70.滕海清同志在內蒙古自治區革委會常委 （擴大）會議上的講話（1969.02.16）

一九六九年二月十六日上午

　　這次會開了幾天了，主要學習了中央首長對內蒙的指示，結合內蒙的實際情況，分析一下形勢。大家發表了好多意見，很多同志講了話。我同意大多數同志的意見。我要講的，在北京彙報會議上講了，針對這次會議談一些自己的看法，供參考。

　　首先談談形勢問題。內蒙形勢好壞，長期以來，就有兩種看法。大多數同志認為是好的，也有一部分同志認為，內蒙形勢不見得好。這不奇怪。對無產階級文化大革命，也是有不同的看法嗎！一種是絕大多數革命群眾，認為文化大革命形勢很好；也有一種認為，好不好，還要看；還有一種是秋後算帳派，希望文化大革命夭折，搞糟。這個問題，也是兩個階級，兩條路線，兩條路線鬥爭的問題。任何事情都有人說好，也有人說不好。這種情況不僅現在有，將來也會有。大多數人對走社會主義道路，搞社會主義革命，是擁護的，但也有些人是反對的。為什麼有這麼兩種看法呢？無非是站在什麼立場上的問題。說社會主義好的，是工人階級、貧下中農、革命幹部和為社會主義而鬥爭的革命戰士。走資本主義道路的當權派，走資本主義道路的人，當然說不好。「**在階級社會中，每一個人都在一定的階級地位中生活，各種思想無不打上階級的烙印。**」任何人說話，做事，都是站在一定階級立場上，不讓他表現出來是辦不到的。他本來不是無產階級革命派，硬裝著無產階級革命派的樣子，長期偽裝下去，是不可能的。特別是在階級鬥爭尖銳複雜的時候，任何人都要站在他的階級的立場講話，總是要打出他自己的旗子。有的無產階級革命派，在反對資產階級反動路線時，不愧為英雄好漢，但當運動向前發展時，他們的思想掉了隊。這也不奇怪。正如有些人在民主革命時有貢獻，到社會主義革命時，他就掉了隊，甚至成了絆腳石一樣。有的人，在文化大革命開始時就是保守的，不

是真正衝殺出來的，現在還是保守的。我們看問題，不要那樣天真。不可能每個人的思想都那樣一般齊，總是有先進和落後的。整個社會就有左、中、右。思想右傾也有不同，有的是一貫的，有的是在某個時期，某個問題上，思想跟不上形勢的發展。

對形勢的看法，有些是只看到一點，沒有看到全部。這次很多同志發言中，提到當前主要的還是右傾作怪。右傾的根本問題是什麼？從清理階級隊伍以來，遇到不少阻力，主要是來自階級敵人。還有一部分是來自自己的同志的右傾，特別是各級領導層的右傾。我們每前進一步，都是和右傾思想進行鬥爭的。文藝界，從67年以來，每次群眾一發動起來，就有反覆，一次一次地反覆。反右傾後，運動有進展，過一個時期，右傾又來了，又有反覆。右傾的根本問題是害怕群眾，反對群眾運動，最終是害怕革命，反對革命。有些人右傾是一時的，有些人是一貫右傾。這些同志，開始捂蓋子，後脫離群眾，最後和社會上的敵人同流合污。不是有些做造反派和東聯、決聯站中的壞人掛上鉤了嗎！為什麼他要這樣幹，就是因為他右傾，群眾反對他，他孤立了，他找同情者，就和敵人掛上鉤了。這就超出了界限。毛主席說：「**一切犯有思想上和政治上錯誤的共產黨員，在他們受到批評的時候，應當採取什麼態度呢？這裡有兩條可供選擇的道路：一條是改正錯誤，做一個好的黨員；一條是墮落下去，甚至跌入反革命坑內。這後一條路確實存在的，反革命分子可能正在那裡招手呢！**」右傾到一定程度，就會敵我不分，直到投降敵人。這些同志，不接受教訓，是很危險的。

怎樣看主流、支流問題。毛主席教導我們說：「**這些同志看問題的方法不對。他們不去看問題的本質方向、主流方向，而是強調那些非本質方面、非主流方面的東西。應當指出：不能忽略非本質方面和非主流方面的問題，必須逐一地將們解決。但是，不應當將這些看成為本質和主流，以致迷惑了自己的方向。**」按照毛澤東思想辦事，應當肯定主流，在工作中不斷克服主流。我們有些同志為什麼把主流丟掉了，老看支流？主要是思想方面問題，也還有個環境問題。很多人向我們反映情況時，他認為好的，他來反映，一般是他認為有問題才反映。確實有些問題是存在的，這些要聽，但要作具體分析。有些同志不做具體分析，天天聽那些，他滿腦子裝的是這些問題，結果把主流丟掉了。

按照毛主席的教導，正反兩面意見都要聽，但我們各級領導同志應當很好注意分析。我們是要集中群眾正確的意見。對於錯誤的意見聽了之後，不僅不能照著做，而且要給以批評指出。毛主席教導我們說：**「凡屬人民群眾的正確的意見，黨必須依據情況，領導群眾，加以實現；而對於人民群眾中發生的不正確的意見，則必須教育群眾、加以改正。」**我們有些革委會的工作人員甚至革委會的個別領導成員，由於本身就右傾，所以有些人就要找你講。你同情他們的觀點，對他們不能給予幫助，使他們得不到教育，結果他們回去之後還認為自己是正確的。實際上這就是自由市場，沒有是非，沒有標準。我們應當是正面的、反面的意見都要聽，聽了以後指出大方向，該批評的批評，否則自由市場就會氾濫。當然反映情況的人並不一定是壞人，問題是如何認識和正確解決人家反映的問題，是我們作群眾的尾巴，還是教育群眾，引導群眾到正確方向的問題。

看主流，看什麼？就是看是否緊跟毛主席的偉大戰略部署，貫徹毛主席的革命路線，落實毛主席的一系列最新指示和無產階級司令部的一切戰鬥號令。誰離開這些去看問題，就沒有是非。如果我們的群眾運動，是按著毛主席的偉大戰略部署和無產階級司令部的戰鬥號令，發動群眾和階級敵人作鬥爭，主流是肯定的。群眾發動起來幹什麼？抓階級鬥爭，抓鬥、批、改。抓階級鬥爭不是空洞的，要看是不是按中央指示抓清理階級隊伍，抓革命大批判。不是主流就不能肯定。請理階級隊伍就是要抓壞人，把階級陣線搞清楚。就是要發動群眾，調查研究，把敵人抓出來。清理階級隊伍就是和國民黨長期鬥爭的繼續，把他徹底消滅。我們已經打了不少個戰役，抓出了不少敵人，也出現了一些這樣那樣的之流。對此，廣大群眾歡欣鼓舞；但有右傾的人，卻是非常怕的，說這殺了人，那夠了逼、供、信。這些同志不是用階級分析，階級鬥爭的觀點去教育群眾，去提高廣大群眾階級鬥爭的覺悟。十二中全會精神一傳達，群眾對階級敵人更加刻苦仇恨。因為群眾是在大風大浪中不斷提高的，我們不是把什麼都準備好了才幹革命的，所以在群眾運動中出現一些這樣那樣的問題，只要領導上注意，很快就會解決的。出現一些問題，並不奇怪。一點代價都不付是不可能的。一月份為什麼波動了一下？一方面是由於抓「內人黨」初期貫徹政策不夠，有些地方搞得面寬了一些，出了些問題；另一方面就是我們有些同志

沒有看到「內人黨」鑽進我們黨政軍中的嚴重危險性。這樣有些人動搖了。有右傾的人，他對敵人沒抓出來並不害怕，當一觸動敵人死了幾個人，就特別痛心。這是什麼問題？就是害怕群眾。沒有看到群眾是按照毛主席指引的方向前進，而只看到了之流。這是思想方法問題，也是立場問題。

還有一些人，過去很積極，在清理階級隊伍中不積極了。這是為什麼？一是他本身有問題，不乾淨；一是牽連到他的親屬朋友，他就反感了。總之是革命革到他的頭上了。是敵人就應該清理，不是敵人群眾審查一下也沒有什麼了不起的。應該相信群眾，相信黨，有什麼可怕的呢！

還有的是清理到他那一派了，他就抵觸，文化大革命不管你是什麼人，資格多老，關鍵多大，不管你是那一派，那一個山頭，只要有錯誤，有問題，都要衝擊一下。我看有一些人對群眾運動還是不理解。群眾發動起來幹什麼，就是幹革命。我們的群眾運動是有組織，有計劃，有步驟，有領導發展的。按照毛主席會的戰略部署發展的，出不了多大的問題。為什麼對按照毛主席偉大戰略部署發展起來的群眾運動，這樣害怕呢！我們自治區是按照毛主席偉大戰略部署前進的，沒有什麼可懷疑的。難道按照毛主席偉大戰略部署前進，就一點缺點也不會出現嗎！走路還有掉隊的，為什麼這樣一場偉大的群眾運動就一點缺點也不許出呢！當然我們領導同志應該隨時注意糾正，糾正缺點，也有兩種態度，一種是潑冷水，指責群眾，這是不對的。對出現的問題，領導上應當負責，群眾是我們發動起來的，為什麼出現缺點，我們不負責任呢！一種是向群眾講政策，告訴群眾什麼是對的，什麼是不對的；應該怎樣做，不應該怎樣做。

對成績和缺點的看法問題。有成績，必然有缺點；有主流，必然有支流。我們講成績是主要的，是有一個條件。是在緊跟毛主席偉大戰略部署，落實毛主席一系列最新指示，按照無產階級司令部戰鬥號令去發動群眾，相信群眾，依靠群眾，尊重群眾首創精神的條件下所做的工作，成績才是主要的。否則不能講成績是主要的。如果你違反毛澤東思想去做，你做得越多，錯誤就越大。

我們目前是反右還是防「左」呢？我認為右要繼續反，「左」也要防止。右傾還是普遍性的，「左」是好克服的，右是不好克服的。領導層的右傾有頑固性，群眾的右傾好克服，前段有人說支流很多，搞寬了，是搞形「左」實

右。支流是有的，但對支流我們也要具體分析：一種是有些同志有急躁情緒，掌握政策不夠。這種現象是容易糾正的，只要講清道理，就會很快改正。第二種是過去犯過右傾錯誤的人，抱著抵觸情緒去做給你看一看，搞形「左」實右。對這些同志有幫助，要批評，教育，這也好克服。還有一種是階級敵人搞殺人滅口，或是階級報復。我們有右傾的同志對第一種人，應該教育不敢教育；對第二種人應該批評不敢批評；對第三者人應該打擊，不敢打擊。這是右傾的一種表現。還有一種表現是不敢講政策。我們一月份搞了幾條，吳政委做了講解，但我們各級領導同志講的還不夠。不要一說政策，好像就是糾偏，也不要認為你講政策，就是束縛群眾手腳。我們的政策，是為無產階級服務的，要大講特講。毛主席教導我們：**「善於把黨的政策變為群眾的行動，善於使我們的每一個運動，每一個鬥爭，不但領導幹部懂得，而且廣大的群眾都能懂得，都能掌握，這是一項馬克思列寧主義的領導藝術。我們的工作犯不犯錯誤，其界限也在這裡。」**

目前，對反右防「左」問題要實事求是。哪個地方有右傾，就在那反右，哪個地方有「左」的傾向，就在那反「左」。右的不對，「左」的也不對。「左」是局部的，右是普遍的。特別是在我們領導層中，右是主要的。造反派頭頭，過去有右傾，要採取教育的方法，不能層層找高錦明機會主義的代表，好像批判高錦明，下面就有大大小小的高錦明。那是不對的。制定者要與執行者區分開，只要轉過來就行了。到處抓小高錦明是不對的，但過去受高錦明影響的同志，也要接受教訓，不能一次這樣兩次這樣永遠這樣。不追究過去責任，但必須吸取教訓，否則糊裡糊塗地上了賊船，還不知是怎麼上的。跟不上形勢的同志，現在有將來還會有，對這樣的同志要進行耐心的教育。

我們為完成十二中全會提出的戰鬥任務制定了一個初步規劃，搞得對不對？還沒有討論，春節後討論。規劃裡指出，清理階級隊伍不能放鬆，「五一」以前清理階級隊伍要基本上搞得差不多。怎麼搞法，第一條抓重點，第二條抓死角。什麼是重點呢？已經揪出的「內人黨」首要分子，骨幹分子，再就是反革命、特務、叛徒集團。如果說呼市沒有現行特務，我不相信。呼市、包頭、集寧都會有。包頭挖了不少敵人，但真正暗藏的特務挖的是不夠的。包頭是國防工業城市，呼市是自治區的首府，集寧是國防要道，是蔣介石要建聯絡

點的，不會沒有現行特務。我們現在是打暗堡，忽略這一點是不行的。還有一條要抓死角，抓陰暗角落，死角不抓不行。有些清理階級隊伍搞得比較好的單位，可以採取同群眾和領導相結合的辦法搞定案工作。可先一般後重點。農村地、富、反、壞，右好定，真正難定的是那些重點人物。定案工作搞得好的單位，可以摸些經驗。凡可定內部矛盾也可定敵我矛盾的定為內部矛盾。清理階級隊伍以後，農村階級陣線劃得很清楚，專政就可以發揮更大威力了。我說的意思，不是說現在就搞定案，清理階級隊伍不搞了，而是說在清理階級隊伍搞得好的單位，摸一下定案工作搞得好的典型。定案工作要搞試點。我們的專政工作是無產階級專政的組成部分，也是階級鬥爭的重要方面。搞專政工作的隊伍一定要純潔，搞不好，可能把好人搞了，把壞人漏掉。專案工作也要抓重點，「內大」過去九十多個專案，現在還有四十多個專案，這樣力量分散就不好辦。「內人黨」專案也可以合著搞，不要分得太細，太細就不好領導了。

再一個問題是大批判問題。上邊要批劉少奇，內蒙要批烏蘭夫，結合各個單位，要把「內人黨」批臭，又發動「內人黨」黨徒把「內人黨」批臭。什麼特古斯，巴圖等等，都要批判，沒有那些黨魁煽動，欺騙和蒙蔽群眾，那有那麼多人參加「內人黨」呢！要徹底揭露烏蘭夫反黨叛國集團的罪行。

還有解放幹部問題。要求在「五一」以前基本上地應該解放的幹部解放出來，怎麼使用是另外的問題。解放幹部也有兩條路線鬥爭，一定要按毛主席指示辦事。解放幹部要注意三條；第一條要批判；第二條要輕裝上陣，要承認錯誤，願意回到毛主席革命路線上來；第三條領導上還要講話。

關於革委會機關的革命化問題。我們革委會機關雖然做了不少工作，但舊作風還是存在的，特別是有些地方幹部，推選到革委會工作的，不都是各單位拔尖兒的。其中一部分人是幹勁足的，一部分人精神狀態是不好的，還有一部分人多少有些問題。革委會內真正有問題的人，要交回原單位去搞。有人講，革委會把壞人都弄走了，就沒有階級鬥爭了。這種說法不對。你的精神狀態不好，就是兩條路線鬥爭和階級鬥爭的反應，我們同舊思想，舊作風，舊制度作鬥爭，就是兩條路線鬥爭的問題。革委會機關搞革命化，主要是搞人的思想革命化、作風革命化和組織革命化。清理階級隊伍的工作，放到大學校裡去搞。革委會機關除革命化外，主要是抓工作。革委會機關的整頓，春節前整頓了一

下，好了一些，但沒有完全真正都解決。

十二中全會以後，各級革委會發動群眾整頓了領導班子，成績是很大的。初建立的革委會，並不是那樣完備的，要不斷地充實，調整。十二中全會給我們解決了整頓的方法，就是放手發動群眾，把路線鬥爭交給群眾。主席「**吐故納新**」的指示一發表，群眾的思想解放了，群眾敢於起來把混進革委會的壞人揪出來，這種精神很好，要發揚不能潑冷水，必須看到主流。領導班子不純怎麼能傳達貫徹以毛主席為首，林副主席為副的無產階級司令部的精神呢！錫盟一揭出高萬寶扎布，各旗縣也自動起來揪革委會內的壞人，你要摀也摀不住的。有些旗縣機關暫時癱瘓了，公社，生產大隊還是很好的。當然旗縣的革委會癱瘓了，也應當注意。到三月中旬以前。有的領導班子可能還健全不了，如果公社和生產大隊真正沒有癱瘓，那就沒有什麼了不起。現在納進來的新鮮血液還不夠。

錫盟過去是蒙族掌權，東部蒙族還不行，只有西部蒙族才能當權。現在是不管你是西部蒙族，東部蒙族，還是漢族，誰好，誰毛澤東思想紅旗舉行的高，就選誰當權。當然蒙族幹部的大多數是好的。我們是民族自治區，還要注意從貧下中農，貧下中牧當中培養大量的忠於毛主席，忠於毛澤東思想，忠於毛主席無產階級革命路線的民主幹部，充實各級領導班子。整頓各級領導班子的成績是很大的，各級領導班子今後要年年整頓，組織整頓好了，還要抓思想革命化和密切聯繫群眾。

關於「內人黨」問題。「內人黨」是我區最大的特務間諜組織。必須把這個反革命組織，從組織上摧垮，政治上搞臭，這個決心不可動搖。內蒙是祖國的大門，我們的政權，必須掌握在忠於毛澤東思想的人手裡，軍隊必須掌握的共產黨手裡。有的負責人表面上是共產黨的黨委書記，實際上是「內人黨」的黨委書記。一旦有風吹草動，就有問題了。如果經過文化大革命，這個反革命組織還存在，我們不是對人民犯罪嗎！

對「內人黨」怎樣搞法？第一是抓首要分子，第二是抓骨幹分子中的反動分子和一般成員中的極反動分子。對一般「內人黨」徒，採取辦學習班的辦法很好。必須講政策。「內人黨」徒是特務，叛徒的，就按特務、叛徒處理，是地富反壞右的，就按地富反壞右的處理。一般「內人黨」徒出身好，文化大革

命中表現也好的，可以從寬處理。內蒙軍區有十一個「內人黨」，表現較好，可以解放，也可以放在骨幹中使用，考驗他們。春節以後，準備把地方上和部隊中辦學習班辦得好的找來開一個經驗交流會，以便更好的宣傳、貫徹黨的政策。不要怕翻案。假的早翻比晚翻好，真的也翻不了，翻一次暴露一次。頭子根本翻不了。這一點一定要和我們的骨幹講清楚。「內人黨」有沒有的問題，已經清楚了。有多少？要相信群眾，把群眾發動起來，什麼角落都沖到，揭發出來就好辦了。多與少要相信群眾。我們有政策，一般黨徒不戴帽子，但加入了「內人黨」必須弄清楚，你不批判一下也沒好處，他會繼續犯錯誤。目前要弄清楚究竟有多少，沒有什麼必要，有多少挖多少，挖出來區別對待。是否面寬了？誰有數字可以說明誰能肯定我哪個單位有500個挖出來1000個。有些地區敵人亂咬，咬了很多人，那是敵人的問題。只要我們掌握政策，就不會陷害群眾。還是要發動群眾，相信群眾。現在有好多地方是心中有數的，想動就動，有些是掌握了材料還沒有動。

最後，講一下高錦明的問題。高錦明的右傾路線應不應該批判？我認為應該批判，如果不批判，可能會出現這樣的情況；一部分人要繼續清理階級隊伍，一部分人就不搞。這樣下去，我們的隊伍中必然出現兩派，擁護高錦明和反對高錦明的兩派。如果「挖肅」鬥爭按高錦明那樣做，那時就剎車，這××萬壞人就抓不出來了。高錦明的錯誤必須批判，有些人沒有認識到，那是思想問題。但也有少數人是站在高錦明的右傾機會主義路線上拔不出來。我們批判高錦明，有一部分人保他，我們不會因為有人保，就不批判了。你要保，我們要批，就是多數人要保，我們也要批，因為路線鬥爭沒有調和的餘地。何況真正保高錦明的並不是那麼多呢！高錦明代表右傾機會主義路線，他下面必然有一部分人，不能因為他們反對，我們就不批判，我們對高錦明批判的決心是動搖不了的。批他對不對？看他辦的是什麼事。如果他是高舉毛澤東思想偉大紅旗的，我們批他就不對，事實上他是反對毛澤東思想的，不批不行。你站在高錦明的立場上，當然說批得不對，站在廣大革命群眾的立場上，當然認為批的對，批得好。高錦明的問題我過去不瞭解，在清理階級隊伍開始後有認識，但也不上細，到清理階級隊伍深入發展時，他才暴露出來。他暴露出來的問題很多，如反對挖烏蘭夫的社會基礎，反對搞兩條路線鬥爭，反對人民解放軍，搞

　　兩面派，等等。特別是揪出烏蘭夫以後，他想取而代之。如果高錦明真正是高舉毛澤東思想偉大紅旗的為什麼不可以當第一把手呢！現在看高錦明這種人當第一把手，群眾對他就是不放心，我們開始對他的錯誤並沒有看得那麼嚴重，認為他犯了右傾機會主義路線的錯誤，應當批判，那時還沒有發現他一系列的反黨，反社會主義，反毛澤東思想的言行。事實上他有一系列的三反言論，而且是在毛主席每次指示後，他都講話的，是有憑據可查的。這樣他的問題就嚴重了。他這些三反言論，我怎麼好給他講話，說是認識問題呢！現在有人提出，高錦明打倒打不倒？打不倒怎麼辦？這個問題不取決於我們的主觀願望，而是取決於他的錯誤性質和態度。我們並沒有提要打倒，就是要批判。如果只是第一個問題，也不應打倒。但第二個問題嚴重，檢查好也可以回到毛主席革命路線上來。關鍵是他的第三個問題——歷史問題。而歷史問題不是一下子就能搞清楚的。高錦明已經批判了三個月，他的錯誤，特別是三反言論，今後可以背靠背地批判。因為他的檢查還沒有系統的寫，現在是否可以叫他系統的寫一下檢查，暫不到各單位去檢查。我們希望他檢查好，將來歷史問題查清沒問題，那就好嘛！現在高錦明的檢查，是群眾揭發出來的問題承認，沒有揭的，他不交代，是擠牙膏式的。高錦明的流毒要繼續批判，但可以不面對面地批，給他一個時間寫檢查。

　　我今天講的這些問題，大部分是在北京講過的，不一定對，供大家參考。

（根據記錄整理，未經本人審閱）

71.滕、吳首長在核心小組二月二十日召開的 「內人黨」學習班經驗彙報會上的講話 （1969.02.20）

吳濤同志講話

「內人黨」是民族分裂，背叛祖國的反革命集團。內蒙是中華民族大家庭中的一員，民族大團結是我們國家興旺的標誌，「內人黨」則要把內蒙從祖國大家庭中分裂出來；所以完全是反革命。他們利用列寧民族自決的口號，進行民族分裂活動，反對區域自治。列寧在當時俄國提出民族自決是正確的，當時俄國有很多小國，提出實現聯邦共和國。我們中華民族早在幾百年前就已形成，內蒙、新疆、西藏早就是中國的一部分，都是一個省。所以實行區域自治是完全正確的。只能自治不能自決，不能分裂出去。分出去就是反歷史，是錯誤的，反動的，就是歷史倒轉。已經形成的中華民族的一部分，為什麼還要分裂出去？這就是背叛祖國，烏蘭夫就是搞投修叛國，搞修正主義，搞資本主義復辟。

「內人黨」在一九四七年用行政命令宣佈解散，實際是辦不到的，宣佈解散後，那些叛徒，特務、偽滿軍官、官僚，蒙奸把它重新組織起來。還吸收了一些青年。對這個反革命集團，必須廣泛地發動群眾從組織上摧垮，從政治上搞臭，肅清他的罪惡影響。一道命令宣佈解散，實際沒有解散，現在看，他們活動最猖狂的時期，是五九年我國經濟建設暫時遇到困難，六二年新疆發生伊犁叛亂，蔣介石叫囂竄犯大陸。他們都是唯心主義者，一看形式對他們有利就發展組織大肆活動。他們都有合法身分，都是黨政軍的當權派，他們既搞非法鬥爭，又搞合法鬥爭，打著紅旗反紅旗，陰陽兩面的。烏蘭夫自己講他為民族利益奮鬥一生，他就是搞民族分裂的。給外蒙呼拉爾的一封信很惡毒，就是搞內外蒙合併。他們還保存著「內人黨」的黨旗，現在已搞到十多面，有的把「內人黨」黨旗縫在被子裡，在呼盟前旗搞出了用斯拉夫文刻的「蒙古民族統

一黨」的章子，還搞出了電臺、聯絡信號、組織名單及其他一些罪惡活動的罪證。好多情報，包括黨政軍的極機密的材料，都送到蒙修那裡了。在農村還發現了「內人黨」祕密開會的地窖。他們這個反革命組織，比一般的特務組織還要厲害，一般的特務組織只能搞祕密的活動，而這個反革命組織既搞密密的，又搞合法的，公開的，把合法鬥爭和非法鬥爭結合起來，所以危害就非常大。對這個反革命組織必須堅決徹底摧垮，現在如果還有人懷疑「內人黨」有沒有，就是站在什麼立場的問題了。

挖「內人黨」，第一要抓緊，就要放手發動群眾，不能少數人冷冷清清搞。這是一個龐大的反革命集團，不是單個一個特務，搞你一件事就跑了。他們既搞反革命，群眾就一定會知道，一個群眾可能不知道，廣大群眾必定會知道的。因為他們搞反革命就要和群眾接觸。所以我們要放手發動群眾，而且要經常地持續地反覆地發動。凡是放手發動的群眾，克服了右傾，運動就會有進展；反之，就一定搞不起來，或不深不透。我們反了高錦明的右傾機會主義路線就大進了一步嗎，三個月超過了十個月的成績。

要抓緊，再一個就是領導上要不斷克服右傾。腦子裡要有敵情，沒有敵情怎麼進攻？敵情是客觀存在，你不聽它，看它，摸它，偵察它，調查研究它，你怎麼能去殲滅敵人？向敵人進攻？

要組織戰鬥隊不斷向敵人進攻。批鬥壓力和政策攻心相結合。不能和敵人搞和平談判，靠感化是不行的，要從政治上、思想上，理論上批判他，找出他的矛盾，指出他的問題。另方面，要交代政策，給出路，使敵人感到有出路，而不是讓他們豁出來坐牢。頑固到底總會有的，但敵人絕不會鐵板一塊。要敢於講政策，把政策交給群眾，不要怕說右傾，不敢講政策才是右傾。

搞「內人黨」同時，對叛徒，特務，死不改悔的走資派和沒有改造好的地、富、反壞右分子，都要挖出來。保持我們革命隊伍的純潔，軍隊的純潔，政府機關的純潔。

要集中目標對準首要分子和骨幹分子，狠狠打擊（從政治上打擊），搞清罪惡，收集罪證。同時，要分化瓦解，按照自治區的幾條規定去搞。

要開展大批判，從政治上、思想上、理論上批倒批臭。絕不能再像四七年那樣一道命令，結果死灰復燃。把它搞得臭臭的，才能挽救受蒙蔽的群眾。

在對敵鬥爭中要排除干擾，乘勝前進。干擾主要來自敵人。我們要有充分準備，堅決擊退敵人一切陰謀破壞活動。對敵人散布編造的東西，要予以批駁，如果我們搞武鬥，我們存在著這方面的偏差，但怎麼看待它，是擴大它，還是引導？這麼大的運動，比土改運動還大，怎麼可能不發生一些偏差呢？要看主流，主流就是把敵人挖出來，也可能好人碰著一點，刮著一點，林副主席講消滅敵人三千，自損八百。不要怕亂，亂是亂敵人。對我們隊伍內部有右傾的人，要很好教育，他們怕群眾，光看支流，我們要批評幫助讓他們改正過來。

敵人把合法鬥爭和非法鬥爭結合起來搞的，要查文件檔案，敵偽檔案也要查。要搜集證據。

對敵人要政策攻心，區別對待，瓦解敵人。這一點從大家談的經驗中，以見成效。經驗就是老老實實按毛主席教導辦事，沒有別的辦法。所以在鬥爭中要反覆不斷地活學活用毛主席指示。

成績大的單位，要繼續梳辮子，把敵人的組織和罪惡活動進一步搞清楚。

大批判要寫個批判提綱，批判時把本單位的民族分裂主義頭子結合起來。

當前整個形勢大好，發展是健康的，發生一些支流問題，不難克服。看問題要從積極方面看，從消滅敵人方面看。解放戰爭不看消滅國民黨八百萬軍隊，只看你哪個連，哪個團，就看不到主流。打仗都有傷亡，遼瀋戰役、平津戰役，淮海戰役，都有傷亡，如果光看自己的傷亡，不看偉大的勝利，是不對的。我們要繼續深入的搞，我們有這個決心，把敵人徹底消滅，不消滅敵人絕不收兵。

滕海清同志講話

今天這個彙報，主要是交流經驗，大家做了好多工作，做得很出色。要把工作做了，困難還會很多。只要發動群眾，我看時間不會太長。講幾點意見：

一、「內人黨」總後臺是烏蘭夫。這一點不容發生什麼懷疑，不管西部的，還是東部的，他們的共同目的都是搞民族分裂，都是要背叛祖國。烏蘭夫要搞「蒙古共和國」，他在一九四七年四月二十日講話就講到這個問題。特古

斯交待的材料，就是避開了烏蘭夫。

二、「內人黨」不可能不靠烏蘭夫，「內人黨」幾股、力量都要靠烏蘭夫，烏蘭夫要背叛祖國，他一個人也不行，必然重有一個為他服務的工具，共產黨是不可能為他服務的。搞宮廷政變的，除四個漢人外（郭以清也是跟烏蘭夫的）基本上都是「內人黨」的核心骨幹。這個問題烏蘭夫不可能不會想的。

三、「內人黨」的特點大部分是特務是和特務聯結起來的，是個特務組織，好多民主分裂主義分子，都是日，蘇、蒙、美，蔣特務。一股是偽滿時代的以哈豐阿為代表的；一股是蒙疆的，如烏力吉敖喜爾，畢力格巴圖爾，都是日本特務；土旗的民主分裂主義分子好多也是搞特務的；一股是蒙藏學校的，是國民黨特務。這些傢伙沒有一個不是民族分裂分子。他們都經過烏蘭夫鑽進共產黨。

四、「內人黨」四六年實際沒有解散，承德會議後不幾天烏蘭夫就把哈豐阿、特木爾巴根等拉入共產黨。到六一年前這段發展不大，沒有形成全國性東西，全國性的東西是六一年後形成的，特古斯首先到烏盟、巴盟、呼盟、把各地的地方組織恢復起來進行了大發展。他們把當時國內國外情況結合起來，認為共產黨要「垮臺」，所以在這以後有了個大發展。現在，軍內問題搞得比較清楚些。要搞清楚，首先一個要充分發動群眾，把「內心黨」的組織徹底摧垮，不僅是上層的，下層也要摧垮。在這個問題上不能動搖。不能光靠專案要充分發動群眾，不發動群眾，是摧不垮的。在一個要從政治上批臭，這一點一定要堅持搞。通知的幾條基本是正確的，缺點是前面綱領性的東西沒有寫。怎麼搞？

1、重點首先是打擊首重分子，如特古斯、哈豐阿、朋斯克、烏力吉敖喜爾、嘎如布僧格、都古爾扎布、鮑音扎布等，首先把這些人搞清楚，其他人就好搞了。王再天說他六二年才和「內人黨」接觸，他有些交待是假的。特古斯有些交代是合理的，但有些問題沒交待。鮑音扎布很狡猾。交待好就要區別對待，要多講這個問題。要集中一些水平較高的有經驗的骨幹搞這些人，光有熱情沒有經驗是搞不動這些老特務的。

2、支部書記骨幹至少也有上千以上，重點要搞最反動的民憤大。有些雖然不是骨幹，但罪惡很大也要狠狠搞。「內人黨」內的雙料貨，搞他主要的，

是特務先搞特務，是叛徒先搞叛徒，把叛徒、特務問題搞清楚，「內人黨」問題就好辦。這類人定案處理安他的最大問題定性，搞的時候不要叛徒、特務，「內人黨」問題一攬子搞。

3、對一般「內人黨」徒要通過辦學習班弄清問題，就是要他交代問題。不弄清問題，就不可能和「內人黨」組織上割斷關係，思想上劃清界限。交代清楚問題，處理從寬，不帶反革命分子帽子。有的既是共產黨員又是「內人黨」員，「內人黨」是反共產的，共產黨員參加「內人黨」就是反黨，反黨不弄清楚怎麼能行呢？不交代怎麼行？馬馬虎虎是不行的！你擁護共產黨為什麼加入「內人黨」？不交待，群眾怎麼相信你，組織怎麼相信？通知中指的農村、牧區的基礎幹部是指的不脫產的基層幹部，機關幹部多少是掌權的，好多是共產黨員，共青團員，不搞清鬆鬆快快就過去，不行，就得不到教育。

4、政治上要有壓力，沒有壓力他就不願交待，壓力不是去打人，壓力就是講毛澤東思想，講政策，講事實擺道理，發動群眾。

5、爭取一些人起義，過去表現好，這次運動表現也好的，只要交待了就大膽解放，解放後並可和我們的骨幹結合起來，放到火線去考慮，但要防止串供，考驗得好就更加信任。有些人可以去叫他做些平常工作。有的骨幹分了能交代好，能給我們做工作的，也可利用。不要怕，他交待了，我們對他有底，怕什麼？再幹壞事再搞他。當然要看清楚，他交待的是真是假，我們心裡要有數。插在我們的骨幹裡去讓他們做工作，不能讓他暴露案情。

6、家屬子女工作要跟上去，辦學習班，這些辦法都好。要**給出路**，利用他們，方法要對，方法不對，說明我們毛澤東思想沒有用好。（要掌握活思想，不要失掉戰機──李樹德）要抓住戰機做工作，這些人在學習班裡，腦子是很緊張的。

7、兵力很薄弱，還是集中力量打殲滅戰，吃飯還是要一口一口吃，有些黨徒沒有搞放在那裡，不要急，把首要分子，骨幹分子突破了，把一號，二號，三號人物突破了，搞得心中有數了，將來那些人好搞。

我們搞敵人，敵人總是有吹風，不要怕別人跳，也不要怕人家說右傾或「左」傾。

8、隊伍要經常整風，三兩天總結一下，整頓一下，交流經驗再戰。搞一

個時期，骨幹訓練他幾天，研究政策，研究戰術，研究辦法，這樣看起來慢，實際上是會快的。

　　講以上這些意見，供大家做參考。

（根據記錄整理，未經首長審閱）

72.二月二十七日上午滕海清同志和李樹德同志聽取工代會和工宣隊總指揮部的彙報後對工宣隊工作做的指示（1969.02.27）

　　我談一下。首先，工宣隊根據我們偉大領袖毛主席的偉大戰略部署，進駐了上層建築鬥、批、改的舞臺。工宣隊進駐各單位後，總的看來成績是很大的。對工宣隊的工作過低估計是不對的。工宣隊登上上層建築鬥、批、改的舞臺後，加速了無產階級文化大革命的全面勝利的進程。工宣隊不管到哪個單位都是做了很多工作的。現在看來絕大多數是好的，體現了「**工人階級必須領導一切**」。當然，還是用毛澤東思想領導一切，沒有毛澤東思想，就不能夠領導一切。事實證明那些單位跟毛主席的偉大戰略部署跟的緊，工作就做得好，哪些單位對毛主席的偉大戰略部署貫徹不夠，跟得不緊，工作就做得差。總的來看工宣隊不僅在鬥、批、改方面做了大量的工作，而且工宣隊本身經過階級鬥爭的鍛鍊也提高了自己的政治覺悟。

　　內蒙地區形勢大好。毛澤東思想得到空前大普及，廣大革命群眾直接掌握了毛澤東思想，無產階級革命派緊跟毛主席的偉大戰略部署，整個工人階級、工人宣傳隊發揮了主力軍的作用。現在有一些單位差一些，發生了一些問題，但這是少數，這也是難免的，也是不能解決的。只要我們按毛澤東思想辦事就能夠解決。這樣大的群眾運動，這樣大的工人隊伍，怎麼能不出現一些缺點、毛病？出現一些問題也不要大驚小怪，只要我們領導上注意了，心中有數，可以吸取教訓嗎！過去出現一些問題，應當總結經驗，吸取教訓，不要去追究責任。如果工宣隊中出現了壞人，辦了壞事，就拿回去，由本單位去處理；有的不是壞人，只是因為沒經驗，思想跟不上，還是要教育，這有一個提高覺悟的過程，追究責任不好。應當眼睛向前看，應當總結經驗，這樣才能鼓勵大家繼續前進。不要把過去的東西都搬了出來，把工宣隊搞得灰溜溜的，敵人正希望這樣，為什麼我們要這樣？這一點，對各單位的造反派要講清楚，支持工宣隊這是大方向，是毛主席的偉大戰略部署，是二十世紀六十年代的偉大創舉，誰否定工宣隊就是否定毛澤東思想。對待工宣隊的態度就是對待毛澤東思想的態

度。對於工宣隊的缺點錯誤可以批評，並不是不能批評。工宣隊不要驕傲，驕傲是不對的，就是工作做得好的單位，也不要驕傲。雖然我們有很大的成績，驕傲了就要落後。要取得無產階級文化大革命的全面勝利，還有很大的距離。搞得比較差的單位也不要灰心，應當總結經驗，吸取教訓，眼睛向前看，不要向後看，如果大方向掌握不住，天天去扣一些雞毛蒜皮，那怎麼能有個完！工作中的一些毛病、問題，要相信群眾會解決的。

第二點，工宣隊總指揮部，機構還不夠健全，我們有責任。但肯定指揮部是做了大量工作的，就是幾個同志在那裡抓，領導上幫助不夠。儘管指揮部有些缺點，錯誤，大方向是對，主觀上是要把工作搞好的。有的人對工宣隊指揮部的負責同志進行人身攻擊，這就是要把工代會搞垮！成立第二工代會，就是想奪權嗎！這些人是不懷好意的，為什麼對一個負有這麼大的任務的組織不去支持，而去拆臺呢？這些人不是好人，他們並不是積極幫助，而是背後拆臺。工宣隊指揮部做了大量的工作，這一條應當肯定，誰否定這一點就是錯誤的。

第三點，還有些落後的單位，有的是工宣隊進去還沒有搞好，有的是工宣隊還沒有進去的。工宣隊進去沒有搞好，問題不在於那裡的群眾，也不在於敵人搞些什麼活動，而在於我們工宣隊本身毛澤東思想紅旗舉的不高。如果我們毛澤東思想紅旗舉的高，把廣大群眾團結起來，任何敵人都不怕。蔣介石的八百萬軍隊不是都被我們打垮了嗎？我不信在呼市的工宣隊和呼市的造反派就沒有那個能力，問題是在於我們自己的思想革命化、毛澤東思想紅旗舉的高不高，如果我們右傾，鬧派性，敵人就會利用我們的矛盾，把水攪渾，蒙混過關。這樣的單位，主要的還是在工宣隊的領導身上。工宣隊的領導實在不行的要調換。還有一點，幾個單位組成一個工宣隊的要調整，將來就是留一家的。撤出去的其他單位的人不是說他們犯了什麼錯誤，可以調到別的單位去。對有些不好的人，一定要下決心撤換，解放軍也是這樣，寧可沒有，也不要。

再有你們的工作要集中兵力打殲滅戰，要抓重點，呼市幾家大工廠，內蒙交通系統，市財貿要狠抓。交通方面有個烏力吉敖其爾死掉了，他的勢力沒有死掉。那些地方要抓。財貿也要抓，它關係到國計民生的問題。我不是說其它地方可不管，將來還是要抓的嗎，我是說要集中兵力打殲滅戰。要不我們的人不夠，包頭的工人已經抽得很多了。人們要求派工宣隊，對工人階級的信任是

好的，有些單位還是要派的；有些地方的問題，領導班子的問題解決了，可以抽出來一些嗎！總之要抓重點，集中力量打殲滅戰。

第四點，關於工宣隊的工作方法問題。這一點要特別注意，階級鬥爭很複雜。工宣隊進去後各種人都在向你們反映情況，都要爭取你們。我們的同志在這樣複雜的情況下都要有一個清醒的頭腦，不要被敵人的糖衣炮彈打中了。我們一定要注意，現在他們主要搞資產階級捧場，把你捧的很高，淨聽他的那一面不行，要把廣大群眾發動起來，聽廣大群眾的。對某個人不要忙於表態，有些人我們是瞭解的，如造反派的一些主要頭頭過去和我們長期在一塊，我們是瞭解的；有些人我們並不完全清楚，要作調查研究。當然工作方法的問題我講過幾次。依靠什麼人，團結什麼人，打擊什麼人，這個問題說起來容易，做起來就比較困難。我們要幹什麼，首先是要依靠群眾，依靠群眾中的積極分子、左派，團結中間分子孤立並打擊敵人。當然壞人開始也不會是故意的，它可以打起比革命還「革命」的旗子，蒙蔽一部分人，問題是怎樣識破他們，群眾運動起來了，就知道他是革命的還是不革命的了。現在有反應，有的工宣隊不是真正依靠「挖肅」鬥爭、清理階級隊伍工作中的積極分了，這些積極分子本身可能有些毛病，犯過一些錯誤，也可能意識上有些問題，對此我們要提高到兩條路線鬥爭的綱上去看問題。光從出身成分上看問題，往往是看不清楚的。（李樹德同志：有些同志對　年多「挖肅」鬥爭取得的勝利估計不足，對它的偉大意義認識很不夠。五十天和「挖肅」鬥爭聯繫起來看，「挖肅」鬥爭是面對面地對敵鬥爭，搞了一年多了，這對每一個同志也是一個重要考驗。）對「挖肅」鬥爭積極分子的功勞估計不足，把劉少奇的資產階級反動路線打下去了，靠什麼人打下去的呢？當然是靠毛澤東思想，靠毛主席的革命路線，靠的是內蒙地區的革命造反派。造反派是抓敵人的，別小看抓出了幾個敵人，但這是關係到內蒙地區的前途和命運的大事。有些人他們不看造反派的大方向這是不對的。靠那些右傾要死的人能抓出敵人來嗎？不可能。但是我們要爭取團結他們。工宣隊要很好的研究這個問題。我們要看一個人，一個群眾組織，一個單位在關鍵時刻他們站在那一邊，站在哪一個路線上。不然講什麼路線鬥爭呢？要依靠這些積極分子，當然他們也可能有些錯誤。如果我們這一個問題抓不好，我們的工作就沒有基礎，就會脫離群眾。有的工宣隊一進駐就和右傾的

一派聯繫起來，對積極的同志不去過問，像這些單位真正挖肅的積極分子可能還是少數，其中有些是過去站錯了隊的。如果這些單位挖肅積極的人多了就不是「老大難」單位了，正因為他們是少數，很多人不理解，不同情他們。這時我們要分析，我們是看人數比例，還是從路線上去看？我認為我們不能看人數多少，要看執行什麼路線，真理在誰手裡。我們對正確的哪怕就是一個人也要支持。這個問題還沒有解決，必須認真解決。看起來這是方向問題，實際上是個路線問題，是站在毛主席的革命路線上，還是站在錯誤路線上的問題。（李樹德同志：要進行路線鬥爭的教育。）為什麼這個問題有的地方沒有解決？就是有些同志對路線鬥爭問題還不理解，路線鬥爭不是抽象的，在路線鬥爭中有堅定的，也有中間搖擺的，也有執行錯誤路線的。要依靠堅定地站在毛主席革命路線上的，積極搞挖肅的人。要教育、爭取和團結中間搖擺的人，對執行錯誤路線的人，必須堅持批判。我們從來不包庇造反派頭頭的錯誤，要很好地批評幫助他們。凡是這方面工作做得好的單位形勢就好，這方面做得不夠的單位形勢就不夠好，指揮部要很好地抓一下這方面的工作。我們工宣隊要真正站在毛主席的革命路線上。

我們還要把歷史問題和政治問題分開。什麼是政治問題？政治問題就是指叛徒、特務，走資派，現行反革命，階級異己分子，這些都是階級敵人。可能有的不一定是敵我矛盾，但他們所做的事是屬敵我矛盾的，如加入反革命組織等等。所謂政治問題就是他們有一條反動的政治路線，有一條反動的政治道路的，這就是反黨、反社會主義，反毛澤東思想的道路。對這些人我們不能放鬆，清理階級隊伍就是要清理他們。還有一些人是家庭出身或一般歷史問題，社會關係複雜，有的是他的父親的問題、母親的問題，哥哥嫂子的問題。這些問題，要和它本身區別開。對家庭出身不好本人歷史清楚的，要重在政治表現。地主階級、資產階級是反動的。但他們的子女不一定是反動的，他們要背叛原來的階級，他們要革命我們還是要支持的，重在政治表現，特別是在複雜的階級鬥爭中看他的表現。看他在關鍵時刻站在那一邊。過去我們打仗抓的俘虜，就是看他們上去打仗是勇敢的還是貪生怕死的。現在我們看一個人要看他們在關鍵時刻站在那一邊。有些同志去看人家的出身成分，把出身成分看得過重不對，但不注意出身成分問題也不對。要有成分論，不唯成分論，重在政治

表現，三者結合。如文藝團體中真正清白的，一點問題也沒有的人有多少？不多的吧？！有些人要利用，人家要革命，我們要讓人家革命。歷來就有這個情況，老子是反革命的，而兒子有革命的；有老子是革命的，而兒子有反革命的。有的人家庭是反革命，有些人出來參加革命早，年齡很小，我們要准許人家革命。對反革命分子我們還要給出路嘛！不給出路的政策，不是無產階級的政策。我不是說你們對成分一點不注意。我們很多同志把出身成分不太好，看的重了一些，不使用他們。工宣隊總指揮部，你們要敢講這個問題！不要怕人家反對他們嗎！也不要怕人家說你們「右傾」，該講的還要講。按黨的政策辦事嘛！當然對有的劃不清界限的，或有海外關係，而現在還有聯繫，那就是現實問題了。有些人出身成分好，可是他就不站到毛主席的革命路線一邊，有沒有這樣的人？如果對這樣的人我們還一樣的使用，把它當作骨幹，那不就沒有路線鬥爭的嗎？有階級存在就有路線鬥爭，路線鬥爭和階級鬥爭是分不開的。還有一個抓「內人黨」的問題。我們主要抓首要分子和骨幹分了，對一般的人現在沒有那麼大的力量，不要搞得太寬了。特別是要防止「內人黨」亂咬。有的地方，我聽說一個「內人黨」分了就交待了兩三百人的名單。我們就是要防止敵人亂咬。他們想把水攪渾，以後好給他們平反。這是敵人的反撲。不要道聽塗說，這樣做我們就恰恰會被敵人牽著鼻子走。另一個是對一般「內人黨」要區別對待。有些年輕人是糊裡糊塗地加入了，只要他們能從思想上組織上和「內人黨」劃清界限，有些挖肅積極的還可以利用他們，他們也可以將功贖罪，特別是對蒙族幹部。文藝戰線上蒙族很多，有些是壞傢伙，有些青年人他們不是壞人。要防止壞人把這些青年人都咬成「內人黨」，這個問題要慎重。有些人可以放在階級鬥爭中看一看，可以考驗，不要人家一說是「內人黨」就抓，搞得人人自危了那怎麼行呢！現在，凡是積極挖肅的人我們就都要把他們團結起來。「內人黨」一般黨徒表現好的也要利用，這個問題要注意。「內人黨」確實是一個特務組織，但不等於說加入「內人黨」的人都是特務，要區別對待，要慎重。特別是蒙族同志，他們裡邊也有很多好的幹部。不是敵人造謠說我們是漢人整蒙人嗎？我們要揭穿階級敵人挑撥，破壞民族團結的陰謀，教育面要擴大，打擊面要縮小。這裡邊有的是叛徒、特務，但對加入「內人黨」的大多數人要爭取教育過來。

　　還有一個問題，就是工宣隊要整頓。不聽指揮，搞獨立王國，針插不進，水潑不進的那樣的工宣隊不是工人階級的工宣隊，那樣的工宣隊要讓他們回去。像搞獨立王國不讓檢查組去，這樣的工宣隊就沒有權利當工宣隊，革命是光明磊落的，為什麼搞獨立王國？別人就不能進去？你們工作的好，為什麼怕檢查，你們有鬼才害怕。這樣的工宣隊，主要還是領導。這樣的領導，要撤換。你們指揮部腰桿子要硬一點，搞獨立王國怎麼能行呢？

　　對造反派受壓問題要做階級分析。看壓的是什麼人，有些地方，壞人壓了好人，我們要給好人撐腰，支持他們，有些是好人壓了壞人，是應當的，不能籠統地提造反派受壓。我們歷來不同意一派把另一派吃掉。現在兩派不是保守組織了，都是革命群眾組織。支一派壓一派是不符合毛澤東思想的，是完全錯誤的。不能因為一派犯了錯誤，就壓垮，吃掉。對犯錯誤的一派要進行批評教育。有壞人一定要揪出來，在路線問題上不能含糊，要弄清是非，團結同志。兩派要聯合起來，團結起來，共同對敵。工宣隊無論如何不能支一派壓一派。要不要支持一派？要支持站在毛主席革命路線上，挖肅積極的一派，但對另一派不是叫你去壓，而是要教育要團結。

　　時間關係，就講這些，供同志們參考吧！李樹德同志你講講吧！

　　李樹德同志：我沒有什麼講的。滕司令員講的很重要，希望你們回去討論一下，統一認識。「九大」看樣子快開了，我們要以實際行動迎接「九大」。我們怎麼樣，今晚準備開個電話會議講一講，我們呼市行動要及時，「九大」中國的大事，也是世界的大事。

（根據記錄整理）

內蒙革委會工宣隊總指揮部首屆政工會會務組印

73.滕海清同志對內蒙革委會政治部工作人員的重要指示（1969.03.05）

　　政治部的工作應該如何搞法？從上至下這一套制度又要如何建立？這些都需要認真研究，關鍵是要摸索出一套切實可行的辦法。現在機關有點不靈，一是工作人員缺乏經驗，要新的經驗拿不出來，解放軍的經驗也還沒學到手，出現了一個青黃不接的情況，一是還有舊思想，就作風，還是一個不太好解決的問題。

　　政治工作抓什麼？有根本，還有政治業務。關鍵是搖擺對政治與業務的關係，使二者完美的統一起來，我們的工作犯不犯錯誤，其界限也就在這裡。思想和政治統帥，又是靈魂，如果不注意思想和政治，成天忙於事務，那就要迷失方向，我們的工作一定要走到邪路上去。現在，這個問題革委會機關還沒有解決，生產指揮部更沒有解決。這樣的一個根本問題得不到解決。怎麼能開展工作，解決問題？從軍隊來講，政治部就是黨委的辦事機關，我們的政治部也要走這條路。黨委的工作主要就是抓根本。所謂抓根本，就是要抓這三個問題。

　　一、是宣傳、貫徹·落實·捍衛毛澤東思想。這一點講來很容易，真正做不到容易。同志們過去下去檢查工作，都是各搞各的業務，幹部管幹部，就是不檢查毛澤東思想宣傳落實情況，就是丟掉了毛澤東思想這一條。合格問題如果不注意，就會陷入忙忙碌碌的事務主義，結果根本的問題還是未抓到。今後，我們下去檢查工作，不論到什麼地方。首先要瞭解毛澤東思想宣傳落實情況，這一條無論如何不能丟，否則就要丟了根本，不論是地方同志，還是軍隊的同志都應當這樣作，既然要檢查人家學習情況，那麼我們自己要首先學的好，用不好，指導工作就有困難。有了毛澤東思想人的精神面貌不一樣，幹勁就足，否則就不會有徹底革命的精神。不管工作多麼緊，不論什麼時候就是要狠狠抓住這條根本，政治部在革委會的三大機關中，應該帶頭學好，用好，抓好毛澤東思想。

　　二、是抓階級鬥爭，這個問題，不只是文化大革命要抓，就是文化大革命

以後也還是要抓，只要有階級，有階級矛盾，有階級鬥爭，我們就要緊緊抓住毫不放鬆，現在機關有種說法，說有問題的人都送走了，壞人沒有了，階級鬥爭也沒有了，這種說法是錯誤的，抓壞人這只是抓階級鬥爭的一個方面，更重要的還是抓社會主義與資本主義之間在意識形態方面的階級鬥爭，即公與私之間的鬥爭，這種鬥爭還是長期的，曲折的，有時甚至是很激烈的，這個問題，還需要一個相當長的時間才能解決，我們每進行一項工作都是有鬥爭的。我們要宣傳落實毛澤東思想，但是敵人就是在哪裡反對，破壞，這裡就是有階級鬥爭，有的宣傳落實的快，有的宣傳落實的慢，有的真貫徹，有的假貫徹，這裡就是有鬥爭，新的思想作風與舊的思想作風之間，也就是兩條路線的鬥爭。路線鬥爭就是階級鬥爭的反映，不搞路線鬥爭，就不搞階級鬥爭，因此，必須加強對路線鬥爭的學習，內蒙黨委過去在烏蘭夫把持下，在內部就是沒有搞兩個階段，兩條道路，兩條路線的鬥爭，有的只有烏蘭夫的一條反革命修正主義路線。如果原內蒙黨委內部存在兩條路線鬥爭的話，必然出現兩個司令部，但是現在看不出他們內部有什麼兩條路線的鬥爭。不搞階級鬥爭，不搞路線鬥爭，這樣怎麼能避免出現修正主義呢？現在看來，內蒙犯錯誤的幹部很多，之所以如此，就是沒有很好的接受毛澤東思想，這樣就分不清是非，這是烏蘭夫在內蒙搞了十幾年的惡果，我們革委會就是新生的紅色政權，是無產階級專政的權利機構。如果不抓階級鬥爭，也是無可避免地要走修正道路的，我們領導機關要抓全區的鬥爭，意識抓下邊，一是抓自己頭腦裡的鬥爭，即公與私的鬥爭，實現人的思想革命化。

第三就是抓放手發動群眾，堅決依靠群眾，堅持走群眾路線。革命是只有依靠群眾才能完成的，沒有群眾，只有領導機關，那怎麼能搞革命呢？

這三個問題，也是我們與烏蘭夫、走資派進行鬥爭的三個根本分歧的問題，我們不抓這三個問題，將來也會走修正主義。一反毛澤東思想，二反階級鬥爭，三反依靠群眾，而依靠一小撮叛徒，特務，一切反革命分子，這是一切走資派的共同特點，所以我們當然要走資本主義道路了，凡是要革命的同志，要走社會主義道路的，都必須把這三個問題抓到底，即使丟掉一條，也會犯大錯誤，這三點抓好了，這不會犯方向，路線錯誤，即使在工作中出現一些缺點，錯誤也是容易克服的。

在內蒙革委會成立之後，內部兩條路線鬥爭一直是在很激烈的，儘管高錦明不承認革命委員會內部的兩條路線的鬥爭，但實際上已經鬥上了，只不過是沒有公開化罷了。我們與高錦明的鬥爭就是與烏蘭夫的鬥爭的繼續，反高錦明的右傾機會主義路線，是與反烏蘭夫分不開的，他們之間的聯繫是很緊的，高錦明這個人過去我不認識，但通過一年多來，逐漸有所瞭解，特別是從問題暴露一直到今天，看來高錦明是一個資產階級的野心家。其實在第四次全委大會上，我們就講過，我們與高錦明是奪權反奪權，復辟與反復辟的鬥爭，但是有些同志並未真正理解。高錦明跟隨烏蘭夫是很緊的，只是後期眼看烏蘭夫就要被揪出來，他才起來反對烏蘭夫的，他之所以反對烏蘭夫，正是為了取而代之。但是他的這個目的沒有達到，他放心不下，這樣他就必然的要保烏蘭夫的一批人，作為他的實力與基礎，所以，當挖肅鬥爭進行到關鍵時刻，他就要表演了，極力反對，這是有其思想根源的，對於高錦明的思想我們早有察覺，但還沒有完全看透，直到去年8月份以後，才看清他是一個野心勃勃的人，實際上他就是要搞奪權的，自從清理階級隊伍以來，他不積極，非常沉默，但是到了8、9月份，但突然積極起來，就是為了保護烏蘭夫的反革命社會基礎，特別是9月間，趁我不在家，開了一個黨委會，這樣就把在家的黨委的思想統一到高錦明的思想基礎上去了，接著又拋出了9.25講話，大反挖肅鬥爭，他的目的是很明顯的，想在全區範圍內打著緊跟中央的旗號，把自己打扮成唯一正確的人，就是要想上臺嘛，想繼續完成取而代之的任務嘛。那個時候，如果把滕海清搞下去，吳濤當然不在他的話下，這樣他當然要當這個第一把手了，但是他多次檢查，就是不敢承認這一條，但最終目的，就是這一條。這個問題說明在革命委員會成立以後，階級鬥爭、奪權、反奪權、復辟反復辟的鬥爭。是繼續進行著的。正如偉大領袖毛主席所教導的那樣，「階級鬥爭，一些階級勝利，一些階級消滅了。」「敵人是不會自信消滅的。無論是中國的反動派，或是美國帝國主義在中國侵略勢力，都不會自行退出歷史舞臺」我們內蒙古地區在抓階級鬥爭這個問題上鬥爭一直是很激烈的，有人說這是造反派與保守派的鬥爭，這種說法是不對的，實際上是毛主席的革命路線與劉少奇的反革命修正主義路線鬥的繼續。那時如果讓高錦明上了臺，我們有的同志很可能也會跟著走的。所以，我們每個同志都有狠抓階級鬥爭，不抓階級鬥爭的確很危險的。

　　為什麼一反高錦明的右傾機會主義路線。我們有些同志不那麼理解呢？就是有些問題不可能講的很明確，就是有時講了也還有個理解問題，這次核心小組已經向高錦明指出了他的兩個問題，一是與烏蘭夫沒有劃出界限，二是無產階級個人野心家。希望通過批判高錦明的右傾機會主義路線，大家能夠提高階級鬥爭與路線鬥爭的覺悟，在政治上要非常敏感，尤其是政治機關，必須保持高度的革命警惕性，把政治空氣搞的濃濃的，不能有歪風邪氣，這樣才能作為黨委的辦事機構，帶頭的機構。

　　革命的根本問題是政權問題，因此把政權建設好是頭等大事。去年八月就是提出要正頓各級革委會，雖然搞了一些，但沒有展開。整頓領導班子，一是抓思想上的整頓，二是抓組織上的整頓。解決思想上的問題，就要展開內部的兩條路線鬥爭，解決組織上的問題也必須是這樣。八屆十二中全會以後，整頓領導班子的工作才展開了，現在看來這樣普遍地搞一下很有必要，但是到底搞到什麼程度？現在還不完全清楚，但可以肯定搞了總比不搞強，自從十二中全會以來，群眾首先起來衝擊了各級領導班子。這時有些同志害怕了，也有的很擔心，面對這種情況領導上是支持群眾的革命行動？還是趕快搞下去？這是一次嚴重的考驗。我看群眾起來衝擊一下，天下亂不了，亂也只是亂了敵人，在這個問題上必須相信群眾，群眾敢於衝擊混進革委會中的壞人，這時難能可貴的革命精神，我們領導上一定要堅持支持。這樣，就可以避免將來出修正主義。我們這樣做是完全對的，三個月以來，我們革命委員也並沒有垮臺嘛，全區從革委會中揪出來的壞人，大概占全體成員16%，他們人數雖然少，但是反革命的能量很大，現在我們把他們清了出來，政權得到進一步鞏固，這時非常好的事情。現在全區形勢大好，首先是領導班子加強了，更加純潔了，對於班子的整頓，不是一時的，而是長期的任務，這一次只不過是在全區範圍內比較大的整頓，今後每年都要整頓一次。班子如何整頓，你們要抓些典型，摸索經驗。

　　這一次同志們下去要看大方向，當然這麼大的運動，也可能出現一些支流問題，在這種情況下我們要注意它的大方向，要從本質上，從長遠的觀點決定是否正確。在肯定大的方向的前提下，對於存在的缺點，錯誤，就要從正面引導和教育群眾，給群眾講清應該怎麼辦，不應該怎麼辦，不要指責群眾。對於

各方面的意見都要聽，不聽是不對的，但聽了以後要用毛澤東思想進行分析，凡是符合毛澤東思想的意見我們就支持，不符合毛澤東思想的我們就教育，批評。要特別注意分清主流與支流的問題。這麼大的群眾運動不可能不出現一些支流，只看支流，這不就把二年多來文化大革命的成果都否定了嗎？陰暗的角落到什麼時候都會有的，但這些絕不會成為主流。這一點請同志們下去以後注意，這樣才能支持下邊同志的工作。另一個問題就是下去以後要有小學生的態度，不要指手畫腳，要謙虛謹慎，反對那種欽差大臣的壞作風。但這不是說，該講的也不講了，仍然要有一個明確的態度，對的就支持，錯的就提出，採用模稜兩可的態度是不行的。我們就是要態度明確，旗幟鮮明。

解放幹部的問題要注意一下，這還是個問題，解放幹部的工作還一直做不好，不管那個組都要摸一下，這次下去的同志，要有重點，但又要防止單打一，瞭解的面寬一點，對瞭解的重點也有好處，解放幹部的工作要下決心解決一下，首先是抓好直屬機關，對於那些犯有嚴重錯誤，群眾不諒解，屬內部矛盾，打不倒的，只要他們政治歷史上沒有問題，都應該解放出來，歷史上有懷疑，現在尚未查清，待問題查清後，分別情況，酌情處理，有的過大有些歷史問題，已經做過結論，經調查後又沒發現新的問題，但不屬敵我矛盾的，則應予以安排工作，跟烏蘭夫在組織上有聯繫的要慎重，有些人跟烏蘭夫很緊，也幹了不少壞事，只要他們交待的好，問題搞清楚了，亦應給予出路。在一個就是要把政治問題與一般歷史問題嚴格區別開來，如家庭出身，社會關係較複雜，這些人應重在表現。

解放幹部的辦法，一是要經群眾討論，二是由組織上決定。當前要很好把底，包括中，下層的幹部在內，要分開願不願意解放與應該不應該解放這樣兩種問題。應該解放而不願意解放的，應該解放出來，不應該解放而願意解放的也不能解放。解放幹部還是一個很大的工作量，一方面要發動群眾，一方面要做好調查研究。要告訴群眾，不要怕解放錯了個別壞人，即使個別解放錯了，將來看清了，仍然可以揪出來嗎。一定要嚴格分開兩類矛盾，只要這樣才能團結一切可以團結的人，集中打擊一小撮極端反動的反革命分子。幹部解放以後，要讓他們辦學習班，鬥私批修，同時讓他們在實際工作中接受考驗。要看清一個解放一個，一定要在五一前把應該解放的幹部基本上解放出來。這樣可

以集中力量，去對付敵人。

部隊幹部與地方幹部要互相學習，搞好團結，同時要有一個雷厲風行的工作作風，說幹就幹，一幹到底的精神，大家要敢於負責任，反對那種不敢負責的作風，怕負責就是精神狀態不好。要革命就要有朝氣，有三八作風，機關要學解放軍，走軍隊政治工作道路，走政治建軍的道路。

（根據記錄整理）

呼鐵局火車頭聯合總部翻印

1969年5月14日

74.滕海清同志接見呼三司紅代會負責人的講話（1969.03.06）

一九六九年三月六日上午

今天想找幾個大學和三司的談談當前問題。有些問題是談過，有些革委會已經發了文件，今天要談的沒有什麼新東西，還是過去講過的一些。現在就我們大專院校的情況，談談個人意見。其他同志有事沒來，沒有研究，這是我的個人意見。

首先談形勢問題。

內蒙形勢大好，這個問題講過好幾次了。常委擴大會上基本上同意了思想，用不著專門去解釋。

形勢大好，是全區廣大無產階級革命派共同的看法，但是也還有些人不是那麼太服氣，當然有兩種看法並不奇怪，任何一件事都會有兩種看法。一部分人認為好，一部分人認為不好，大多數人認為內蒙形勢好，也還有一些人認為很糟糕。比方烏蘭夫被打倒了，人多數人認為很好，應該打倒；但有些人還有留戀。回顧一下內蒙自從「挖肅」以來為什麼有這樣大的阻力，主要是烏蘭夫的勢力。必須看到烏蘭夫揪出來他的反革命修正主義、民族分裂主義的基礎，也可以說摧垮了，也可以說沒有完全摧垮。他們篡奪的那部分領導權被我們奪回來了，但必須看到，他們並沒有放棄重新從我們手中奪回去他們是去的權力，毛主席教導我們，「**帝國主義者和國內反動派絕不甘心於他們的失敗，他們還要做最後的掙扎。**」敵人總是不甘心他們自己的死亡，他們失掉權力總不甘心，總要想辦法奪回去，當然這是他們的妄想了。

我們幾個大學都在呼市，呼市是烏蘭夫的老窩子，烏蘭夫的幕前幕後的指揮人、烏蘭夫反黨叛國集團的骨幹分子、為烏蘭夫效勞的分子，基本上或大部分在呼市。有些烏蘭夫死黨已揪出來了，但為烏蘭夫效勞的走卒，有的受到了打擊，有的還沒有受到打擊。特別值得注意的是烏蘭夫過去一貫重用的那些

人。在烏蘭夫被揪出來後，表面上反烏蘭夫，但思想上是留戀的，表面上反烏蘭夫，背後為烏蘭夫喊冤，對烏蘭夫還抱著一定幻想。這些人為什麼這樣呢？這些人過去被烏蘭夫重用，烏蘭夫當權他可以升官，有好處。有些人跟烏蘭夫跟的很緊，被烏蘭夫重用，反烏蘭夫，是把烏蘭夫打倒了，想取而代之。當他們這個目的沒有達到時，他們當然不滿意。有些同志挖肅鬥爭以來一直表示沉默，沉默的原因是什麼呢？就是因為挖肅鬥爭要把烏蘭夫社會基礎徹底摧垮，必須摧垮，是廣大革命派的共同願望。但被烏蘭夫重用的那些人，他們和烏蘭夫的骨幹分子有政治上的聯繫，他們之間仍然有感情，當然是他們的階級感情，如果和烏蘭夫的骨幹分子，首要分子沒有政治股票，為什麼一直把他們保起來？為什麼一直為敵人叫喊？為什麼為壞人喊冤、從來不揭發壞人，而且與那些人和平共處？是不是這些人不了解情況，錯保了人？我看不是這樣。為什麼群眾瞭解呢，我們有些人一直一起工作了幾十年還不瞭解？這是立場問題。如果站在烏蘭夫立場上，現在揪出來的、打倒的人是好人。所以我們同烏蘭夫殘餘勢力的鬥爭還會持續一個時期。他的殘餘勢力並沒有徹底從思想上、理論上、組織上批倒批臭。現在看來烏蘭夫的思想仍然還有市場。為烏蘭夫喊冤的人明的、暗的都還有。為烏蘭夫爭權的人，也可能在我們革命的營壘裡。第四次全委會上，我記得我加了這樣幾句話，「我們同右傾機會主義路線的鬥爭，是復辟與反復辟，奪權與反奪權的鬥爭」。有些同志聽了做為個一般的話，沒有從本質上理解。我們那次鬥爭就是奪權、反奪權，復辟、反復辟的鬥爭。這場鬥爭不是突然八、九月間出現的。是在清理階級隊伍大好形勢下，他們看到不行了，同時形勢對他們有利，所以九月份常委會議上，很大一部分常委思想被他們統過去了；社會上有一股勢力支持他們。常委大多數被統過去了，當然常委大多數還是認識問題。所以他們公開把他們的綱領拿出來了。這個問題他們是有很長時間的準備的。他們的口徑是一致的，思想是共鳴的。常委中有人說：「內蒙革委會的主要領導人不跟毛主席的偉大戰略部署。」社會上有人說：「內蒙不跟中央。」所以矛頭一致朝著某一個方向，來一個大反撲。如果大部分群眾、常委跟他們走了，他們就可以矇騙群眾、欺騙中央，奪權就可以成功，烏蘭夫的勢力就包庇下來了，他們就可以蒙蔽一些人，還有一些為他們效勞的人給他們吹喇叭，他們就可以形成一幫子力量。廣大革命群眾識破

他們的陰謀，黃粱一枕不現。許多事實說明了這場鬥爭是不可避免的，遲早總要出來的，你不鬥他，他就鬥你。這場鬥爭關係到內蒙無產階級文化大革命能不能取得全面勝利的關鍵問題。這場鬥爭弄得不好，就很難避免革命陣營部分分裂，很可能形成一個勢力保右傾機會主義路線，一股勢力反右傾機會主義路線，他們的隊伍分成兩股。當時我們是估計到這個問題。搞這個是不怕分裂的。一個是他們奪權成功，一個是不成功、就分裂。當時我們分析內蒙的無產階級革命派，無產階級文化大革命以來，特別是在挖肅鬥爭以來，分裂是不大可能的，抓的好可以不分裂。那時考慮了，怕分裂不搞反右傾機會主義路線，遲早會要分裂。所以我們就把路線鬥爭交給群眾，相信群眾，相信毛主席的革命路線。因此這場鬥爭雖然是很激烈但很順利，粉碎了他們的基礎。奪權沒有成功，失敗了，它不可能成功。

目前我們要特別注意階級鬥爭的新動向。

首先必須看到保烏蘭夫勢力，保右傾機會主義路線勢力，實際上是結合在一起的。搞右傾分裂、搞右傾投降，幾股勢力以合成一股反革命勢力。他們可能以各種方式耍花招。不僅是烏蘭夫勢力，保右傾機會主義路線勢力和搞右傾分裂、右傾投降勢力，同時還可能包括我們造反派頭頭中個別的人可能投靠他們的陣營。我們有些造反派在群反右傾機會主義路線中，行動不力，思想上有很大的抵觸情緒，這些人是他們爭取的對象。在反右傾機會主義路線的時候，我們有些造反派不但有言論，而且有行動，不是有個別頭頭說我們對他們不信任了？信任不信任要有個基礎，就是站在毛主席無產階級革命路線基礎上。只要他們改過，站在毛主席革命路線基礎上，才能信任。信不信任都有階級性，沒有無原則的相信。只有大家在毛澤東思想基礎上，緊跟毛主席的偉大戰略部署，站在毛主席革命路線上，我們是互相信任的。沒有這個基礎，沒有相信的基礎。幾股勢力合起來，他們也可能在某個時期，某一個地區搞或大或小的反撲，這個沒有什麼可怕的，不要把他們的勢力估計那樣搞，沒有什麼了不起的，只要我們把工作做好了，工作坐在前頭，他們的一切陰謀，一切花招都要失敗的。

我們搞階級鬥爭，在大好形勢下，必須估計到、預料到出現的問題。出現的問題不是不可避免的，只要我們把工作做好了，做在前頭，就可以避免，

否則他們可能起作用。看穿了他們的陰謀，一切陰謀就不起作用了。我們要發展大好形勢，必須看到階級鬥爭的新動向，這股力量還是烏蘭夫反黨叛國的力量。反右傾機會主義路線就是反烏蘭夫黨叛國集團的一個戰役，就是反烏蘭夫反黨叛國集團的繼續。這個鬥爭也可能還持續搞一個時期。在六九年規劃中說「五一」以前清理階級隊伍告一段落，但這並不是說階級鬥爭搞到底了，差不多了，清理階級隊伍只是階級鬥爭的一個方面，一個高潮。階級鬥爭什麼時候也要抓，無產階級文化大革命以後也要抓，只要有階級存在，我們就要抓階級鬥爭。

第二、我們的工作怎麼抓，抓什麼問題。

還是過去講的，沒有新提法。還是抓毛澤東思想大普及，大宣傳，大落實，大轉向，就是抓根本轉向。內蒙古地區形勢好，主要是毛澤東思想佔領了陣地，廣大革命群眾掌握了毛澤東思想，革命生產形勢大好。從革委會成立以來，我們始終是抓這個問題。抓階級鬥爭不轉向，必須向階級敵人進攻。清理階級隊伍目前要抓重點、抓死角。哪裡有敵人，就向哪裡進攻。階級鬥爭、群眾運動有起伏是波浪式地向前發展的。我想我們一些同志注意總結一下，特別是這一年來的經驗教訓。我們革命小將在整個文化大革命中是建立了豐功偉績的，但總是搖擺的。檢查一下就會清楚，你們思想的搖擺和階級鬥爭是起伏基本是一致的。形勢大好，我們進攻，思想基本穩定，敵人一路跳出，一反撲，我們一些同志就搖擺，這已經成了規律了。敵人向我們反攻，搞反覆的時候，就迷失方向，思想搖擺起來了。當然不是所有的同志，只是少數同志，一部分同志。

經過階級鬥爭、路線鬥爭，覺悟總是不斷提高的。開始搖擺性大些，以後小些，以後就沒有了。抓「內人黨」的這一段時間，呼三司基本上是很好的跟住了，證明我們在階級鬥爭的大風浪中覺悟是不斷的提高，立場越來越堅定。凡是一到我們同志思想搖擺時，我們對敵人進攻就停止了，也就是抓階級鬥爭停止了。抓敵人抓的緊，思想動搖少些，對敵人就能繼續進攻。所以在對敵人鬥爭中，你不向他進攻，他就向你進攻，你進攻，他就防禦。敵人進攻沒有什麼了不起的作用，全區「挖肅」鬥爭幾起幾落的情況，呼三司系統的同志們應該很好地總結一下，為什麼在哪個時候就搖擺。總結一下有好處。階級鬥爭不

是抓一下子就不抓了。

　　還有個問題，堅持毛主席的革命路線最基本的一條是群眾路線，就是「相信群眾，依靠群眾，尊重群眾的首創精神」。堅定的支持緊跟毛主席偉大戰略部署的單位和個人，團結大多數群眾，打擊一小撮敵人，這個問題講過多少次了，但有些同志在執行中作的不好，特別是對支持緊跟毛主席偉大戰略部署的單位和個人，我們有些同志思想上是動搖的，不堅定的，團結大多數，打擊小撮階級敵人，有些單位，地區作得好，但有些同志也是動搖的、不堅定的。我們對那些造謠分子窮追猛打，那些傢伙是階級敵人的應聲蟲。現在主動權掌握在我們手裡，對階級敵人，對階級敵人的應聲蟲，為什麼不可以窮追猛打？我們有些同志，對這個思想動搖沒辦法，實際是對階級鬥爭不敏感。敵人要搞陰謀我們不瞭解。有些同志明知道不對，不敢鬥爭，被人家俘虜。甚至有些同志，不知不覺的成為人家的應聲蟲。不懂得反革命分子打造輿愉是階級鬥爭的一種表現，也就是對階級鬥爭的不狠，對階級敵人打的不狠。對反革命的大造輿論，我們有些同志不能針鋒相對，不堅決捍衛毛主席革命路線，表示沉默，起碼是一種右傾表現。在階級鬥爭大是大非面前任何人思想行動總要表現出來，不讓他表現是不可能的。在無產階級當權的情況下，反革命輿論是為他們的階級利益服務的。我們政治上要提高警惕，思想上要很敏感。我們有些同志是自己的好同志，但是這個鬥爭中，不是旗幟鮮明、立場堅定，針鋒相對。特別是現在，敵人不是赤膊上陣，拿著棒子，而是接過革命的口號，打著「紅旗」反紅旗，藉著工作中出現的缺點、錯誤、向我們進攻。所以不從政治上提高警惕，我們的政治思想覺悟也不能提高。

　　第三個問題，講一講各大學，包括所有的學校，都是知識分子，一定要接受工人階級的領導。

　　工作階級的領導，就是毛澤東思想的領導。任何人都要按照毛澤東思想辦事。工人毛澤東思想宣傳隊進駐很多單位，學校，整個說來大多數是好的，有些單位進展快，有些單位進展慢。進展的慢，根本的問題是我們工宣隊少數同志思想上有問題，不能說整個工宣隊的成員，不能這樣講，主要是個別領導。另一方面，工宣隊大方向要肯定，工作中出現了一些缺點，應當採取大家互相交換意見，求大同存小異，團結一致，共同對敵，不能搞對立。工宣隊、解放

軍現在在一起，一定要團結好。如果關係搞得不好，解放軍應當負主要責任。解放軍對工宣隊有什麼意見，可以向上反映，不要搞對立。當然不管工宣隊、解放軍，誰是誰非，標準是毛澤東思想，誰符合毛澤東思想，就是誰對。工宣隊、解放軍進駐這些單位，有的搞得好些，有的差些。主要問題，我看是依靠對象不明確，所有的單位都是造反派，但同時造反派又分兩派，總有一派大方向對一些。工宣隊怎樣對待這個問題，是做好工作的關鍵。比如說，有一派清理階級隊伍以來很積極，其他方面錯誤，大方向對，另一派一直死摀階級鬥爭的蓋子。當然這派主要是說頭頭，不是群眾，自然群眾也要受影響。如何對待積極這一派，是我們做好工作的很重要的方面。不是個別學校，有一部分學校，有一批單位，就是有一派一直緊跟毛主席的偉大戰略部署，另一派干擾毛主席的偉大戰略部署。我們要有個標準，起碼是個是非標準，這不僅是一個工作方法問題，實際是路線鬥爭問題。我們的革命，歷來就是搞群眾運動，歷來依靠的是積極分子，團結大多數群眾，打擊小撮積極敵人。工宣隊進到各個單位搞鬥、批、改，也是搞群眾運動，為什麼有些單位對這個問題處理的很好？開始不瞭解情況，甚至進去一月半載，還解決不好，實際不是工作方法問題，是不是站在革命路線一邊，緊跟毛主席偉大戰略部署的問題。為什麼我們宣傳隊對挖肅積極的不支持，對反挖肅的反而有感情？這是路線問題。二月逆流中右些人站錯隊，當然大多數是改過來了，但有少數人表面上改過來了，實際上沒有改。這也包括工宣隊個別頭頭或成員，對造反派沒有感情，對保守派有感情。當然我們不是說要壓制保守派，站錯隊的絕大部分是能夠回到毛主席的革命路線上來的，實際上已經有一些是我們的挖肅積極分子。將這個問題，不是叫對站錯隊的採取壓制的態度，站錯隊的堅決回到毛主席的無產階級革命路線上來，一樣地支持，一樣地依靠，但有些人實際上沒有轉過來，我們要耐心說服教育他們轉過來。但是他們思想右傾，不敢向階級敵人進攻，甚至於摀蓋子，挖敵人是不是能依靠他們？我看還要做一段工作，作為爭取教育的對象。當然轉過來的，經過考慮是好的，可以做為積極力量使用。

我們幾個大學比較最複雜的是內大、師院，其他幾個當然也複雜。現在看來這倆是個老大難單位，工宣隊進駐師院好一些，內大就差一些。我認為不是內大火車頭的工人，主要是領導同志思想沒有轉過來。

　　第四個問題，我們這個地方長期來社會上有個輿論「造反派受壓」。

　　造反派受壓要做具體分析。的確有好人壓壞人，在我們造反派內部也有這一派壓那一派的。「造反派受壓」不做具體的階級的分析，籠統的來講，不能說明問題。我們抓階級鬥爭歷來都是依靠造反派的，我們挖肅鬥爭的主要力量，主要突擊隊就是造反派。造反派受右傾機會主義路線的壓是有的，但是是暫時的，廣大革命群眾是同情我們的，造反派也應該有這個勇氣，在階級鬥爭中，受到右傾機會主義的壓力，階級敵人的壓力，是不可避免的，是兩個階級、兩條路線的鬥爭，最後我們還是要取得勝利的。受到了階級敵人。右傾機會主義路線的壓，是我們的隊伍更團結更堅強，覺悟更提高，對這種壓，我們應該堅持頂下去，這是捍衛毛主席的革命路線，我們要有所貢獻，造反派應該團結起來戰鬥！這種受壓，我說不是受壓，是階級鬥爭、路線鬥爭的具體反映。我們不要因為這樣的時候一壓就動搖、就搖擺了。我們向階級敵人進攻，他們當然要反抗，右的人就是要保護和他們同夥的那一夥人，我們對挖肅鬥爭一向是仇視的，對挖肅積極分子一向是仇視的，這種壓在階級鬥爭是難免的，我們遲早總是要勝利的，這樣的時候不應當有所動搖，動搖那是不對的。

　　這一派壓那一派，是不是完全是派性，不完全是那樣，這裡有派性，但有些同志只看到了派性一面，沒有看到階級鬥爭、路線鬥爭的　面，　派積極挖敵人，　派死括階級鬥爭蓋了，這是階級鬥爭、路線鬥爭，當然其中也有派性，但不能用派性掩蓋階級鬥爭。在大聯合的時候，為了爭山頭，爭名譽，爭地位，有派性，但到了運動發展到今天，就不完全是派性，有階級鬥爭、路線鬥爭。

　　掌權的一派壓制非掌權的一派，當然非掌權的一派也不是保守派，是造反派，當時，成立革命委員會時他們犯有錯誤，力量不大，後來逐漸組織發展大了，而且在階級鬥爭，路線鬥爭中改正了錯誤，壓是不對的，應該允許人家犯錯誤，允許人家改正錯誤，想吃掉人家是不符合毛澤東思想的，毛主席說：**「我們的權利是誰給的？是工人階級給的，是貧下中農給的，是占人口百分之九十以上的廣大勞動群眾給的。」**非掌權派也是百分之九十五的群眾嘛，不能奪他們的權，不應該把他們壓垮。當然，也有一些組織一直干擾毛主席的戰略部署，錯誤在頭頭，不要埋怨廣大群眾，是一派頭頭帶錯了路，對兩者要區別

對待。總而言之，對廣大群眾不能採取壓的態度，廣大群眾是要革命的，即使保錯了一個人，也沒有關係，應為他不瞭解情況。當然這裡面也要看到，有些極少數造反派頭頭，是不好的，不按毛主席的指示辦事，不跟毛主席的偉大戰略部署，矛頭不對著走資派、敵人、而是對著群眾，對著革委會，這個帳不能算在群眾身上，而是頭頭，甚至有個別的是壞頭頭，轉移鬥爭大方向。

除了這些以外，還有沒有受壓的人呢？有。就是上面說的，過去站錯了隊，現在掌權了，對造反派過去對他們的錯誤提出批評和鬥爭的，進行打擊，他們利用掌的權，壓制造反派，在個別單位是有的。特別是最近抓「內人黨」，有些站錯隊的頭頭。把造反派當「內人黨」挖，這樣一些人仍然執行的是反動的資產階級路線，他們沒有回到毛主席的革命路線上，仍然是反毛澤東思想的。對這些人要慎重對待，如果他們沒有改正，實際上是不能掌權的，還會站在資產階級立場上，執行反動的資產階級路線，將來搞資本主義復辟。有個別單位，個別人是這樣的，不是大量的，是個別的，是支流，必須看到。他們利用自己掌權的實權，壓制群眾，壓制老造反派，那怎麼能行嗎？當然我並不是說包庇造反派的錯誤，錯誤要改正，不改是錯誤的。也包括造反派的一些頭頭，在反右傾機會主義前後這一段時間他們反右傾沒有貢獻，有群眾中孤立了，他們就和決聯站、東聯的個別壞頭頭勾結起來。我所說的有一股力量要投靠反動實力，就是指的這些人，他們要把群眾帶到邪路上去。

所以對「造反派受壓」不做階級分析，很容易混淆是非。因為有些人不跟毛主席的戰略部署，干擾毛主席的戰略部署，不按毛主席的指示辦事，當然他們要受到壓制。還有一些同志講，我們有些頭頭出身、成份都挺好，歷史上沒有問題，犯點錯誤也沒什麼。出身好，成份好，這好嘛，但要看你站在那一邊，你出身好，一百代是工人，但你站在錯誤的路線一邊，不能應因為你出身好袒護你的錯誤，我們有些頭頭，出身好，是造反派，前一階段有貢獻，但後來不行了嘛。烏達有個同志，現在看來沒有多大問題，還是好人，但他就是壓制群眾，破壞生產，工宣隊進行教育他不聽，現在讓他靠邊站了，這是對的。對站錯隊的往死打，破壞生產，你出身再好，政治再好，也不行。出身再好，政治再好，現在破壞生產，一樣按現行反革命處理。當然我們希望這些同志站過來。當然不站過來也沒有什麼了不起的。革命歷來是這樣的，從前革命，現

在不革命了，在無產階級文化大革命全面勝利的關鍵時刻掉了隊，沒有什麼奇怪的，當然我們還要教育他們站起來。

還有一種叫法「老保翻天」論，我認為籠統的喊是不對的。應當講過去站錯了隊的，絕大部分階級弟兄，站過來就行了。要信任他們，相信他們，依靠他們。籠統說老保翻天，就是不許人家革命，說這個話的人自己認為是很革命的，實際上是不革命的。毛主席說要團結百分之九十五群眾嘛！特別是內蒙古站錯了隊的很多，我們只要造反派，把站錯隊的群眾一腳踢開，行嗎？我們內蒙古造反派做了大量的思想工作，把站錯隊的教育過來了，這是使形勢大好的原因之一。這種做法歷來有人反對，一種是敵人，一種是我們的個別頭頭。我們始終不動搖。現在看來我們是對的，那種籠統喊老保翻天的人是只見樹木不見森林，按他們的做法我們就要上當。我們不去爭取站錯隊，階級敵人就會把他們爭取過去。我們為什麼不去把他們爭取過來呢？我們同志沒有把他看成奪取無產階級文化大革命全面勝利的有戰略意義的措施。如果我們不把站錯隊的同志爭取過來，我們的革命，生產會是個什麼情況？我們不去做他們的工作，走資派、敵人就會爭取他們。所以喊老保翻天的好像自己很革命，實際上不是那麼革命的。有這種叫法的不完全是敵人，有我們的同志，他沒有認識到這樣走的戰略意義。現在可以肯定說我們對了，他們錯了。

我上面說過，和有些造反派掉隊一樣，站錯隊沒有站過來的是個別的，是支流，不要把這些個別現象當做全面的。這些現象，只要領導上重視，是不難解決的。

老保翻天要做階級分析，具體分析。老保翻天是個別現象，是極少數，這些問題能逐步解決。我們有些同志只看到過去站錯隊沒有轉過來，叫老保翻天，而沒有看到造反派有些人掉隊了，變成「老保」。我們造反派中也出現了保守派，是個別的。比方保特古斯，王再天、斯榮、博力克，我們造反派中有沒有人保？有嘛！難道你說這些同志不瞭解情況嘛？當然當時不瞭解是可能的，但為什麼不和大家並肩戰鬥！保郭以青的有沒有？現在他們敢打包票郭以青是好人嗎？一度不了解情況保錯了我說是難免的，但真相清了以後還保，就不對了嘛！這些還有革命精神？他們對這些人到底是什麼感情？對向這些人做鬥爭的人又是什麼感情？對敵人不是針鋒相對，而是兩派針鋒相對，這個目標

就錯了嘛！方向就錯了嘛！責任不在群眾，在少數人頭頭身上。這些人長期與壞人不劃清界限，不是一個認識問題。我看現在保他們的人還沒有拿出材料說明搞特古斯、王再天、郭以青、斯榮、博力克搞錯了。毛主席教導我們說：**「不是東風壓倒西風，就是西風壓倒東風，在路線鬥爭上沒有調和的餘地。」**不是站在這一邊，就是站在那一邊，這些問題不能說是派性問題，是兩條路線鬥爭問題。這是講了個老保翻天問題，我講的不詳細，同志們瞭解情況比我多，可以分析。特別是內蒙革委會支持廣大站錯隊的群眾起來革命，是對了還是錯了？我看我們做對了，不能拿個別東西說明他們對了。

「內人黨」問題，要堅決貫徹內蒙革委會文件的精神。現在首要的問題就是抓住骨幹分子，抓首要分子。特別要防止「內人黨」在那裡指揮抓「內人黨」。特別要防止壞人一口咬許多人，我們就相信了。要很多地作階級分析，要看這個人的一貫政治表現，出身、歷史、特別是文化大革命以來的表現。有些地方個別人把矛頭反過來指向造反派，造反派中可能有「內人黨」，但一個單位一百個人有八十個是「內人黨」，那恐怕是「內人黨」搞造反派，不要上當搞一大批，最後不是，一平反，大家都平反，都不是，他們也就不是「內人黨」了，這個階級敵人和我們鬥爭的策略。不是有人說××和××抓「內人黨」是很積極，是「內人黨」嗎？我們不能被敵人牽著鼻子走，主動權在我們手中，我們要調查研究，要分析，是「內人黨」，表現中總會有流露的。工宣隊要好好掌握政策，主要是搞骨幹、首要分子，不要在工人、貧下中農、學生中間搞「內人黨」。學生中即使有「內人黨」，青年受蒙蔽，不要當做重點搞嘛！工人、貧下中農，如果參加了「內人黨」，完全是受蒙蔽。特別是對「挖肅」的積極分子，即使是「內人黨」，也要慎重處理。挖「內人黨」積極的就是敵人，說不通。在挖敵人時過於搞形「左」賣右的，有的就是敵人。我們要看他們一貫表現。這不是說不要把「內人黨」從組織上摧垮和在政治上肅清流毒，這個是堅決不移的。是要打擊骨幹和首要分子，才能摧垮「內人黨」。

最後講個解放幹部問題。

偉大領袖毛主席教導我們說：**「正確地對待幹部，是實行革命三結合，鞏固革命大聯合，搞好本單位鬥、批、改的關鍵問題，一定要解決好。」**

解放幹部問題，是個要做大量工作的問題，過去做出了一定成績，但與

毛主席和中央的指示還有很大差距。特別是我們劃了「五一」、「十一」兩條線，「十一」以前要基本上完成黨的八屆十二中全會部署的各項戰鬥任務，奪取無產階級文化大革命的全面勝利，更需要盡早把應該解放的幹部解放出來。關於這個問題，我提出劃兩條線，供大家研究，實際是一條線，凡是屬人民內部矛盾，政治上，歷史上沒有多大問題，只是在文化大革命運動中鎮壓了群眾，站錯了隊，但不是死不改悔的走資派，這樣的幹部，應該把他們放出來。打不倒嘛！有些幹部對群眾態度不好，不承認錯誤，群眾不諒解，應當給這些幹部做工作。凡這類幹部，群眾討論，組織批准，該解放的一律解放。對有爭論的幹部，一部分群主張解放，另一部分群眾不同意，我覺得應該分清該不該放和解放不解放的問題。該解放的解放，不該解放的，你解放了也不行。我們是採取領導、群眾兩方面解決的辦法。要通過群眾，群眾同意的，當然要解放，這是沒有問題的，即使群眾不通過，也要解放，用辦鬥私批修學習班的辦法來解決。解放了幹部之後，組織決定給一定工作，就不能再隨便拉回去。在這個問題上，不下決心，幹部是解放不出來的。有些同志，過去工作不沾邊，不幹事，解放了，結合了，不起作用。還有些同志，大節好，有工作能力，過去做了一些工作，但對群眾態度不好，沒有解放出來的，我們要大力解放。至於屬敵人那一小撮裡面的，不是解放不解放的問題，而是定案落實和以後如何處理的問題。

要對有一般的歷史問題（指家庭出身地、富、反、壞、右，或社會關係複雜，但在政治上不是叛徒、特務、反革命集團裡的人）要作具體分析。歷史問題，主要是重在表現。過去一貫表現好的，思想上、立場上能夠與家庭，社會關係劃清界限的，文化大革命沒有發現什麼大問題，要作具體研究，把他們解放出來。這部分人數量大，你又沒有充分材料證明他是敵我矛盾，也要解放。我們這個地方的具體情況，有些人與烏蘭夫有關係，要看他們是組織關係，還是思想聯繫，能不能與烏蘭夫劃清界限思想上劃清界限，也應該給予處理。

歷史和政治問題要區別清楚。政治問題是說叛徒、特務、烏蘭夫死黨分子，現行反革命分子。現在有些同志，有歷史問題，自己交代過，文化大革命中群眾有懷疑，現在甚至還有懷疑，現在還在工作崗位上，群眾懷疑是正常的，應支持，應支持，繼續審查，工作還繼續搞。有問題不是一年半載可以

搞清楚的。當然有現行活動那是另外問題了。經過調查，懷疑接觸了，就可以了。

對死不悔改的走資派，要做定案落實，交代政策，使他們自己交代問題，宣傳抗拒從嚴，坦白從寬。六九年規劃講定案要領導和相結合有條件的單位可以著手這一項工作，能夠定一部分就定一部分。定案落實要遵照毛主席教導，批判從嚴，處理從寬，真正打擊一小撮敵人。根據坦白情況，能做人民內部矛盾處理的，就盡量不做敵我矛盾處理。

解放幹部要發動群眾，排除干擾，在「五一」前做出成績。

其他問題到了時候了，不講了。

教育革命問題，規劃中講了。問題是大學怎麼辦。有些大學怎麼辦，怎麼改革，我沒有去研究，講不出個道理來。

今天講這麼些個問題，供同志們工作中參考。都是個人意見，有些不準確，僅供參考。

（根據記錄整理，未經本人審閱）

《學習材料》
內部刊物 嚴禁外傳
一九六九年三月十三日

75.滕、吳二同志關於當前運動中幾個問題的意見（1969.03.14）

三月十四日電話指示

一、狠抓政策落實，當作中心任務來著，一定要突出重點。

二，打擊面不要廣，如果有些單位搞錯了，要採取堅決措施糾正。

三月十七日電話指示

十二中全會後，廣泛地發動了群眾，從組織上摧垮了反革命組織「內人黨」，消除了一大隱患，現在應當在政治上把它搞臭，面要縮小，集中力量打擊一小撮，要狠抓政策落實。

一、要認真貫徹落實政策，要把內蒙革委會關於「內人黨」問題的七條政策規定廣泛深入的向群眾宣傳，各級領導幹部要親自宣講，要做到家喻戶曉，人人皆知，把政策真正落實。

二、凡是工人，貧下中農，貧下中農，青年學生自己登記交代，並經查確係內人黨者，要向本人講清楚，他們是受蒙蔽，受欺騙的。只要劃清界線，斷絕聯繫，一律解放不予追究。而後在工人，貧下中農，貧下中農，青年學生中不再搞挖「內人黨」的活動，不再進行登記追查，如果搞錯了的，一律平反。

三、關於區別對待問題：

1、有集中力量打擊「內人黨」的首要分子。首要分子也要區別對待，重點打擊首要中的首要。要向他們交待政策，指明前途，要執行「抗拒從嚴，坦白從寬」的政策，有立功表現者，可以將功補過。

2、重點打擊的骨幹分子，主要是指骨幹中的極少數反動分子。這些反動分子過去是反黨，反社會主義，反毛澤東思想的分子，民族分裂主義分子，裡通外國分子，蒙修特務，有現行活動的反革命分子。

在新內人黨徒中，如一般黨徒，但是凡有其他反革命行為的，應當按其罪行大小分別論處。如果反黨，反社會主義，反毛澤東思想分子，民族分裂主義分子，串通外國分子，蒙修特務，應列為重點打擊對象。

3、在一般黨徒中過去表現好的，特別是在無產階級文化大革命中站在毛主席無產階級革命路線一邊的，應當解放出來分配一般工作，在工作中檢驗他們。

在新內人黨徒中，雖有少量的反革命活動，但罪惡不大，只要他們從組織上劃清界線，斷絕關係，改過自新，也可以解放。

要繼續深入開展革命大批判，反烏蘭夫及其首要分子，從政治上把他們批倒，批臭，把他們罪惡都揭發出來。

四、關於解放幹部問題：

應當把各級幹部，凡是應當解放的（遵守人民內部矛盾），應當很快解放，要向工宣隊，向造反派講清楚。我們應當堅決執行毛主席，黨中央，中央文革關於解放幹部的政策，不要怕群眾錯了，現在要解放思想，領導要作出解放幹部的計劃，要開展革命大批判，批判幹部是為了解放幹部，解放幹部問題中央抓的很緊，我們一定要貫徹落實。幹部解放以後，還要參加三結合的鬥私批修學習班，要找一找造反派頭頭來作為骨幹幫助他們（例如許悠揚，張禮等都可以調來參加學習班）。

五、目前在群眾中走的很多，外調人員也很多，這樣不好。屬於敵我矛盾的，沒定性的要抓緊定性。屬人民內部矛盾的可以不外調的，就不要外調了。現在北京的兩萬人搞外調，對中央機關正常工作影響很大。關人的問題，除了現行反革命分子，極危險分子，現行特務，集團性案件首要分子以外，能不關的一律不關。

叛徒，歷史特務是歷史問題，可以不關。凡屬內部矛盾已關的一律要放，有的人歷史問題已經搞清楚了，放出來讓群眾監督就行了。

六、要堅決執行毛主席關於認真總結經驗的最新指示，各級領導都要狠抓。這個問題，自治區革委會要抓一個農村，一個工廠，一個學校，我們一時回不去，可先把名字掛上，可以先派人去。

另外，關於內人黨罪惡活動的材料，請抓緊整理出來。

盟市旗縣革命委員會核心小組：

滕海清，吳濤二同志的來信，對當前的工作提出了很重要的意見，很及時，很必要，我們完全同意。

現發給你們，請認真研究貫徹落實

中央內蒙革委會核心小組

69年3月23日

星垣，樹德諸同志：

你們辛苦了，我們在這裡開會顧不上家裡的工作，請你們狠抓工農業戰線的生產，落實政策，總結經驗幾件大事。

一、為了進一步貫徹執行偉大領袖毛主席「備戰，備荒，為人民」的戰略方針，實現國民經濟新的躍進，迎接「九大」和一國等同年大慶，加強備戰，奪取無產階級文化大革命全面勝利，要在全區掀起工農業生產的躍進。

自治區在包頭召開的工業戰線抓革命促生產的會議，要認真貫徹落實，把革命抓好，把生產趕上去，當前要特別抓緊煤炭生產，據說烏達和包頭煤炭生產二月份卜降，檢查一下是什麼原因，要採取有效措施，無論如何把煤炭生產搞上去，煤炭上不去，其他工業受影響。

在農業在線上要打好春耕這一仗，迅速掀起春耕生產新高潮。應根據實際情況採取有效措施，落實今年農業生產一百億斤糧食的任務。做到省省縣縣都有自己的大庫。認真貫徹農業「八字憲法」，要樹雄心立壯志，依靠自己的力量戰勝一切困難，奪取革命和生產更大勝利。當前要狠抓春耕生產，大力宣傳中央「關於迅速掀起春耕生產新高潮的通知」認真傳達宣傳討論落實。務必農村家喻戶曉，人人皆知，要堅決貫徹執行。

二、落實政策問題，我們還有很大差距，政策遠沒有落實，要堅決貫徹執行毛主席的無產階級政策，把偉大的鬥，批，改運動搞好。

關於解放幹部問題，長期以來沒有解決，必須下最大決心，發動群眾，立即著手解決。凡屬人民內部矛盾的幹部，一定要很快地解放出來。毛主席對解放幹部問題非常關心，他有英明指示，我們認識水平低，執行搞不好，這是對

毛澤東思想的態度問題，是對毛主席忠不忠的問題。核心小組和常委要討論研究並作出決定，堅決執行。

關於「清理階級隊伍，一是要抓緊，二是要注意政策」要狠抓政策落實。嚴禁逼供信，縮小打擊面，擴大教育面，對「新內人黨」的方針是堅決打擊一小撮證據確鑿的首要分子和骨幹分子以及有重大罪惡的分子。這是一小撮。其他一般黨徒都應按人民內部矛盾來處理。對於工人，貧下中農（牧），農村牧區的大小隊幹部，青年學生中堅決不抓內人黨。凡是已經登記的，自己交待和旁人揭發為內人黨的，都應該認識到這些人都是受蒙蔽的群眾，失足參加了內人黨的，只要他們從組織上同內人黨斷絕關係，從政治思想上劃清界限，一律宣佈解放，不予追究。並不再搞揭發登記了。只有這樣，才能爭取多數，打擊少數，集中力量把新內人黨首要分子和骨幹分子搞深搞透。應當和群眾講清楚，前一段放手發動群眾把新內人黨從組織上徹底摧垮是非常正確的，現在我們應當集中力量打擊首要分子和骨幹分子，爭取、團結受蒙蔽的群眾，只有這樣才能有利於團結大多數，才能調動各方面的積極因素，變消極因素為積極因素，搞好偉大的鬥，批，改運動。對於一般幹部參加了「新內人黨」的也應該按照這個原則來處理，把他們解放出來。

對內人黨的罪惡，要在全區展開革命大批判，狠批烏蘭夫和內人黨首要分子的罪惡，肅清其流毒。

關於一部分被群專的被關的人，應該看到有些人就是敵人應該關，有些人是犯有嚴重錯誤但不是敵人，也不應被打倒的對象，這類人應當經過批判——把他們解放出來，人關多了總是不好，解放一批人。對於敵我矛盾的人也要區別對待，不一定都戴帽子，帽子盡量少戴，帽子戴在群眾當中受主動。總之，我們清理階級隊伍的工作，現在就是要抓重點，抓死角，抓定案工作，抓政策落實。不要再向面上發展了。這個問題我們要把關，要把關口把緊。不怕人家說我們右傾，這不是右傾，這是認真落實偉大領袖毛主席的無產階級政策，我們不這樣做是有犯錯誤的。

三，關於總結經驗的問題，同意你們擬定的「關於總結經驗的決定」，文字稍長些，請你們加以修正即發下。要組織力量到工業戰線和農業戰線去，到第一線去，要胸中有全局，手中有典型。各級都要行動起來。總結經驗是貫

徹執行毛主席偉人戰略部署，是改造世界觀，是向群眾學習，甘當群眾小學生的過程，只有總結經驗，抓典型，推廣先進經驗，才能更好地指導運動向前發展，完成鬥，批，改的偉大歷史任務。總結經驗和落實政策是不可分裂的，要將鬥，批，改的典型調查，落實到中央政策情況和提供材料。

通知錫盟注意對「梅花」要聯合。「一二六」派要高姿態，革委會要吸收「梅花」人參加，要補臺，不聯合的辦法不符合毛澤東思想。

　　此致

　　　　　　敬禮
　　　　敬祝毛主席萬壽無疆！

　　　　　　　　　　　　　　（軍區黨委同志閱）
　　　　　　　　　　　　　　滕海清　吳濤
　　　　　　　　　　　　一九六九年三月二十一日

76.滕海清、吳濤同志三月二十六日晚來信（1969.03.26）

建議先打印給常委和各部門負責同志，做些準備，請各部門考慮個節約方案，生建部，辦公室考慮個全區的節約方案或措施，爭取在後天（禮拜六）開次會討論一下。慶祝九大的費用問題，請戴逸同志狠抓一下。

星垣，3月27日

滕海清、吳濤同志三月二十六日晚來信

星垣同志轉常委諸同志：

毛主席教導我們：「勤儉辦工廠，勤儉辦商店，勤儉辦一切國營事業和合做事業，勤儉辦一切其他事業，什麼事情都應當執行勤儉的原則。這就是節約的原則，節約是社會主義經濟的基本原則之一。」

近來我們聽說在我們那裡出現了許多不注意節約，大手大腳的很不好的現象，這是違背毛主席一貫教導的，是違背社會主義建設方針的。我們建議，立即採取有效措施，堅決剎住這股歪風。

例如開會，一有慶祝活動，就有人主張花很多錢，我們堅決反對這種錯誤傾向。為什麼開大會就一定要花錢，一定要花很多錢呢？難道不花錢，少花錢就不能開一個莊嚴隆重的大會嗎？會議開的好壞，隆重不隆重，主要是看能否高舉毛澤東思想偉大紅旗，能否突出無產階級政治，絕不是多花錢才隆重。將要召開「九大」的喜訊傳開以後，全世界革命人民無不歡欣鼓舞，我們內蒙各族革命人民都以喜悅的心情迎接「九大」。在歡慶「九大」問題上，擺著兩種截然不同的態度：革命的人民群眾，努力學習毛澤東思想，緊跟毛主席的偉大戰略部署，認真搞好鬥、批、改，狠抓革命，猛促生產，準備以革命、生產的優異成績向「九大」獻厚禮，以對毛主席的無限忠心，努力改造世界觀，促進人的思想革命化，這是符合毛澤東思想的，是正確的，我們提倡，支持這樣

做，也有一些人，他們的世界觀沒有改造好，他們利用群眾這種歡慶「九大」的心情，主張大講排場，大擺闊氣，要花大錢，什麼糊燈籠，什麼點旺火，什麼拉人看白戲，把舊社會的那一套都搬過來了，他們為搞這種圖一時紅火的徒勞的事情，不惜停下手中急待解決的革命和生產整天去幹，這是違背毛澤東思想的，這是完全錯誤的。這樣做，勢必把廣大群眾引到邪路上去，最終會遭到群眾的反對。我們建議，堅決制止這種錯誤行為。歡慶「九大」是理所當然的。然而，借機揮霍是絕對不能允許的。開慶祝大會，如果需要花錢，我們建議最多在一萬元以內，誰突破這個數字誰負責。對那些主張花大錢的同志，要批評，教育，幫助，告訴他們這樣做不對，請他們改正，改了就算了。

例如看白戲，有些會議的組織者，一開會就要搞許多晚會，找來一些人，不拿錢看白戲，這種風氣很不好。我們覺得，開會組織一些必要的文娛活動是可以的，但必須控制在極小的數量中。我們敬愛的江青同志親自培植的樣板戲好極了，廣大革命群眾渴望看到，我們主張公演，要使這些社會主義的豐碩成果迅速傳到群眾中去，使大家都受到教育和鼓舞。如果都搞到機關會議之中，那算什麼為工農兵服務？今後不要再搞看白戲這種事情了，演出就售票，一些專業劇團都有公演售票。業餘劇團和業餘演出隊，必須堅持業餘，而且主要的是為本企業的廣大職工服務，不能以業餘為藉口，搞成變相的專業劇團。

群眾組織的經費開支，必須加以節制。有一些群眾組織的負責人，不懂得社會主義的經濟原則，不知道節約的偉大意義，他們實際上缺乏工人階級和貧下中農的階級感情，不會當家掌權，所以任意花錢，對他們要幫助教育。我們既然是無產階級革命派，就應當遵照毛主席的指示辦事。毛主席一再教導我們擇「要節約鬧革命」。我們應當堅決貫徹執行。不貫徹執行毛主席的這一指示，像闊少爺那樣大手大腳，能稱得起是無產階級革命派嗎？請告訴工代會、紅代會、農代會等各群眾組織，希望他們開個會討論一下如何堅持節約鬧革命，如何保持艱苦奮鬥的優良作風，最好搞出一個節約計劃，報革委會並且交給群眾監督執行。今後要經常開生活會，檢查節約計劃的執行情況，這也是向「九大」獻禮的一個項目。經過艱苦的工作和鬥爭，一定要在我區創造出厲行節約，反對浪費的社會主義的新風尚，同時，也要抓好典型，宣揚和推廣他們的節約的事蹟和經驗。

　　我們認為，在全區一切企業，事業單位中，都要狠抓一下增產節約的問題。因為這是無產階級革命派掌權以後所應有的新風氣，千萬不要學走資派那一套講排場，擺闊氣的資產階級作風。

　　紅太陽展覽館目前正在興建，這是全區各族革命人民的大喜事。但也必須執行節約的原則，造價不要太高，一百五十元一平方米就可以了。我們建議，這個展覽館，包括室內設備和附屬設備，總共不能超過四百萬元，這條線必須卡死，絕不可突破。請霍道余同志切實掌握。

　　以上意見，請同志們研究。有何不同意見，請告我們。

　　敬祝毛主席萬壽無疆！

滕海清 吳濤

三月二十六日

77.滕海清、吳濤、李樹德三位同志四月四日的來信（1969.04.04）

星垣同志並常委諸同志：

　　我們正在參加具有偉大歷史意義和偉大現實意義的黨的第九次全國代表大會的時候，聽說你們和各個地區工作的同志們，在積極的貫徹落實毛主席一系列無產階級政策，並且已經取得了一些成績，我們很高興，聽說你們和包頭都在開會討論落實政策問題，還有許多領導同志，現在到群眾中去蹲點，總結落實政策的經驗，這是很好的。我們預祝他們在工作中做出顯著成績。無產階級文化大革命是一場真正的無產階級額革命，為了積極進行上層建築領域裡的革命，必須認真執行毛主席的各項無產階級政策。毛主席關於「無產階級文化大革命的鬥、批、改階段，要認真注意政策」等一系列最新指示，把各項政策具體化了。當前，我們就是要緊跟偉大領袖毛主席，條條落實。

　　黨的各項政策，包括對知識分子的政策、幹部政策、對「可以教育好的子女」的政策、對待群眾組織的政策，對敵鬥爭的政策、經濟政策，總的就是正確處理兩類不同性質的矛盾。我們都必須加以認真學習，堅決照辦，全面落實。這是對毛主席忠不忠的大問題。我們認為，一切忠於毛主席，忠於毛澤東思想，忠於毛主席革命路線的同志，都必須牢記毛主席關於「**政策和策略是黨的生命**」的偉大教導切切注意，萬萬不可粗心大意。

　　毛主席多次教導我們「要擴大教育面，縮小打擊面」，實行馬克思所說只有解放全人類才能解放自己的教導。對於犯錯誤的人必須著重用教育和在教育，做耐心的、細微的思想政治工作。無產階級是人類歷史上最偉大的一個階級，是思想上、政治上、力量上最強大的一個革命階級。他可以而且必須把絕大多數的人團結在自己的周圍，最大限度的鼓勵和打擊一小撮敵人，這是我們的基本原則。因此，對敵鬥爭中，必須執行「利用矛盾，爭取多數，反對少數，各個擊破」。「要重證據，重調查研究，嚴禁逼、供信」，要執行毛主席「給出路」的政策。總之，批判思想，給予出路，把一部分敵我矛盾當做人民內部矛盾處理，有利於鞏固無產階級專政，有利於分化瓦解敵人。對於在幹部

和知識分子中查出的壞人，除確有證據的殺人、防火、防毒等現行放革命分子應依法處理外，都要採取一個不殺，大部分不抓的政策。

落實對敵鬥爭的政策，同落實其他政策一樣，要積極的研究本單位的情況。我們那裡特別要抓好落實對待「內人黨」已經規定的那一些政策，不要怕這怕那，毛主席會教導我們「徹底的唯物主義者是無所畏懼的。」凡是清理階級隊伍已經差不多了的單位，都應當根據毛主席對鬥批改各個階段的指示，抓緊其他各項工作。

為了落實毛主席的各項無產階級政策，我們認為必須做好積極分子的工作。一方面要他們搞通思想，做落實政策的積極分子，另一方面要告訴他們在落實政策中仍然存在這兩條路線的鬥爭，存在來自「左」和右方面的干擾，但是，無論如何我們要堅定不移的去落實，只要我們緊跟毛主席，緊緊的依靠廣大群眾，我們就一定能勝利。

必須做好受了批判的那些好同志的工作。無產階級文化大革命史無前例，賦予我國無產階級專政第二次生命，避免了黨變質，國變色，對國際共產主義運動貢獻極大。在這樣一個觸及人們靈魂的政治大革命中，由於敵人搞亂，加上我們缺乏經驗，可能使一些好同志受了審查。受過審查的，切不可埋怨群眾，要從積極意義上去認識。群眾這樣積極的參加鬥爭，是我們國家興旺的表現，因為這樣大的群眾運動，出現這樣那樣的缺點，這是可以理解的，領導上並沒有給他們定性，今天問題搞清楚了，這就好了，應該和大家團結起來，共同戰鬥。至於有一些人失足參加「內人黨」，群眾審查是完全合情合理的。今天在毛主席無產階級政策下，把他們解放出來他們應當忠於毛主席，感謝革命群眾，不應有什麼抵觸。對於階級敵人趁機煽動鬧事，決不可喪失警惕。

領導要對於以往違反政策的做法，勇敢的承擔責任，不要責怪下面，各級領導同志，更不能互相埋怨，應共同總結經驗，積極到基層去，到群眾中去，做政治思想工作，在毛主席的光輝思想下，團結一致，這樣，就能保證政策的落實。集寧駐軍幾個單位是團結的，工作是積極的，是有成績的，是忠於毛主席的，應在現在落實無產階級政策的關鍵時刻，更加團結，互相支持。周發言、武尚志、賀壽琦等同志都是好同志，思想是積極地，工作是有成績的，大方向是正確的，工作有缺點那是難免的，可以克服的，希望你們共同研究烏盟

的運動，堅決把毛主席的政策落實下去。

　　要抓落實政策的典型，總結他們的經驗，原來自治區革委會決定的東西，要堅決貫徹。因此，各地就應該樹起自己的樣板來。樣板的力量是無窮的。現在不必再決定了。抓典型經驗，推廣典型就行了。也不要提反「左」防右的口號，我們的口號就是中央一直強調的落實毛主席無產階級政策，做深入扎實的工作，實事求是的解決問題。有的單位有逼、供、信、就請他們改正，有的單位打擊面寬了一些，就請他們克服，有的單位對清理階級隊伍抓的不緊，就請他們按照毛主席的政策抓緊抓好。這樣才是正確的態度。

　　以上意見，如果你們同意，可以告訴各盟，市，各單位。

　　敬祝毛主席萬壽無疆！

　　　　　　　　　　　　　　　　　　滕海清 吳濤 李樹德
　　　　　　　　　　　　　　　　　　一九六九年四月四日

　　　　　　　　　　　　　　　　　　（根據記錄整理）

78.權星垣同志在一九六九年四月五日自治區　電話會議上的講話（1969.04.05）

同志們：

　　剛才劉樹春同志已經把滕海清同志、吳濤同志、李樹德同志昨天夜間傳來的一封信，原文給同志們同志們傳達了，今天下午，自治區革命委員會常委開了廣大會，正討論了半天，與會的同志對滕、吳、李三位同志的一封來信進行了熱烈的討論，完全同意三位同志的這封來信，認為這一封信來的很重要，很及時。同志們都知道，他們三位同志都是在北京參加我們偉大、光榮、正確的中國共產黨第九次全國代表大會，大家都知道黨的九大是在四月一日開幕的，這封信呢？是四月四號夜間傳來的，雖然信上沒有明說，但是與會的同志都是這樣看的，顯然這是傳達了毛主席的聲音，傳達了以毛主席為首、林副主席為副的無產階級司令部的指示，這正是在我們落實政策，一步一步地展開深入發展過程當中，向我們提出的很重要的指示和意見。所以，與會的同志同意這封信的精神，同意這封信。認為應該是最快的速度傳到各盟（市），各單位，引起我們大家共同的，足夠的重視，要用全面的、扎扎實實的落實毛主席所規定的一系列的無產階級政策，以實際行動，優異成績來迎接我們黨的「九大」。討論當中討論了幾個問題，我們下午七點鐘才散會，會上要我們在這裡和同志們說一說我們討論的情況和意見，絕不是指示。我水平低，來不及把同志們的意見歸納起來，可能有錯誤的。我們討論當中，除了頭裡已經說過，一致認為這封信很好，很重要，應該很快的傳達到各盟（市）各單位的同志們，我們要認真貫徹執行，我們還集中地討論了這樣幾個問題。

　　一是對當前落實政策情況怎樣估量，根據這個提了幾條措施，我們自治區落實無產階級政策，如果不從遠的說，從三月份以來，已經做了大量的工作。大家都會記得，滕、吳兩位首長三月八號到北京的第一次強調落實政策的電話，從三月十四日起，就連續來了多次電話，多次信，這都是在及時地傳達毛主席的聲音，針對著咱們自治區落實政策工作進展情況，存在的問題，及時提出我們工作應該怎麼做，總的精神就是要我們堅定不移的狠抓政策落

實。這個時期，我們全區做了大量的工作，使原來的自治區 派大好形勢發展的越來越好，現在我們全區落實政策，正如這次三位同志來信所說的已經取得了一些成績。經過這一段證明為了貫徹落實毛主席一系列無產階級政策，自治區所來取的各項措施是正確的，是符合毛澤東思想的，是符合廣大革命人民群眾的要求的。凡是認真學習、宣傳、貫徹、落實毛主席一系列無產階級政策的地方和單位，群眾就有了進一步的發動，廣大群眾階級鬥爭、路線鬥爭覺悟水平的程度更加提高了，廣大群眾對於自治區所規定的貫徹落實毛主席一系列毛主席無產階級政策的措施，這些具體規定是熱烈擁護的，群眾的積極性有了更大的調動和發揮，這當然是直接和好多地方、好多單位進駐了大批工宣隊、軍傳隊他們積極努力，認真貫徹黨的政策進行扎扎實實的正直思想工作分不開的，他們已經做出了成績。比如：有些單位抓重點，抓首要骨幹分子比過去突出了，用黨的政策去制服敵人，鬥爭的策略水平提高了，調查研究加強了，逼、供、信的現象，大多數地區和單位基本上克服了，有 些原來被隔離的、被關起來的人，他們採取了主動的、積極地、經過一系列政治思想工作，放出來了 批人，被放出來的人，在這一階段政治思想工作中，又一次受到了階級教育，怎麼樣正確的對待群眾，對待群眾運動，正確的對待自己，這種教育。所以，被放出來的人，大多數也有提高，能夠正確的對待這件事情，他們感激革命群眾，甚至於使原來直接抓自己，鬥自己的人，團結在一起共同戰鬥，抓敵人。這就達到了調動一切積極因素，化消極因素為積極因素的目的，從而，我們團結的人越來越多，我們革命的隊伍越來越大，敵人被進一步的孤立起來，被分化瓦解。把一小撮最反動的階級敵人孤立到狹小的陣地上去，便於我們殲滅戰。這樣的地方和單位，不但革命出現了一個大踏步的、迅速的、前進的景象，使運動更向深入、縱深發展，而且在生產上也不斷地出現新的記錄。生動的事實告訴我們，緊跟毛主席戰略部署，堅決落實毛主席一系列最新指示和各項無產階級政策就是勝利。當然在我們看到向前面說的，這是運動的本質主義，肯定這個成績的同時，我們也要看到事情總是一分為二的，在落實政策上我們還有不小的差距，按照毛主席所規定的一系列無產階級政策，總的要求，我們在有些地方，有些單位政策落實的很差，正像滕、吳二位同志過去來信所講過的政策還遠沒有落實，還存在著很大的差距，比如，據我們現在知道

的，有的單位，不敢把過去滕、吳幾次電話、信、革委會所發的關於落實毛主席一系列無產階級政策，規定了一些具體措施具體規定，不肯、不敢給群眾傳達，不敢讓群眾見面。有的固然內壓十天，有的同志傳達的時候，還被人稿子搶跑，有的領導，有的骨幹分子，有的積極分子沒有認真坐下來好好學習毛主席的一系列最新指示和各項無產階級政策，深刻領會深遠的精神和意義。因此，有的同志表示思想不通，不理解，轉不過彎來，有的呢？傳達是傳達了，僅僅是傳達，並不認真的調查本地區、本單位落實無產階級政策問題上存在的差距，主動解決問題，不採取有力措施，不主動去解決問題，使政策落實不下來，運動不能迅速的向前發展，個別單位，還在繼續幹違反政策的事情，現在有的還輕易在那裡抓人，這當然是個別現象，個別單位有的繼續搞武鬥，也有的出現另外一種現象，對敵人的破壞放鬆警惕，也有的把應該放的人不是經過扎扎實實的工作，放出來化消極因素為積極因素，處於一種思想不通的情況下，把門一開你們走吧，不做工作，結果被放出來的沒有得到教育，沒有得到提高，達不到化消極因素為積極因素的目的。而同時呢，也有一些是馬馬虎虎，放了算了，所以我們要看到，有這麼一些現象，當然這是少數的，總的來看我們下午討論呢，認為大多數還是在那裡積極做工作，學習黨的政策，領會黨的政策，積極想辦法採取措施，貫徹落實黨的政策，這是大多數，這叫中間大，這是主流，還有兩頭小，有少數的是在哪裡頂牛，到現在還處在於頂牛的狀態。還有一種少數的呢？是「一陣風」、「一風吹」這個都是少數，但是我們必須注意，不注意這個現象，不採取積極地、有效果的措施，用加強政治思想工作，提高覺悟，做艱苦細緻耐心的政治思想工作去解決這些問題，就會使得落實政策這一項極其嚴肅的政治任務不能得到很好的實現，那就會直接影響我們大踏步的、深入的向前發展。我們應該看到，落實政策本身就存在著兩條路線鬥爭，兩種世界觀的鬥爭。毛主席所規定的無產階級政策，是毛主席革命路線的具體體現，我們對待落實毛主席所規定的無產階級政策，是堅定，還是不堅定的，是積極還是不積極，是主動還是被動，這實際上反映對毛主席、對毛澤東思想的態度問題，是對毛主席忠與不忠的問題，是大是大非的問題。所以，我們必須要很好的分析，我們落實政策情況怎麼樣，成績是什麼，缺點是什麼，那些措施有力？那些措施還不夠有力，積極地去解決。今天我們討論大

體上是怎麼個情況，原來在運動中間，執行政策就比較好的工宣隊、軍宣隊，看法一致，團結得也好，這樣的單位，現在落實政策也快，效果也大也好。他們運動就能夠大踏步的前進。原來執行政策基本上還好，有些缺點，有個別措施，問題不大，工宣隊、軍宣隊看法雖然有過一點不一致，但是他們主動在學習毛主席一系列最新指示、無產階級政策過程中，取得了統一認識，總結經驗，互相支持，找出差距，採取措施，這樣的單位落實的也比較好，落實中看來差距比較大的往往的就是原來執行政策比較差，這樣的單位，落實的也比較差。落實當中，現在看來差距比較大的，往往的就是，原來執行政策比較差，違反政策的現象就比較嚴重，有的單位，甚至於是破壞黨的政策。有的單位工宣隊、軍宣隊看法不一致，又不能夠嚴肅的對待落實政策這件事，很好的坐下來學習討論，提高覺悟，總結經驗。對這個「頂牛」、「一陣風」這兩種現象往往是這樣的單位比較多。重複說一下，對於黨的政策不能採取「頂牛」的態度，還是那句話，對毛主席忠不忠。派性重了，不執行毛主席所規定的政策，不是小問題，這是大問題。一定要看到誰怕落實政策呢？階級敵人怕我們落實政策。我們政策越落實的好，所有我們應該團結的人，我們都團結起來了，那麼，我們應該打擊的那一小撮最反動的敵人，他就徹底孤立了。我們就打得更準、更狠，就能夠打殲滅戰。所以落實政策當中，我們必須警惕敵人趁機破壞，搞反撲。必須警惕這一條，這個警惕是要求我們及時看到。有這種現象要給反擊，但是決不能因為這一點，影響我們落實政策的決心，相反我們更應該抓緊落實政策，堅決落實政策，政策落實的越好，就使得我們越能夠有力的打退敵人想反撲的陰謀。右傾機會主義不會搞翻案，要看到這個問題，怎麼對待？還是要認真的落實政策。有些人犯過右傾錯誤，現在落實政策積極起來了，這是好事情，應該歡迎，應該積極的團結，共同去落實政策，不能把犯過右傾錯誤現在落實政策積極起來了的人就認為是右傾翻案。當然有個別人，企圖翻案，把自己的錯誤說成正確，那當然不能答應，那是右傾翻案。但是這個怎麼對待呢？這次來信講了，還是做艱苦細緻的政治思想工作，還是要認真落實政策，對於有些骨幹，有一些積極分子或者甚至我們工宣隊有些同志，思想一下跟不上，轉不過彎來，不太理解，這個怎麼辦呢？沒有別的，還是要做艱苦細緻的政治思想工作。這些同志往往有許多「怕」，考慮否定了大方向，怕

敵人反撲，怕右傾翻案，放跑了敵人，怕戴右傾帽子，或者有的覺得搞錯了平反放出來以後我的日子不好過。不管什麼顧慮，都應該做艱苦細緻的政治思想工作。克服這些顧慮，大方向誰也否定不了，成績是主要的，基本的，我們正是為了更好的發展這個大好形勢，奪取無產階級文化大革命的全面勝利。所以必須認真落實毛主席所規定的一系列無產階級政策。這次來信不是有講了嘛，怕這怕那，有這樣顧慮那樣怕，最後出現一個不怕落實不了黨的政策那就糟糕了。不管主管怎麼樣，不認真落實政策，這在客觀上是有利於敵人的，不利於革命的，不利於人民群眾的，也要提高到路線鬥爭的高度來看待這個問題。當然也要警惕「一陣風」，警惕敵人搞亂，這個警惕是要在落實政策過程當中去警惕，不能因為怕敵人搗亂，就不敢大膽的去落實黨的政策，那就恰好上當。看不到這個問題不對，看到了這個問題得有個正確的態度對待，如果真有敵人反撲、破壞我們把注意力拋在那上邊去，這不成叫敵人牽著鼻子走了嘛。所以我們對各種干擾要排除，堅定不移的狠抓政策落實，在政策落實過程當中，增加了我們排除干擾的力量，總之一句話估量當前落實政策的情況，通過這一段同志們做了大量的工作，有很大的成績。但必須看到大多數地方和單位，態度是積極的，工作是有成績的，不能把層級估計的過高，還要看到我們的差距，要繼續狠抓政策落實，這就是我們當前的大方向。我們最主要的任務不要另提別的口號，滕、吳、李三位同志信裡不是提到了嘛，不要提什麼反「左」防右，總之不要提什麼別的口號，就是要狠抓政策落實。全面的不折不扣的，堅決的貫徹落實毛主席所定的一系列無產階級政策。

對今後的措施也提了這麼幾條意見，首先一個問題，還是要進一步加強關於落實政策的領導。頭裡說了，我們大多數地方和單位對於落實政策抓的緊的，是做了許多工作的，態度是積極的，措施是有力的，所以取得了前面所說的成績。他們領導運動越來越主動，但是同時沒有看到也不是一兩個單位，還有相當這麼一些單位，落實政策存在著相當大的差距，而落實政策又直接關係到奪取無產階級文化大革命全面勝利的這麼一個重要問題。所以必須進一步加強領導，要求我們各地的同志，各單位的同志我們共同狠抓這件事，進一步抓緊抓好，希望很快的傳達討論滕、吳、李三位同志這封來信，進一步聯繫實際情況，檢查我們落實毛主席無產階級政策的差距。進一步學習黨的政策，要看

到一次滕、吳、李三位同志的來信是他們在參加「九大」過程中來的信，我們一致認為，這就是無產階級司令部的聲音。我們務必認真對待，認真貫徹，檢查我們的差距，總結我們的好經驗，統一思想認識，採取有效的措施去加強政治工作，進行落實，要看到落實政策當中有阻力，這阻力不光來自敵人搗亂，有的是右傾翻案或者是我們的領導層、骨幹、有些積極分子，一時轉不過彎來，不管是怎麼來的阻力，就像來信裡所講的「左」的也好右的也好，都要採取積極有效的措施去排除干擾不受干擾，堅定不移地狠抓落實政策，這裡領導上認識一致是個最關鍵的問題，對有一些違反政策的現象領導上要勇敢的承擔責任，不要責怪下面，我們今天下午談了，落實政策我們有責任，抓得不利，真正反覆的宣傳黨的政策，講解黨的政策，檢查落實黨的政策，採取積極的措施糾正某些違反政策的現象不夠有力，還有一點是領導上不要互相埋怨，也就是三位同志來信時特別加得一段，越是在落實政策，鬥爭尖銳很複雜這麼個情況下面，越要求各級領導同志要能夠自覺地按照毛主席的教導，在毛澤東思想的原則基礎上，更好地加強團結，同志們可以看到，現在中央人民廣播電臺毛主席著作天天學，這一個星期就是學《論聯合政府》第五部分的前半部（全黨團結起來，為完成黨的任務而奮鬥），這時候還要十分注意這個問題，不要互相埋怨，有什麼經驗教訓我們共同吸取，勇敢的承擔責任，不要責備下面，這樣好有一個統一的認識，統一的思想，這樣才能做到統一政策，統一計劃，統一指揮，統一行動。這一條很要緊，這是進一步加強領導這麼幾個意思。

第二有進一步的做好政治思想工作，前一段已經做了大量的工作了，已經有成績，我們不滿足於這個水平，還是要繼續的大規模的反覆的、細緻地進行黨的政策的宣傳、解釋、學習，來提高認識，還要狠抓落實黨的政策的學習班，辦學習班，各地區辦，各單位辦，各部門辦，層層辦，領導層要辦，骨幹要辦，積極分子要辦，工宣隊要辦，廣大群眾都要辦，層層做通思想工作，現在看來，凡是辦學習班，認真的學習無產階級政策，聯繫實際，檢查存在的差距，提高對整個落實政策的自覺性，提高政治覺悟的這些地方和單位，運動發展的就比較快，落實政策的效果就比較好，比較快，這是一個成功的經驗，毛主席教導我們：**「辦學習班是個好辦法」**。還要繼續這樣搞，真正提高我們的覺悟，使得各級領導、廣大積極分子都成為落實政策的積極分子，成為落實政

策的模範。一定要狠抓。凡是這個工作不深入作的很差，採取簡單從事，從現象上看人也可以放，但不等於政策就落實了，像那一種放就有問題。把門一開你們走吧，達不到化消極元素為積極因素。而且有的準備幾次反覆將來算帳，那不是落實政策，那時鬧氣；另一方面，思想沒有搞通，喪失警惕，馬馬虎虎那就會出現一陣風，也不能真正貫徹落實黨的政策，所以還要狠抓政治思想工作，主要的我們先要抓積極分子和骨幹，廣大群眾要做政治思想工作。對要放的人，解除隔離的人，都要進行政治思想工作，採取辦學習班的辦法，團結一切可以團結的力量，孤立一小撮最反動的敵人。不這樣做，形式上看是落實政策，那效果就不一樣了。要狠抓政治思想工作，這個政治思想工作的過程，實際上也是總結經驗的過程，通過總結經驗的辦法，去落實政策，這就非常有利於保護群眾的積極性，有利於團結一切可以團結的人，做到共同對敵。不管這三位同志來信提到的那一項政策，我們真是這樣做，那效果就會大的。毛主席教導的嗎，掌握思想教育，是進行各項政治思想的中心環節，這個任務不解決，那政治任務就完不成。這就要有很大的魄力，很大的決心，很大的耐心去進行政治思想工作。

第三點、抓典型，樹樣板，總結落實政策好的典型經驗，要表揚好的，也可以發通報開現場會。我們有少數同志，已經下去蹲點去了，這很好，要繼續這樣搞，還沒有下去的都應該下去，有的需要在家裡，蹲在一個地方不行，這怎麼辦呢？也應該有計劃的到基層走一走嗎，或者是請上來開個座談會，調查會嗎，總結一下好的經驗，推動落實政策工作向前發展，要抓兩頭，頭裡是說抓好的；另一方面呢？對於那些落實政策老是落實不下去，「老大難」有表現在這上面來了，這個單位也要有計劃地抓典型，幫助那個地方去落實政策，也要總結落實政策裡邊「老大難」落實不下去的經驗，怎麼樣落實下去，這個地方可能費工夫要大一點，那就更要高舉毛澤東思想偉大紅旗，突出無產階級政治，用毛主席所規定的一系列最新指示，無產階級政策去武裝群眾，發動群眾，依靠群眾，把政策落實下去，表揚好人好事，經過深入的調查分析弄清楚了，對那些嚴重破壞黨的政策的壞人，要進行嚴肅處理。最近自治區革命委員會處理了一個人，他完全是破壞黨的政策打死人。當然了，這個不要有形成一陣風，這也處理那也處理，主要的還是要團結群眾，提高大家的覺悟，落實

政策。如果是好人幹了違反政策的事情，要進行教育，總結經驗，他改了就好了。真正有壞人故意破壞黨的政策，大體上說真正的一個革命的好人，講幾次毛主席政策就會聽的。就是在那裡一意孤行，破壞黨的政策，這樣的人是極個別的。這裡邊有壞人要進行嚴肅處理。如果沒有這一條黨的政策落實絕沒保障。但我們不是主要的幹這一套，但也不能沒有，主要要進行大量的政治思想工作去貫徹落實黨的政策。

第四點，強調一下調查研究。前面說了，調查研究比以前加強了，但這個工作也需要加強領導，領導上要狠抓這件事，我們能不能準確的很好的落實無產階級政策是離不開調查研究的，所以現在碰上這樣的問題了，有一些人推翻了，原來他承認了「內人黨」，現在推翻了究竟這是翻案風還是確實他不是，翻得對呢？我們應該主動的去解決問題，確實搞錯了就應該平反，搞對了的嗎，就該告訴他，比如說工人，貧下中農，青年學生裡的，就告訴他是受蒙蔽了，這個問題究竟誰是搞了誰是搞錯了，究竟他自己現在推了，是真不是他推翻得對，還是就是翻案、這個關鍵問題就需要我們調查研究，掌握的東西，那就可以心中有數了。抓首要分了，骨幹分了，打殲滅戰要靠政策，要靠調查研究，不很好地加強調查研究，真正把首要分子，骨幹分子攻下來，也不是輕而易舉的，而且我們奪取無產階級文化大革命全面勝利，定案落實必須加強嗎。最近自治區開了一個專案工作會議，他們專門研究了。這裡也有一個大問題就是抓調查研究，我們建議各級領導同志，最好能夠直接進行一個兩個典型調查研究，整個運動，落實政策，需要這個調查研究。對於那個重點人可以參與材料的分析，去偽存真這個工作，有領導這個工作，不能光憑彙報，這就會成為很不細緻很不認真，有時就可能出現一個判斷，一個決心搞不準確。

最後一點，希望我們各級領導同志都要深入下去，想這次三位同志特別提到的，信上是表揚了一些同志，各地有些同志下去蹲點的，都要深入下去，深入一個點兩個點都可以，離不開機關的也要就自己所管的直屬的一些單位，也要抓緊宣講政策，把檢查落實政策的情況，反覆研究落實的措施。今天我們討論自治區革委會在家的常委也都要分分工，實在離不開本單位的，就負責把單位落實政策搞好。該講的就講，呆在一起研究問題就在一起研究問題，要抓緊。

今天下午我們討論的意思大體上就是這麼幾個方面的意見，供同志們參

考。希望你們討論後，採取什麼措施，有什麼打算，落實政策有什麼好的經驗，典型告訴我們，我們好向全區推廣，按照毛主席的教導，是好的得到推廣，是錯的不再重犯，把落實政策做得更好更快，取得更大成績。

（根據記錄調整整理）

呼和浩特工代會翻印

四月七日

79.滕海清、吳濤二同志四月十二日給內蒙軍區 王副政委的來信（1969.04.12）

王付政委並轉告無產階級革命派同志們：

前一階段清理階級隊伍，取得了偉大成績，大方向是正確的，是任何人也否定不了的，現在文化大革命進入到奪取更大勝利的新階段，按照毛主席的偉大戰略部署，要認真落實各項無產階級政策，無產階級革命塊應瞭解無產階級文化大革命進入到這個階段，應該幹什麼，要當落實無產階級政策的積極分子。落實黨的政策，是一場尖銳的兩條路線鬥爭，會有「左」或右的干擾，我們無產階級革命派，必須堅定地站在黨的政策的立場上，不要怕這怕那，不要怕放跑了敵人，不要怕敵人翻案，有確鑿證據是翻不了案的。如果沒有證據只是懷疑，人家起來澄清問題，要求平反，這不是敵人翻案。真正有個別敵人乘機翻案也不怕，將來查出證據，按黨的坦白從寬，抗拒從嚴的政策處理就是了。落實政策，一定要解放思想，沒有證據的，不能強迫人家承認，要主動給他平凡，就是解放錯了一兩個，也沒有什麼關係。

敵人乘機翻案，並不一定是壞事，它可以充分暴露，這沒有什麼可怕的，我們需要大家主動，深入，細緻的思想工作，不要反擊。如果現在反擊，可能挫傷好人，影響落實黨的政策，真正的敵人也讓他暴露一下，我們做深入的調查研究，掌握了確鑿的證據，對於真正的敵人再給予打擊。

敬祝毛主席萬壽無疆！

滕海清 吳濤　1969年4月12日

科右前旗革命委員會政治部據呼盟四月十四日晚七時電話會議整理

1969年4月14日

80.滕海清、吳濤同志講話（1969.05.08）

一九六九年五月八日下午五點十分到七點四十分，中共內蒙古革委會核心組滕海清、吳濤、高錦明、權星垣、李樹德諸同志及革委會副主任霍道余，常委郝廣德，王志有等同志召見呼市地區無產階級革命造反派代表肖華山、劉興業、唐汝錚、周炳高、雲羊煥、馬之華、黃寶玉、董志、劉代年、李書成等同志。滕、吳、高、權、李等同志先後作了講話。現將滕、吳二同志講話發表如下：

滕海清同志講話：

今天跟同志們商量一下，你們是各單位的代表，跟你們商量一下如何傳達「九大」精神的問題。昨天開了一天會，今天不能繼續開下去，各盟市都都傳達不下去，怎麼辦？跟同志們商量一下。順便談談中央首長對內蒙的批評、指示。

我們在清理階級隊伍的工作中，特別是挖「內人黨」的工作中，有嚴重的逼、供、信、擴大化的錯誤。三月九日晚上，康老就對各個地方（指華北組、河北、山西、內蒙、中央直屬機關等）講話，批評了其他地方，也批評了內蒙，在清理階級隊伍過程中，有嚴重的逼、供、信和擴大化的錯誤。後來，總理準備找我和吳濤談，因為沒有時間，就委託謝富治、溫玉成同志跟我們談。第一個問題，說你們挖「內人黨」犯了擴大化的錯誤，不要像一九三一年鄂豫皖地區犯的錯誤那樣，（按：據中共黨史記載，一九三一年在鄂豫皖地區，是以陳紹禹為代表的我黨歷史上第三次「左」傾機會主義路線占了統治地位，從而給革命帶來了巨大損失。）要參照六廠一校的經驗，搞幾條貫下去，落實政策。第二個，展覽館問題，我們準備蓋個「忠」字型的展覽館，打了個報告，中央文革說：光「忠」字不行，「忠」字沒有階級性，造價也高了。我們腦子糊塗，說不蓋「忠」字型的，蓋個別的，造價低的，150元一平方米。後來伯達同志專門派人找過我，我說這個問題正在處理。溫玉成同志打電話給我說：

你們蓋，不是一個修展覽館的問題。我這才明白了，不搞了。第二天康老打電話找我，首先批評這個問題：中央三令五申，不讓搞樓堂殿館，可你們偏要蓋，這完全是反馬克思列寧主義的！什麼群眾要蓋？還不是你們要蓋！你們是用群眾的要求給中央施加壓力，這個問題你們有私心，為什麼不符合毛澤東思想的你們非要幹不可？過幾天，康老給吳濤打電話，又批評這個問題，另外，還說：你們要落實政策，糾正擴大化的錯誤。康老傳達：毛主席最近講了：「內蒙已經擴大化了。」還講到高錦明問題，康老問，高錦明是否靠邊站呢？吳濤同志講，高已沒有工作。康老講，不要靠邊站，還要工作，有錯誤可以批評，不應當停止工作。批評後，我們初步給中央寫了個檢討：1、接受中央對我們的批評，改正錯誤。2、講到挖「內人黨」問題，逼、供、信、擴大化很嚴重，在其他一些政策（對敵鬥爭、對犯錯誤的幹部，對「可以教育好的子女」等）上，我們都做得很不好。3、對高錦明，停止了他的工作，並在那麼大範圍內批判，是無組織、無紀律的錯誤。在四次全委會後犯了嚴重逼、供、信和擴大化的錯誤，並檢討了報紙上出現的一些問題。最後表示有決心改正錯誤，也能改正錯誤。4月20日左右送上去的，閉幕後，臨回時，又向中央大了報告，問中央有什麼指示？中央說沒有了。後又開了兩天會，所以才晚回來。

我們把問題向同志們交底，毛主席是怎樣批評的，我們是怎樣向中央保證的，這樣便於群眾批評我們的錯誤。我們的錯誤一定改正，希望廣大群眾幫助我們改正。

現在是如何迅速貫徹「九大」精神，各盟市同志來了，但開不成會，所以把同志們找來，商量一下，從明天起，要開常委擴大會議，貫徹「九大」精神，各盟市也要向下傳達。希望同志們支持我們。只要「九大」精神傳達下去後，同志們在批評我們，我們都是同意的。時間有的是。我們把中央的批評和我們的態度交給同志們，向同志們交心，歡迎同志們批評。批評，上綱高、上綱低都沒有關係，我們有什麼錯誤都可以批評。我們相信群眾，相信黨。

我們準備作個全區貫徹「九大」精神的決定，還沒寫出來，安排全區落實「九大」精神的計劃，全區都來執行。有不同觀點都可以，但貫徹「九大」精神是共同的，壓倒一切的。

吳濤同志講：

請大家來共同商量一下，如何貫徹落實「九大」精神和毛主席指示。希望在短時間內做到。中央如何批評我們的，我們如何檢查的，滕司令員已經講了。

毛主席講：「內蒙已經擴大化了。」

康老講：「內蒙在清理階級隊伍中有嚴重的逼、供、信、擴大化的錯誤，要立即糾正。康老到我們小組來，又全面地講了一下，內蒙清理階級隊伍，劃階級、反烏蘭夫，是對的，有成績的，但有嚴重逼、供、信、擴大化的錯誤。

我們作了兩次檢查，康老批評我們後，我們向中央、中央文革作了檢查。康老傳達了毛主席對我們的批評後，我們三人又向毛主席、林副主席、中央、中央文革作了檢查。檢查：1、在清理階級隊伍，特別是挖「內人黨」中有嚴重逼、供、信、擴大化的錯誤。錯誤是很嚴重，決心堅決糾正。所以一個半月來了幾次信。根據毛主席的批評，我們要改正。已經擴大化了，所以要糾正。現在我們都要來做。錯誤是我們犯的。不是群眾犯的，也不是下邊幹部犯的。2、檢查在高錦明問題上的錯誤。康老打電話給我講：對高錦明的錯誤缺點，可以批評，但不能停止他的工作。高錦明同志反烏蘭夫是對的，頂「二月逆流」是對的，在清理階級隊伍中有右傾可以批評，但不能不讓他工作。因此我們作了檢查，承認是犯了無組織、無紀律的錯誤，並有了行動，立即恢復高錦明的工作，並不在工人、貧下中農（牧）、青年學生中抓「內人黨」，當然還作的很不夠。中央看了我們幾個規定，認為必須堅決貫徹執行。落實這個政策不是下個命令就可以做到的。中央指示，要做耐心的政治思想工作。從現在看，有的在落實，有的好一些，有的落實不下去。當時很倉促，不管怎麼樣，先解放，先平反，具體一些規定還沒有來得及做。我們認為這樣做是對的。我們犯了錯誤，歡迎同志們批評。中央已經批評了我們了嘛，我們也向中央保證了嘛。我們的觀點不強加於同志們，同志們如何批評我們都行。但是「九大」精神一定盡快貫徹落實下去。請同志們向周圍的同志們作工作，支持我們。

我們準備規定幾條共同的東西。原來考慮的不周到，這方面幾條，那方面

幾條。昨天那幾條（指「五條」）是我們的責任，當時是我和滕海清同志、李樹德同志共同商定的，李樹德同志具體執行的，不能怨小將。這個共同決定正在起草，儘快寫好，常委會討論通過，發下去。

　　（其他領導同志的講話略）

（記錄稿）

內大井岡山54戰報編輯部翻印
1969年5月9日

81.滕海清、吳濤、高錦明、權星垣、李樹德等同志接見呼和浩特工代會、工宣隊總指揮部、呼三司紅代會、呼和浩特群專總指揮部負責同志及呼市地區革命造反派代表的講話（1969.05.08）

（一九六九年五月八日晚九時，根據記錄整理）

參加這個接見的還有霍道余、劉立堂、王志友、王金保、郝廣德等同志。

滕海清同志講話：

今晚找工代會、工宣隊總指揮部、工代會、群專負責同志談一下目前的工作。「九大」二十四日閉幕到現在，各盟市還沒有傳達。目前貫徹落實「九大」精神，落實政策，阻力不小，干擾很大。現在擺在我們面前的任務，是要真正把我們各級革委會領導機構能夠很有次序地進行工作，現在這段工作比較亂，亂的原因主要是我們在清理階級隊伍、挖「內人黨」擴大化的錯誤造成的。現在正是我們糾正錯誤、改正錯誤的時候，各級革委會、各群眾團體動員起來，幫助我們克服錯誤，當然也包括了批判我們的錯誤。當前中心工作是什麼？中心任務是堅定不移地貫徹政策，貫徹「九大」精神，落實無產階級政策，這個我們是堅定不移的，誰要是干擾這個就是違反毛澤東思想。特別是各代會的機構要充分發揮作用，很好地主持工作，特別是工宣隊要發揮工人階級領導一切的作用。工宣隊，軍宣隊和各級革委會團結來。各級革委會，工宣隊有些缺點錯誤我們領導有責任，不要推到工宣隊、革委會身上去、工宣隊是毛主席派的，工宣隊有這樣那樣的缺點，錯誤是不可避免的，工宣隊是新生事物，過去抓「內人黨」擴大化給工宣隊造成很多困難，錯誤不在工宣隊，我們領導上負責（指核心小組）。工宣隊、工代會、紅代會和群專部做了大量的工

作，現在要穩定工宣隊的思想，工人階級應經得起考驗，凡符合毛澤東思想的要支持，不符合毛澤東思想的要教育，要抵制，工人階級領導一切就是毛澤東思想領導一切。

現在工宣隊指揮部要好好抓一下，要恢復原來的工作秩序。最近在貫徹「九大」精神，落實政策的時候，宣傳隊一不調換，二不撤走，不可能不犯錯誤，在那裡犯錯誤在那裡改，有錯誤可以批評，不然我們的秩序就穩定不下去。今天我們起草了貫徹「九大」精神、落實政策的幾條，明天常委擴大會討論研究發出去。工宣隊、軍宣隊這時要做大量的群眾工作，工宣隊和軍宣隊要與各級革委會團結起來，幫助貫徹「九大」精神、落實政策，我們呼市的幾個代會是顧全大局的，傳達「九大」精神是個大事，我們更要顧全大局。大家不要心情太急了，工作中存在不同觀點在文化大革命中是正常現象，將來總會在毛澤東思想基礎上做到「五個統一」，暫時不統一是正常的，宣傳隊要正確對待這個問題。毛主席教導我們說：**「在工人階級內部沒有根本的利害衝突」**，最近為什麼發生矛盾，還要自己解決，要團結起來，要堅定不移的貫徹「九大」精神、落實政策這就是大局，中心的中心，關鍵的關鍵，「九大」的聲音不傳達，不執行怎麼能行呢，明天我們常委開會，各盟市負責人也參加，希望各組織保證我們開好會。各單位發生不同的觀點，在這樣大好形勢下又分出來不好嗎，不同觀點可以辯論，不要搞組織上的分裂，分出來不好嘛。

請各代會同志們保證我們大會開好，把「九大」精神貫徹下去。我先講這些。

吳濤同志的講話：

我同意滕海清同志的講話。我們把幾個代會的同志找來開會，就是要傳達貫徹「九大」會議精神。我們「九大」代表二十八人，二十五人先回來，分九批到各盟市傳達，我們三個人晚回來幾天，在北京開會。我們正在召開各盟市負責同志參加的常委擴大會議，傳達「九大」會議精神，會議以後迅速回去，加上「九大」代表，一同傳達、學習、貫徹、落實「九大」會議精神，會後過一個時期，準備召開黨員代表大會。

　　為了把會開好，請幾個代會組織負責同志對不同觀點的群眾都要做好工作，組織學習、貫徹執行「九大」精神，各級革委會、各代會都要負責，搞好，把毛主席的指示，林副主席的報告都要貫徹落實下去。整個五月份軍區是這樣安排的，地方上也是這樣。

　　第二個任務就是落實黨的無產階級政策。

　　我區在劃階級、清理階級隊伍、反烏蘭夫鬥爭中取得了很大的勝利。康生同志在我們「九大」代表小組提到了這個問題。但是，我們在清理階級隊伍、特別是挖「內人黨」上犯了擴大化，逼、供、信的錯誤。毛主席批評我們說，內蒙已經擴大化了。在北京我們向毛主席和黨中央做了檢查，我們準備進一步檢查、糾正、克服我們的錯誤。「九大」期間，我們來了幾封信，糾正錯誤，有的地方落實了，有的地方還沒有。我們要糾正擴大化的錯誤。我們要向群眾做檢查。這就需要各級領導，各級革委會，軍、工宣隊一定要把政策落實下去；如果政策落實不下去，就糾正不了錯誤，就會造成更大損失。我們已經向中央做了保證，並且已經在進行這個工作，但還沒有進行完全。要一個工廠一個工廠，一個學校一個學校，一個公社一個公社，一個單位一個單位地落實政策。所以，希望同志們在各單位共同努力，把無產階級的政策落實下去。只有這樣，才能調動廣大群眾的積極因素。落實無產階級各項政策，團結一致，共同對敵。同時，我們要加強戰備，要從思想上加強，要提高警惕，我們這裡是反修前哨，要防止敵人軍事挑釁。

　　毛主席教導我們說：**「我希望這一次代表大會，能夠開成一個團結的大會，勝利的大會，大會以後，在全國取得更大的勝利。」**我們沒有根本的利害衝突，持有不同觀點的群眾，要按毛主席的偉大教導，團結起來，共同對敵。無產階級政策的本身，就是打擊敵人，保護人民，只有貫徹落實「九大」精神，才能團結一致，共同對敵。我們希望軍、工宣隊做大量的思想工作，把不同觀點群眾的工作做好，順利貫徹「九大」精神。

　　我們歡迎同志們批評，我們在一定時間要向群眾做檢查，主要是核心小組負責，不向下推，責任主要在我們身上。

　　我們已經準備了幾條意見，正在起草一個文件，明天常委擴大會議進行討論，中心是貫徹「九大」精神，落實政策。

高錦明同志的講話：

滕、吳二同志的講話我同意，他們的講話中傳達了毛主席，中央首長對內蒙工作的指示，這是對內蒙一千三百萬人民的最大關懷，我完全擁護，並願意與革命同志一起去執行。我同意滕吳二同志講的當前的中心任務，使迅速貫徹「九大」的精神。

我自己在過去長期工作中，特別是在去年犯了許多嚴重錯誤，我推行了右傾機會主義路線，搞了反動的多中心論，給自治區文化大革命造成了嚴重的損失。八屆十二中全會以後，內蒙革委會領導全區人民對我的錯誤進行批評鬥爭，這是正確的，及時的，必要的，這個批判使全區文化大革命不至於造成更大損失，對我是極大的挽救，我感謝毛主席，感謝黨，感謝廣大群眾，今後，我一定更好地活學活用毛主席著作，改造世界觀，在群眾監督下改正錯誤，立功贖罪。我對我的批判，是一次最好的毛澤東思想的教育。我不同意有些人說的這是滕海清對我打擊陷害。滕海清同志是正確的，是捍衛毛主席革命路線的表現。

目前，宣傳貫徹「九大」精神，遇到了前一階段發生的錯誤，如何改正的問題。滕、吳、李三同志向中央做了檢查，我同意這個檢查。他們在三月中就發回信和電話，按毛主席和中央的指示來糾正錯誤，已經取得成績，但比較起來，還不平衡，今後還要努力。我瞭解到核心組是有決心改正的，當前傳達「九大」精神，給今後取得更大勝利打下好的基礎，廣大群眾這個要求是一致的。現在對錯誤的看法儘管不同，但，這正像滕海清同志說的是正常現象。通過學習「九大」精神，可以在毛澤東思想基礎上一致起來。毛主席教導我們：**「在工人階級內部沒有根本的利害衝突」**，在具體問題上有不同意見，是正常；但一致的方面是主要的。

為了避免不利於團結的事情發生，首先是核心組內部的團結。但由於我過去的錯誤，障礙了核心組內部的團結。我願意改正錯誤，不願自絕於黨，自絕於人民。現在「九大」開過了，要準備打仗，要更好地團結對敵。領導和群眾結合起來，就能夠取得更多勝利。怎麼把落實「九大」精神，把中心任務做

好，他們已經講了我就不說了。

權星垣同志講話：

我完全擁護毛主席和中央首長的指示。前一階段運動中有擴大化，逼、供、信的錯誤，現在傳達，落實「九大」精神，使我們更好糾正錯誤的一個保證。自治區革委會從滕、吳、李三同志去北京後，從三月中旬起不斷來信、電話貫徹落實黨的政策，已經取得很大成績，但還有差距，傳達和貫徹「九大」精神是極其重要的事情。還有差距，要相信革委會核心組共同團結，把錯誤改正。

李樹德同志講話：

我完全同意滕、吳二同志的意見。當前的工作中心，就是傳達、貫徹毛主席的講話，「九大」的決議。我們這次「九大」是有深遠意義的。「九大」不僅對中國革命大大推進，而且是對世界革命大大推進。世界革命將出現一個新的高潮，貫徹「九大」精神是對毛主席忠不忠的問題，要落實毛主席的各項政策。我們前一段工作中擴大化，逼、供、信的錯誤要進一步克服。我們區和全國一樣是大好形勢。前段錯誤我們總結經驗教訓，我們的錯誤是嚴重的，毛主席指出了我們要有信心有決心改正這個錯誤，我們核心小組是團結一致的，我們有信心有決心團結一致。錯誤不是滕海清同志一個人的，我也要負主要責任的。我們內蒙的革命派經過三年文化大革命，階級鬥爭和路線鬥爭覺悟得到了很大提高。在廣大群眾的監督下，會得到很快解決。

鬥、批、改任務還很艱巨。「九大」有個議程，我們學習毛主席親自抓的典型，參觀和學習了「七廠一校」的經驗，感覺到我們的差距很大。和我們工作比較起來，我們還要做相當艱苦的工作，我們會迎頭趕上去的。我個人是抱著樂觀情緒的。

昨天搞了五條，我們考慮不周到，不慎重。這五條不利於發展鞏固大聯合，這是一個經驗教訓，我要承擔責任。凡由此發生的問題，那個地方批評

我，我是隨叫隨到。（吳濤同志插話：這不是你一個人的錯誤，我們也有責任。）是我執行的嗎！這次革命委會發一文件，我們共同照辦。

呼和浩特工代會　內蒙工宣隊總指揮部

呼三司紅代會　呼和浩特群專總指揮部

一九六九年五月九日

82.中共內蒙革委會核心小組接見五原上訪團 滕海清、吳濤同志講話（1969.05.09）

1969年5月9日晚中共內蒙革委會核心組，滕、吳、高、權、李及霍道余、王志有及軍區首長，接見五原上訪團。滕海清、吳濤同志作了講話。此稿據記錄整理，未經本人審閱，但大意不錯供同志們參考。

滕海清同志講話

二月逆流刮沒刮到五原，這個問題是不是他們提出的。我4.18來內蒙時巴盟情況很緊張嘛，有個東方紅，是個好造反派，就是二月逆流到處緊張，不管誰，這樣講法，李樹德同志不會幫的，在座的同志也不會講的，我們共同處理的嘛，錯了嘛，（指二月逆流沒刮到五原的說法）（吳濤同志插話：錯了嘛，糾正嘛！）當時造反派受壓，保守派佔優勢，全區都是這個情況。我今天頭一次看到這個記錄，有些話也不符合嘛！

第一條：巴盟在挖內人黨以前，你們（五原）搞出了兩千多叛徒、特務、地、富、反、壞、右，這是偉大的成績，毛主席講：清理階級隊伍就是要把叛徒，特務、地、富、反、壞、右統統搞出來，你們搞得很有成績，我們貧下中農就是要專政這些人嘛！

第二個問題：挖內人黨問題，聽了同志們的彙報，有嚴重的逼、供、信擴大化的錯誤，這個責任主要是內蒙革委會核心小組和我來負責，4904是剛從山東來的，沒有按毛主席的調查研究來搞，打擊了很多共產黨員，貧下中農，這是嚴重的擴大化，我們部隊的戰士都是貧下中農的子弟，一個上中農的也沒有，難道他們對貧下中農沒感情？這是領導同志沒有調查研究，主觀主義造成的。主席講，在農村中主要依靠貧下中農，農村裡的政權一定要掌握在忠於毛主席，忠於毛澤東思想，忠於毛主席革命路線的貧下中農手裡，貧下中農99%是忠於毛澤東思想的，個別的解放以前叫二流子，不務正業。政權要掌握在高舉毛澤東思想偉大紅旗的貧下中農（牧）手裡，要真正堅決執行毛主席的教

導。過去革委會的成員有錯了的，吐出來的沒有問題的，和貧下中農商量還可以請回去。現在無論如何政權不能掌握在敵人手裡，搞內人黨凡是搞錯寬打了的，一律平反，徹底平反，開大會，生產隊，生產大隊恢復名譽，提出來的材料，交給本人，其他群眾證明材料當面燒毀，真正搞錯了的，不論是幹部，什麼幹部都一樣，徹底一律平反。一定要落實到每一個人頭上去，他們不對能不能改正錯誤，就看這一點，忠不忠看行動。幹部有歷史問題現在沒搞清楚，仍然叫他工作，要相信本人的交代，我們都是20多年的老幹部，地富反壞右，牛鬼蛇神都是反對貧下中農的。我想同志有錯誤，同志在哪裡犯的錯誤，就在哪裡改正錯誤，我們同意不同意？（群眾插話：誰知他改不改？）現在根本的問題是落實政策。（群眾插話：五原的問題本來不是擴大化的問題，滕海清同志講的不符合毛澤東思想！）這個錯誤怎麼樣，讓他們自己去認識。我想目前，主要檢查錯誤，承認錯誤，貫徹九大，落實政策，貧下中農搞錯了，把共產黨員搞成內人黨！搞錯了要平反，要賠禮道歉，部隊犯錯誤我們有責任。（群眾質問：打死了的？）要做善後工作。（群眾插話：貧下中農來這兒，不是要求平反，是為了捍衛毛主席的革命路線，捍衛無產階級專政！）同志有錯誤，他們在工作中可以檢查，我在這裡向全區的廣大貧下中農（牧）革命幹部，共產黨員賠禮道歉，廣大貧下中農可以批判，批判就是幫助，我想就講這點，好長時間對巴盟的問題不太瞭解。吳濤同志講講。（群眾還是一再要求答覆問題！）他的錯誤還有個黨委領導，單位要研究錯誤。同志們來，是捍衛毛澤東思想的，捍衛無產階級專政的。我同意他們研究解決問題。（群眾：五原的問題是路線問題，這個問題內蒙革委會必須解決！不能往下推，4904目前不能解決，如果不能解決我們要上告中央，找毛主席去！）

（當代表們表態，五原問題是方向、路線性問題，還是擴大化，逼、供、信的問題時，吳濤同志講）

吳濤同志講話

不能這樣嘛！犯了錯誤，也需要他有個時間認識錯誤，要求一宿認識錯誤是困難的，不能控訴一宿就讓人家定出一個什麼性質的錯誤來，有個認識

過程。

對誰實行專政了，不能對階級弟兄實行專政，也不能對犯錯誤的人專政，這是個嚴重的錯誤！允許犯錯誤，允許改正錯誤。不要一聽彙報就說是個什麼性質錯誤，已經存在的問題，逼、供、信非常嚴重，照片已經有了，同志們講了很多挖「內人黨」問題，一下子挖到貧下中農身上。以前是十二中全會後，我們講，毛主席說：「**清理階級隊伍，一是要抓緊，二是要注意政策**」。要「穩、準、狠」，特別要注意一個準字。我們領導上犯了嚴重的錯誤，這需要深入進行調查研究，進行分析。

毛主席教導說：「**群眾沒有發動起來，要防止右傾，群眾發動起來要防止『左』傾。**」我們在群眾發動起來以後，沒有及時注意「左」的問題，在這個問題上我們是非常錯誤的。一月份是講了政策，發了文件，當時我們從正面講的多，但沒有從反面講，當時我們已經發現有擴大化的問題，發現了逼、供、信很厲害、很嚴重，當然沒有現在這樣明確，沒有像中央批評了以後這樣明確，4904部隊從12月底進入五原的，當然我們有責任，他們不瞭解情況。

一種傾向掩蓋著另一種傾向，這是毛主席最近講的，光反右不提防「左」，光從正面講，不從反面講。當然反右是對的，不反右就不能搞好清理階級隊伍，但是，沒有把「左」傾傾向及時指出來。一月份我宣講政策，但現在看來，那是遠遠不夠的。那是只講正面，不講傾向，沒有從反面講，事實上一月份已經出現了逼、供、信，擴大化了。當然領導上有責任，我們對支左部隊沒有作好教育，作好工作。傷害了階級兄弟，打擊了貧下中農，這還了得啊！無產階級專政，專地、富、反、壞、右的政，專牛鬼蛇神的政，怎能專了貧下中農的政呢？錯誤是非常非常嚴重的！我們非常遲鈍，非常不夠，反映不靈敏，現在看來很清楚了。看來全區武鬥，我們沒有調查研究，當時全區都有這個情況，當然不是百分之百，各地情況不同。這個問題我們向中央做了檢查，毛主席批評了我們，中央批評了我們，批評得及時，批評得對。如果沒有中央批評我們，我們會犯更大的錯誤，現在看來，平反還有阻力，還有抵觸。應當徹底平反。貧下中農（牧）、青年學生一律不搞「內人黨」嘛！一律平反！在自己的階級兄弟中怎麼能搞這個東西呢？一般幹部也適用這個。我們抓不抓「內人黨」呢？抓！要抓頭頭！抓民族分裂主義分子，不抓就不是無產階

級專政，當然要抓。內蒙二十年來的犬，是毛澤東思想的犬！是毛澤東思想在內蒙佔絕對最高地位。（群眾熱烈鼓掌，高呼毛主席萬歲！）毛主席在內蒙人民心中有絕對威望！（群眾高呼：祝毛主席萬壽無疆！）烏蘭夫在內蒙搞了二十年，地富反壞右，反革命分子畢竟是一小撮，一定要打倒烏蘭夫！（群眾高呼：打倒烏蘭夫！）但烏蘭夫畢竟是一小撮，因為一切反動派都是一小撮，世界上也是一小撮。毛主席教導我們「要相信95%以上的群眾，相信95%以上的幹部」，我們要牢牢記住毛主席的教導，不然就要傷害自己人，傷害自己的階級弟兄，我們對敵人要狠，要狠狠地打擊！對自己人要和，不能傷害。必須落實毛主席的政策、無產階級的政策就是保護好人，打擊壞人。毛主席批評了我們，中央批評了我們。所以我們三月十七日在北京向中央作了檢討。給家裡寫了信，趕快落實政策。沒有毛主席的批評，我們還要執迷不悟，這是毛主席的聲音！（群眾高呼：毛主席萬歲！）沒有毛主席的批評，我們還會犯更大的錯誤，我們寫的那些條條，是毛主席給我們的教導，是毛主席政策在內蒙的體現。我們衷心感謝毛主席對我們的關懷和愛護，現在全區各級革委會，革命群眾，各工宣隊、軍宣隊要堅決貫徹落實毛主席的無產階級政策，誰要是不認真貫徹毛主席的政策，就是對毛主席的不忠！（群眾高呼：堅決貫徹落實毛主席的各項政策！）但是直到現在，還有人抵制，不落實政策。還有人不猛醒。搞錯了要平反嘛！平反材料都拿出來給燒了嘛！還有人留著材料幹啥？還要秋後算帳嗎？錯了嘛！錯了就改正嘛！立功贖罪，將功補過。

我們本來向中央檢查了，但是有好多人現在還堅持錯誤，還在抵制。還有人幫倒忙。我們犯了錯誤，同志們都希望我們改正，貧下中農決不會一棍子把我們打死！都希望我們改正錯誤，幫助我們落實政策。北京也抓落實政策，主席親自抓了六廠一校的經驗，但是我們做的很不夠！與北京一比，那真是差得太遠了，還要做很長時間工作。

這裡不存在打擊面擴大縮小的問題，什麼叫縮小打擊面？本來就不應打擊嘛！階級弟兄嘛！一點也不能打擊！（鼓掌，高呼：打擊貧下中農就是國民黨！）錯了就改嘛！落實政策嘛就要徹底點！群眾是通情達理的。

解放軍是誰的？是工人、貧下中農子弟，是工人、貧下中農的兒子，是你們的兒子！那有貧下中農不要自己子弟兵的呢？問題是我們領導怎樣引導軍隊

的問題，是我們犯了錯誤。

貧下中農愛護是愛護我們的，不願意我們滑下去，讓我們變好！不准變壞！怎樣愛護呢？就是批判！就是幫助！

我們的隊伍是打美帝的！打蘇修的！各國反動派還在嘛！我們要保衛紅色政權，保護貧下中農，保護階級弟兄，誰不愛解放軍？所以同志們要好好想一想，要痛下決心，改正錯誤嘛！包括我自己在內，要做思想鬥爭。

前幾天，同志們對我上了一堂生動的政治課（按：指五月六日七盟二市造反派與滕進行面對面的鬥爭）用那樣的苦刑，往手指裡插竹籤子，那能是好人嘛！好人由於氣憤搞噴氣式，彎彎腰。那樣搞不是要把人整死嗎？怎麼能這樣搞呢？這樣搞是絕對不允許的！

「對廣大人民群眾是保護還是鎮壓，是共產黨同國民黨的根本區別，是無產階級專政同資產階級專政的根本區別。」鎮壓就是國民黨！保護就是共產黨！（群眾高呼：鎮壓貧下中農就是國民黨！）

對於犯錯的人要有一個認識過程，有痛下決心，堅決改正錯誤，堅決落實政策，搞錯的要一律平反！堅決平反！徹底平反！原來幹啥還幹啥，受傷的要治療，死的要撫恤（當然敵人不能撫恤）材料要交給本人，不然留著幹什麼？（滕海清插話：我們一月發了個文件嘛，工人、貧下中農（牧）、青年學生不搞「內人黨」嘛！）發了的東西那能完全傳達呢？有的還要搞鬼，不認真傳達嘛！

我的態度是：堅決保護階級兄弟！堅決貫徹黨的政策！堅決給錯打為「內人黨」的平反！如果再不這樣做，我們就要罪上加罪！

呼三司內大《井崗山》54戰報

五原上防團聯合辦理

呼市機關革命造反派翻印

1969年5月13日

83.中共中央文件（五·二二指示）及滕海清、 吳濤、高錦明、權星垣、李樹德、李質等 《堅決貫徹執行中央關於內蒙當前工作 指示的幾點意見》（1969.05.19）

編號0004208　中發（69）24號

毛主席批示：照辦。

內蒙古自治區革命委員會，內蒙古軍區黨委：

中央同意內蒙古自治區革委會核心小組《堅決貫徹執行中央關於內蒙當前工作指示的幾點意見》。希望你們高舉毛澤東思想偉大紅旗，根據「九大」精神，團結一致，共同對敵，迅速糾正前一時期在清理階級隊伍中所犯的擴大化的錯誤，正確區分和處理兩類不同性質的矛盾，穩定內蒙局勢，總結經驗，落實政策，爭取更大的勝利。

中共中央

一九六九年五月二十二日

（內部文件，不許登報、廣播和翻印、轉抄）

堅決貫徹執行中央關於內蒙當前工作指示的幾點意見

一九六九年五月十九日

毛主席、林副主席，中央、中央文革、中央軍委：

經偉大領袖毛主席和林副主席批准，1969年5月13日和16日中央找我們來，對內蒙當前形勢做了極為重要的指示。這是中央對內蒙的極大關懷，極大愛護，我們深受教育，深受感動。對於中央的重要指示，我們完全擁護，堅決貫徹執行。

（一）

內蒙是一個少數民族自治區，地處反修前線，在當前國際、國內階級鬥爭的新形勢下，保持內蒙局勢的穩定，這是人民利益的需要，是對敵鬥爭的需要。我們一定遵循中央指示，高舉毛澤東思想偉大紅旗，緊跟毛主席的偉大戰略部署，迅速按照「九大」精神，加強團結，糾正錯誤，總結經驗，落實政策，穩定局勢，共同對敵。

在以毛主席為首、林副主席為副的無產階級司令部的英明領導下，內蒙古各族革命人民，偉大的中國人民解放軍，工人，貧下中農（牧）毛澤東思想宣傳隊和各級革命委員會，狠抓活學活用毛主席著作的群眾運動，狠抓階級鬥爭，做出了很大的成績，內蒙出現了大好形勢，這是運動的主流和本質。

滕海清同志從1967年四月到內蒙後，緊跟毛主席的偉大戰略部署，做了大量工作，是立了新功的。但是，在1968年11月以來的一段時間裡，由於我們領導核心中資產階級「多中心即無中心論」的滋長，違背中央多次對內蒙工作的指示，尤其是關於清理階級隊伍方面要注意防止擴大化的指示；嚴重的驕傲自滿，自以為是，寧「左」勿右，在這種「左」傾思想的指導下，錯誤地把高錦明同志的防「左」的正確意見當做右傾機會主義路線，在全區進行了批判，助長了「左」傾錯誤的發展；在清理階級隊伍中，誇大烏蘭夫的影響，過重地估計敵情，特別是在挖「內人黨」的工作中，產生了「左」的傾向，犯了嚴重的逼、供、信和擴大化的錯誤；在宣傳工作上也犯了違反毛澤東思想的「左」傾錯誤；對待群眾，犯了支一派壓一派的錯誤；在領導制度上犯了破壞集體領導和民主集中制的錯誤，等等。這就造成嚴重的後果：混淆了兩類矛盾和階級陣線，傷害了不少基本群眾，損害了各族人民的團結，一些革委會陷於癱瘓或半癱瘓狀態，一些地方的革命大聯合遭到破壞，干擾了毛主席的偉大戰略部署，阻礙了毛主席各項無產階級政策的落實。我們深感對不起毛主席，對不起以毛主席為首、林副主席為副的無產階級司令部對我們的信任，對不起內蒙古一千三百萬各族革命人民對我們的重托。

在「九大」期間，滕海清、吳濤、李樹德三同志在中央領導同志的教育下，對前一段工作中的錯誤，於四月十九日向中央作了檢討。這對於我們團

結一致，糾正錯誤，總結經驗，落實政策有了一個良好的開端。內蒙這一段工作中所犯的錯誤，滕海清同志應負主要責任，核心小組其他同志也各有不同程度的責任。我們一定要勇於承擔責任，團結一致，積極做好工作，迅速糾正錯誤。下邊的同志是具體執行的問題，只要堅決糾正錯誤，落實政策，吸取教訓就行了，不要責怪他們。

（二）

中央對內蒙的當前工作的重要指示，是我們搞好內蒙古指導方針。

我們一定遵循偉大領袖毛主席在「九大」發出的**「我們希望這一次代表大會，能夠開成一個團結的大會，勝利的大會，大會以後在全國取得更大的勝利。」**的偉大號召，做好下列工作：

認真學習偉大領袖毛主席在「九大」所做的多次極為重要的講話，深入宣傳貫徹「九大」精神，進一步開展活學活用毛澤東思想的群眾運動，落實毛主席的各項無產階級政策，堅決糾正我們前一段工作中所犯的嚴重錯誤，團結廣大群眾，深入開展鬥、批、改，**抓革命，促生產，促工作，促戰備。**

搞好團結，首先是我們自治區革委會核心小組的團結、自治區革委會常委的團結，這是解決當前內蒙問題的關鍵。我們決心在毛澤東思想的基礎上緊密的團結起來，共同糾正錯誤，落實政策。這次在中央領導同志的當面教育啟發下，我們深感責任重大，我們一定以大局為重，以人民利益為重，虛心接受群眾批評，認真檢查改正錯誤，團結一致，決不給敵人以挑撥、利用之隙。否則，我們就要犯大錯誤。

加強解放軍內部的團結和保持部隊的穩定，這是當前穩定內蒙局勢的重要因素。部隊各級領導同志應積極做好部隊的政治思想工作和群眾工作。在內蒙地區參加「三支」、「兩軍」工作的人民解放軍指戰員，忠實的執行了毛主席、林副主席的指示，艱苦奮鬥，取得了很大成績，做出了巨大的貢獻。在前一段清理階級隊伍中，由於內蒙革委會領導是上犯了嚴重錯誤，使參加「三支」、「兩軍」的有些同志受到了影響，在工作中產生了一些缺點錯誤，這個責任應由自治區革委會核心小組承擔。中國人民解放軍永遠是我們學習的榜樣，我們要繼續加強擁軍工作，繼續大學人民解放軍，加強軍政、軍民之間的

團結。

必須正確對待群眾，加強群眾工作。對我們前段工作中犯的嚴重錯誤，群眾中有不同的觀點，這是正常現象。廣大革命群眾起來批評我們的錯誤，是對我們的革命監督，是對我們的關心和愛護，是完全必要的，我們熱誠歡迎。各級革委會在認真落實政策中，應就地解決問題，不要矛盾上交，要遵照偉大領袖毛主席的教導，勸說群眾就地鬧革命，不要進行大串連，盡量減少上訪。

我們對不同觀點的群眾都要做細緻的思想政治工作，按照偉大領袖毛主席的教導，進一步鞏固和發展革命大聯合，團結起來，共同批評和幫助我們改正錯誤，團結起來，共同對敵。不同觀點的群眾不要互相指責。由於內蒙地處反修前線和目前對敵鬥爭形勢的需要，我們要繼續說服群眾今後在批評我們的錯誤時，都不要採用大字報、大標語上街、登小報等方法。

堅決執行毛主席的民族政策，加強各族人民的團結。蒙族和其他少數民族人民和幹部的絕大多數，是熱愛毛主席、熱愛黨、熱愛祖國、熱愛社會主義的。在前一段清理階級隊伍中，誤傷了一些蒙族和其他少數民族的幹部和群眾，應堅決徹底予以平反，信用他們。積極培養、提拔有共產主義覺悟的少數民族幹部，尊重各少數民族的語言文字、風俗習慣，加強各族幹部和各族人民之間的團結。

必須迅速地、堅決地落實毛主席的各項無產階級政策。當前我區挖「新內人黨」的工作應立即停下來；對誤傷的好人要徹底平反，並做好善後工作；因「內人黨」問題被關起來的，除確有證據和少數有重大嫌疑的要繼續審查外，其餘都要立即放出來。該解放的幹部要迅速解放出來。各級革委會和領導班子必須迅速充實、健全起來，在清理階級隊伍中，被錯搞為「新內人黨」而停止、撤職者，應迅速平反，恢復工作。各級革委會和領導班子要緊跟毛主席的偉大戰略部署，在毛澤東思想統帥下，統一思想，統一政策，統一計劃，統一指揮，統一行動，堅決反對資產階級「多中心即無中心論」，實行民主集中制，加強一元化領導。

（三）

這次中央把我們找來，當天給予了極為重要的指示，對我們教育極深，我

們深感責任重人。儘管在落實中央指示中會遇到許多困難，但我們堅信，有偉大領袖毛主席和以毛主席為首、林副主席為副的無產階級司令部的英明領導，有全區無限忠於毛主席的廣大無產階級革命派和各族革命群眾，一定能夠克服一切困難。我們決心和群眾在一起，完成中央給予我們的任務。

當否，請指示。

滕海清 吳濤 高錦明
權星垣 李樹德 李質
一九六九年五月十九日

附：滕海清、吳濤、李樹德三同志一九六九年四月十九日的檢查。

最高指示：

錯誤和挫折教訓了我們，使我們比較地聰明起來了，我們的事情就辦得好些。任何政黨，任何個人，錯誤總是難免的，我們要求犯得少一點。犯了錯誤則要求改正，改正得越迅速，越徹底，越好。

滕海清、吳濤、李樹德三同志的檢查

一九六九年四月十九日

毛主席、林副主席，中共中央、中央文革、軍委辦事組：

最近，中央領導同志指出我們在清理階級隊伍中有擴大化的錯誤，對高錦明同志的批評是錯誤的，對我們教育很大。我們衷心接受，認為這是對我們的愛護，對內蒙的關懷。

我們核心小組來開會的三個人又進一步學習了上述指示，檢查了自從清理階級隊伍以來，特別是黨的八屆十二中全會議以後的這一段工作，深感錯誤嚴重。我們的錯誤集中到一點上，就是沒有事事聽毛主席的話，處處照毛主席的

指示辦事，毛主席的一系列最新指示在內蒙落實得不好，這說明我們對毛主席不忠。

我們的錯誤突出的是：

一、在清理階級隊伍中，特別是在挖內人黨的問題上，混淆了敵我矛盾和人民內部矛盾的界限，違反了毛主席關於**「要重證據，重調查研究，嚴禁逼、供、信」**的教導，相當普遍地產生了逼、供、信、犯了擴大化的錯誤。

這個錯誤是逐步發展起來的。一九六八年十一月革命委員會第四次全會以後，發展成為全區性的。在革委會四次全會以後，內蒙就挖出了十三萬多人，這時已發現個別單位有武鬥和逼、供、信的現象；革委會四次全會反右後，在農村、牧區、街道普遍展開清理階級隊伍工作，這時本應遵照毛主席的教導：**「在群眾已經認真發動起來和已經展開鬥爭的地方必須防止左傾」**，但仍繼續開展反右鬥爭，結果造成了擴大化和逼、供、信的錯誤。從去年十一月到今年三月十五日又挖出了二十五萬多人（包括「內人黨」六萬八千四百多人），其中有極少數是壞人，但誤傷了很多好人，蒙族幹部和群眾被傷害的面更大，造成民族關係比較緊張的局面。多數人是在逼、供、信的情況下打成「內人黨」的。例如，集寧市一個不足二百人的機關學習班，就挖出「內人黨」一百四十四名，其中百分之八十是出身很苦的幹部和共產黨員（已平反）。據對內蒙軍區機關，騎兵五師、獨立二師等單位瞭解，蒙族幹部的百分之八十以上都被打成了「內人黨」。當時曾出現了許多極端錯誤的論調。例如，「共產黨的支部就是內人黨的支部」，「邊防站是內人黨的邊防站」，「內人黨是沒有什麼證據的」等等。

中央早已多次提醒我們在清理階級隊伍中注意擴大化的問題，我們本應該認真遵循，可是直到今年二月初，在北京開的一次有各盟市革委會主辦負責人參加的小會上，滕海清同志仍錯誤地提出：主要地還是反右，右傾仍是主要阻力。以致使「左」傾思想繼續氾濫，造成人人怕被說成「右傾」的局面。

二、在解放幹部問題上，政策落實很差。

毛主席曾多次指示：幹部的大多數是好的和比較好的。這是一個馬克思列寧主義的科學論斷，是完全正確的。我們口頭上也說幹部大多數是好的；但說得更多的是內蒙被烏蘭夫統治二十年，他要叛國，必然培植自己的龐大的

反革命勢力。這樣就違背了毛主席的教導，對毛澤東思想在內蒙古絕對統治地位，內蒙的天是毛澤東思想的天，發生了動搖。內蒙解放幹部的工作，本來就是很落後的，在去年六月到十二月，總還解放了一些；但從挖「內人黨」以來，不但沒有解放，就是原來已經解放的和參加了「三結合」的幹部，又有一些被揪了回去。比如盟市一級的幹部，去年十二月份統計，被打倒的有百分之八點四，到今年三月十五日卻上升到百分之七十五。原自治區黨委、人委機關的處長和盟市機關的部長一級幹部，不完全統計有一千七百二十七人，參加了「三結合」和解放了的只有四百九十七人，占百分之二十八點八。全區正副縣（旗）長、黨委書記共有七百零五人，參加「三結合」和解放了的只占百分之二十四點三。我們沒有很好執行毛主席的**「懲前毖後，治病救人」**的方針，致使解放幹部的工作進展十分緩慢，造成幹部的極端缺乏，使工作和生產受到損失，使犯了錯誤的幹部感到沒有出路。

三、對待群眾組織，犯有親一派疏一派，支一派壓一派的錯誤。

我們對一些革命群眾組織，沒有做到像八三四一部隊那樣，堅持三條原則，九個一樣，而是對親自己一派的就親，疏自己一派的就疏，不同意自己觀點的就壓。因而加深了兩派對立。類似這樣情況，在烏達煤礦、巴盟、錫盟、呼市的許多單位中都是存在的。

四、在第四次全委會之前，高錦明同志提出在清理階級隊伍中要注意防「左」的意見是正確的，可是我們卻錯誤地當做右傾機會主義路線，在全區範圍內進行了公開批判，並停止了他們的工作。高錦明同志是革命委員會副主任，核心小組副組長，在前門飯店會議上批判烏蘭夫和頂住「二月逆流」中都是有貢獻的。對他們這樣做，沒有得到中央的批准，這是無組織無紀律的錯誤。

五、在宣傳工作中，我們有一些違反毛澤東思想的錯誤，引起了思想混亂、例如，在《內蒙古日報》的一篇社論上，散佈了「狠是基礎」的錯誤論調，從而助長了「左」的思想。

我們所犯的錯誤，基本方面是「左」。這是因為我們對內蒙的情況缺乏辯證唯物主義的進行階段分析，而是形而上學地看問題造成的。在偉大領袖毛主席親自領導和關懷下，本來內蒙的形勢是很好的，如果我們不犯這種錯誤，

認真貫徹落實毛主席的各項無產階級政策，內蒙的形勢會更好。我們感到很痛心，辜負了毛主席和黨中央對我們的信任。我們對自己所犯的嚴重錯誤覺悟很遲，中央嚴肅批評後，我們也沒有完全理解，還想慢慢地克服就是了。正如中央領導同志批評的那樣，我們有私心，有驕傲，總是看成績多，怕否定大方向，怕否定了成績，怕影響威信，沒有很迅速地痛下決心檢查、改正錯誤。在偉大領袖毛主席一系列最新指示鼓舞下，現在內蒙地區對落實政策，已初見成效。

我們的錯誤對革命損害很大，它混淆了階級陣線，傷害了一些好人，影響了文化大革命的勝利進程，在幹部和群眾的思想上造成了嚴重混亂。我們辜負了毛主席和黨中央對我們的信任和愛護。經中央嚴肅批評和耐心教育後，我們已初步認識到所犯錯誤的嚴重性，愉快地承擔一切責任，打倒一切私心雜念，決心改正錯誤，決心地、忠實地、迅速地落實偉大領袖毛主席的各項無產階級政策，堅決完成「九大」規定的各項戰鬥任務，奪取更大的勝利。

以上檢查還是膚淺的，認識是不夠的。我們將在工作實踐中逐步加深認識，認真讀毛主席的書，不斷地把自己當做革命對象，不斷改造世界觀，決心把內蒙的工作做好。

不當之處，盼指示。

滕海清

吳濤

李樹德

一九六九年四月十九日

已發：內蒙古自治區縣（旗）團、公社（合作社）、獨立營以上的革委會、黨委、軍管組織。共二〇，〇〇〇份。另發各省、市、自治區革委會、各大軍區、省軍區，各野戰軍，中央直屬各機關，軍委各總部，政府各部委各兩份。（共印一，〇〇〇份）。

中共中央辦公廳祕書局　一九六九年五月二十三日發出

84.中央對內蒙當前工作的指示
——吳濤同志傳達（1969.05.22）

（一九六九年五月二十二日）

　　同志們，聽說這個會場來的同志很多，都很熱心地要中央的指示，這個情況很好。現在我要傳達中央首長的指示，特別是我們偉大領袖毛主席對於《內蒙革命委員會核心小組關於堅決貫徹執行中央關於內蒙當前工作指示的幾點意見》和對於在九大期間四月十九號滕海清、吳濤、李樹德三個同志的檢查這兩個文件的批示，在這裡邊要向同志們首先講毛主席的批語。我們偉大領袖毛主席今天中午的批示。

照辦。毛澤東

　　（熱烈鼓掌，高呼毛主席萬歲！萬萬歲！）

　　中央的批語：內蒙革委會、軍區黨委，中央同意《內蒙自治區革委會核心小組關於堅決貫徹執行中央關於內蒙當前工作的指示的幾點意見》，希望你們高舉毛澤東思想偉大紅旗，根據九大精神，團結一致，共同對敵，迅速糾正前一時期在清理階級隊伍中所犯的擴大化的錯誤，正確區分和處理兩類不同性質的矛盾，穩定內蒙局勢，總結經驗，落實政策，爭取更大的勝利。（熱烈鼓掌）

中共中央一九六九年五月二十二日

　　下面傳達中央對當前內蒙工作的指示。五月十三日下午總理來電叫高錦明、權星垣、李樹德、李質四同志到中央彙報當前的情況，五月十六日中央又叫滕海清、吳濤、肖應棠、何鳳山、劉樹春、李德臣李同志到中央。從本月十三日到十九日，這七天時間裡，中央政治局接見了四次，對當前內蒙工作做了

極為重要的指示。頭兩次，接見高錦明、權星垣、李樹德、李質四同志參加。後兩次內蒙十位同志參加，滕海清、吳濤、高錦明、權星垣、李樹德、李質、肖應棠、何鳳山、李樹春、李德臣十個人參加。中央這次把內蒙一些領導人叫到北京去，是經過偉大領袖毛主席和我們副統帥林副主席批准的。中央對當前內蒙的局勢是異常關切的。這點使我們深受感動。總理關於叫我們一些同志到中央去的報告送給毛主席和林副主席後，馬上就批准了，馬上就派飛機來接，到北京以後馬上就接見。每一次接見都是耐心地聽取我們的彙報，耐心地給以教育，每次接見都在五小時左右，尤其是「五・一六」這一天接見了我們兩次，約十二小時。中央領導同志接見了我們，參加接見的還有北京軍區鄭維山、陳先端等同志。我沒有向同志們傳達這次中央對內蒙當前工作指示之前，讓我們向大家彙報我們這次趕上的意見大喜事，這就是五月十九日下午六時三十五分鐘，是我們一生又一次永遠不忘的時刻。我們和在北京參加學習班的一些地區的中國人民解放軍指戰員、革命幹部和革命群眾的代表一起，見到了我們的偉大領袖毛主席（熱烈鼓掌，高呼：毛主席萬歲！）我們偉大領袖毛主席他老人家身體非常非常健康，（鼓掌，呼口號）紅光滿面，神采奕奕，這是我們最大最大的幸福。讓我們共同敬祝我們偉大領袖毛主席萬壽無疆！萬壽無疆！萬壽無疆！我們絕不辜負偉大領袖毛主席對我們的親切關懷，我們一定要在偉大領袖毛主席的領導下，在以毛主席為首、林副主席為副的中央委員會的領導下，緊跟毛主席的偉大戰略部署，緊緊地團結起來，認真總結經驗，糾正錯誤，落實政策，把內蒙的工作搞得更好。下面根據我們所理解的向同志們傳達中央指示。這裡不是用一個一個同志的講話，而是中央領導同志指示的精神綜合到一起的。

第一，這四次接見總的精神是要求我們高舉毛澤東偉大紅旗，突出無產階級政治，緊跟毛主席的偉大戰略部署，迅速按照「九大」的精神，加強團結，糾正錯誤，總結經驗，落實政策，穩定局勢，共同對敵。中央領導同志認為，內蒙工作是很大成績的，但是在前一階段清理階級隊伍的工作中，主要是在挖「內人黨」的工作中，犯了嚴重的錯誤。當前關鍵的問題，是要團結起來，糾正錯誤，落實政策，穩定局勢。要歡迎群眾起來進行批判，這對領導機關的革命監督，是幫助改正錯誤，是必要的。對群眾的批判，如果抱有抵觸情

緒，是錯誤的。有人說批判滕海清同志的錯誤，是反革命逆流，配合帝修反，自毀長城，這是錯誤的。要糾正錯誤，還必須穩定局勢。因為內蒙地區地處反修前線，面對蘇、蒙修正主義，有四千多公里的邊防線，保持內蒙局勢的穩定，這是人民利益的需要，是當前對敵鬥爭的需要。糾正錯誤，穩定局勢，是相輔相成的。藉口穩定局勢，而不糾正錯誤是不對的，為了糾正錯誤把局勢搞亂也是不對的。中央領導同志一再囑咐要把這個精神告訴大家，告訴內蒙的革命造反派。中央領導同志說，內蒙的無產階級革命派和各族人民群眾是聽毛主席話的，是聽中央話的。中央領導同志諄諄告訴我們，要我們要顧全大局，全國是一個大局，內蒙是個局部，要我們告訴大家，要顧全大局，最重要。團結起來，糾正錯誤，穩定局勢，共同對敵。中央領導同志強調指出，要遵守毛主席的教導，高舉團結勝利的旗幟，搞好四個團結：核心小組的團結，軍隊的團結，民族的團結，群眾的團結。林副主席曾經指示我們，沒有團結，就沒有革命，不團結就等於取消革命。我們認為，中央指出這點，非常重要。核心小組和常委的團結，團結一致是關鍵。軍隊的團結和穩定是最重要的。

第二部分，內蒙的各族人民群眾是好的，群眾工作也是好的，無產階級革命造反派的頭頭是好的，是聽毛主席話的，是聽黨中央的話的。內蒙犯了這樣嚴重的錯誤，那裡的群眾中上了好多好人，那裡的群眾沒有向外蒙跑的。他們都是心向毛主席、心向北京、熱愛祖國（熱烈鼓掌）、熱愛社會主義的，這是我們糾正錯誤的有利條件。內蒙過去的工作是有成績的，但我們對你們的成績估計得高了一些，表揚的多了一些。烏蘭夫在內蒙同志二十年，是搞兩面派的，如果他公開反對毛主席，他一天也不能存在。毛主席的威望在內蒙各族人民心中是絕對的！（熱烈鼓掌）內蒙有敵人，但總是極少數，不能把烏蘭夫的黑線說的又粗又長。「內人黨」有老根子，它要搞陰謀活動，他是一個隱蔽的、祕密的組織，人數很少。我們覺得你們提「挖肅」這個口號，是混亂的。挖烏蘭夫黑線，面上就沒有辦法控制了，風一下子就吹到下邊去了，一直刮到蒙古包裡。在我們黨的歷史上，曾經有過。在我們黨的歷史上歷次肅反，曾經有過擴大化的問題，但是毛主席沒有把它提成為路線的問題。因為路線是包括四個方面的。在滕海清同志左傾錯誤思想的指導下，內蒙犯了嚴重的逼、供、信，擴大化，違反政策的錯誤，比延安整風的時候還嚴重。滕海清同

志也參加過鄂豫皖蘇區打改組派，但是這個沉痛的教訓他沒有吸取。中央對內蒙要注意防左和擴大化的問題，曾有多次指示。第一次，一九六八年二月，在懷仁堂接見滕海清同志時指出過，你們要進行階級分析，注意面不要搞寬了；第二次是六八年國慶節前，總理接到一個下放到內蒙邊境的知識青年來信，說在十幾戶的人家裡，只有三戶不是烏蘭夫反黨叛國集團的。總理把這個事情告訴了北京軍區陳先瑞同志，陳先瑞同志告訴了滕海清同志，要注意這個問題，不要擴大化，第三次是康生、江青、姚文元同志對呼倫貝爾盟清理階級隊伍一個報告裡邊，曾經批示要注意防止擴大化。這個批示曾經由北京軍區給內蒙軍區發了一個電報，後來又派北京軍區張副政委到內蒙檢查落實政策的情況；第四次是六九年二月四號接見滕海清同志又談了這個問題，並指出要吸取蘇區、江西蘇區打AB團、鄂豫皖打改組派的教訓。第五次在「九大」期間，中央負責同志找滕海清、吳濤同志談話，嚴肅地批評內蒙犯了嚴重的逼供信和擴大化的錯誤。同時也談到了關於高錦明同志的問題，並傳達了偉大領袖毛主席的指示：**在清理階級隊伍中，內蒙已經擴大化了**。對中央屢次指示，滕海清同志，沒有全部傳達，沒有堅決地貫徹執行，滕海清同志幾次向中央彙報內蒙的問題，沒有檢查，反而企圖說明自己是正確的。所以中央領導同志說，毛主席多次教導我們，談話不要只找一個人，要多找幾個人同時在場，以前只找一個人談，要吸取這個教訓。中央並沒有把右傾當成內蒙的主要傾向，內蒙所出現的問題都是「左」，「左」是一步一步加高砝碼，武鬥，逼、供、信是舊社會遺留下來的遺跡，過去出現這些問題，不要在社會上擴散。被打錯了的好人因為不是在敵人的法庭上，刑場上，所以你打他，沒辦法，他就說了。逼、供、信的錯誤、擴大化的錯誤，是嚴重的，但不宜於提成形「左」實右的方向路線錯誤。恰如其分的說，是在政策上犯了嚴重的逼、供、信和擴大化的錯誤。因為形「左」實右，實際上還是右，那就得還要反右，就不反左了，實際上也就沒有左了，那就要導致左比右好。立三路線是「左」，但王明反立三路線是左的形式，右的實質，結果造成了更大的第三次「左」傾路線。「左」在客觀上也是幫助敵人的，也能造成很大的損失。毛主席說劉少奇的形「左」實右，那是揭露了劉少奇的本質是右，劉少奇是搞資本主義復辟的，他打擊一大片，保護一小撮。你們打烏蘭夫，挖內人黨這個大方向還是對的。現在對挖內人黨的問

題，你們第一，要停止下來；第二，要給搞錯的平反；第三，要放人。（這個運動從現在起始，這個挖內人黨的工作要停止下來，這是中共中央決定的，第二個要給予平反，第三要放人，下面還要解釋。）高錦明、權星垣同志是支持革命造反派的，高錦明同志去年八九月份發現了有「左」的傾向，提出了要防「左」的意見，但是滕海清同志把高錦明同志本來不錯的意見，當作右傾機會主義、「九月暗流」等，無限上綱加以批判，這是錯誤的。而且不報告中央就停止了高錦明同志的工作，使我們很被動，我們不好講話了。你們把事情搞翻了，黃、王、劉、張沒有事了。發生這些錯誤，今天以前，主要責任在滕海清同志。在糾正錯誤中，關鍵是滕，要作沉痛的檢查。在滕海清查了錯誤以後，矛盾的主要方向就轉到了你們幾個同志了。你們要好好的做工作，團結一致，共同糾正錯誤。有人整吳濤同志的材料。吳濤同志是可以信任的，前門飯店會議，是反烏蘭夫的，絕不能說是吳濤同志和烏蘭夫有什麼別的關係。中央領導通知說，你們的報紙，有許多的錯誤，〈從二月逆流到九月暗流〉那篇文章把歷史搞翻了。還有一篇社論，提出以「狠」字為基礎，是不符合毛澤東思想的，社論的內容很多地方是自相矛盾的。毛主席說：穩、準、狠、只講狠就「左」，只講穩就右，所以關鍵是在一個「準」字。這不是中間路線，是辯證的關係。從報紙文章上來看，你們報社裡還有不少沒有改造的知識分子。中央領導同志說，滕海清同志的工作作風很不好，獨斷專行，違反民主集中制，不聽核心小組集體的意見，不聽軍區黨委的意見，搞祕書專政，只聽滕辦幾個小傢伙的話。你的滕辦要取消，把幾個祕書調北京軍區學習班學習（鼓掌）。馬伯岩帶頭衝擊革委會，圍攻核心小組成員，滕海清同志當前不批評，是非常錯誤的。你是革委會主任，又是軍區司令員，對部隊幹部出現這樣的問題，不制止，這是要把部隊搞壞的。聽說你們軍區還有造反派的說法，軍區、軍隊都是造帝修反的造反派嘛！軍區、軍委早就規定了不搞戰鬥隊嘛！黨委領導嘛！另外組織什麼戰鬥隊、造反派，在軍隊是不允許的。還有的人，要級別，要待遇，這是絕對不能允許的。對馬伯岩為什麼不嚴肅處理？要辦學習班把他們集中起來學習（鼓掌）。部隊要學古田會議的決議，學習毛主席五‧二〇的指示，內蒙所犯的錯誤，主要由滕海清同志負責，但核心小組其他同志也有不同程度的責任，通過幾次接觸來看，你們幾個同志是顧全大局的，有團結的願望

是好的，但是你們過去堅持原則不夠，鬥爭性不強，有「私」字，明明有不同的看法也不向中央報告，發不了電報寫了信也可以嘛。現在糾正錯誤，你們不要以錯誤的態度對待錯誤，不要走滕海清同志的老路，就是說原來有擴大化錯誤，糾正錯誤要防止擴大化。責任由上邊來負，不要下邊來負。

第三部分，內蒙局勢有兩個可能，一個是團結一致，迅速改正錯誤，落實政策，穩定局勢。另一個可能是亂一下，出了反覆，當然反覆也不要緊，但會阻礙「九大」精神的貫徹。我們當前的任務，是力爭實現第一個可能，避免第二個可能。只要按照毛主席「九大」方針辦事，經過批評和自我批評，在新的基礎上達到新的團結，就能實現第一個可能。爭取第一個可能，你們是有條件的。首先是核心小組的團結。接觸幾次，其他同志都是抱著團結的願望的，能否做到，很重要的關鍵，是滕海清能否深刻的認識、改正自己的錯誤。滕海清同志是老同志，有功勞，但要看到自己做了一些工作，責任大了，有人捧你，驕傲了，不能聽不同的意見，獨斷專行，你必須深刻地認識這一點，否則是危險的，對待自己的錯誤，不要先從一個具體的事實、一個具體的事實去想，首先要從整個思想上來考慮。「九大」期間你們向中央寫了檢討，回去為什麼不向革委會的常委、軍區的黨委傳達呢？不能抵觸。中央對你的批評，你不講，這不是認識問題，是立場問題。有些問題你承認了，這好，其他同志也指出來你有進步。首先是你的思想要鬧清楚，要沉痛地、誠懇地與人談心，要正確的對待群眾的批評，即使同志們的批評有過火，也要正確的對待，總比你把人家說成是右傾機會主義分子不過火吧！你即使方向對，政策犯了嚴重錯誤，也不能認為責任不大。核心小組你是負責的，而且獨斷專行，團結，首先你要負責，你必須自決地把錯誤立場、思想、態度、作風改過來。採取老實、誠懇、改悔的態度，其他同志當然也要幫助，一個人有錯誤，都要幫助他，不要要求過急，有微小的進步就要歡迎。希望其他同志、核心小組同志、軍區黨委同志，也要注意此事。吳濤、高錦明同志，更要多做工作幫助他。其他的同志都要主動的團結他。你們核心小組要定個集體領導的制度，發文件，處理問題不能個人說了算，要集體決定。過去集體領導不好，滕獨斷專行有責任，你們其他幾個同志也有責任，為什麼不堅持原則，進行鬥爭，也不向中央反應？恐怕是有「私」字吧！你們核心小組首先要團結一致，軍區黨委要團結一致，革命

委員會常委要團結一致，軍隊內部團結，上下團結，群眾團結，民族團結，做到迅速按照「九大」精神，團結一致，糾正錯誤，總結經驗，落實政策，穩定局勢，共同對敵。第二，要做好兩種不同觀點的群眾工作，滕海清同志應該到群眾去工作，對於你的錯誤群眾中有兩種不同觀點是正常的，對正確的東西應該支持，對錯誤的都應該批判。滕海清同志應該虛心聽取群眾的批評，你應該到帶有不同觀點的群眾去工作，怎麼樣做，檢查錯誤是很重要。最大的一個問題是你挺起胸脯來承擔責任，對於下面，對於軍分區那些同志，你們也要承擔責任，要講清楚道理，解決活思想，如承擔錯誤是不是否定成績？其實改正錯誤，就更發揚光大成績，否則就會損害成績。又如多倫（錫盟多倫縣）來電報，總理中央接到電報，說擴大化是敵人搞的，這就把這個錯誤說成完全是敵人搞的。個別敵人可能有，會利用我們的錯誤，但說成是都是敵人搞的，這不僅是打擊了我們的幹部和同志嗎？這樣說就把他們自己也否定了（這個電報是錯誤的，說擴大化是敵人搞的，這裡邊或者是有個把敵人也有可能，假如說是敵人搞的，就把我們的同志、我們的幹部、清理階級隊伍的積極分子，也說成是敵人，是錯誤的，而且寫電報的人也把自己否定了。）還有把群眾批滕說成是逆流，說高錦明是頭子。遇到這種事情，滕海清同志要明確表態。群眾批評你的錯誤，是應該的，不是高錦明同志搞的，不是搞的陰謀，報復、翻案、更不是逆流。這點要堅持說清楚，中央對滕都是批評了嘛！中央可以批評滕，群眾為什麼不批評滕呢！支持滕，中央都支持了嘛！這次還選了當中央委員嘛！但是對滕的錯誤就不能支持，不執行中央指示是不對的嘛！正確的東西就要保，錯誤的東西就要批，大家都批，都保。馬伯岩那樣的行動滕海清同志要到處去講，批評他這個錯誤。你們講話口徑要一致，事先要商量好，不要遇事立刻表態，要進行說服教育工作。毛主席說要細心地工作。首先要歡迎他們的批評，這個批評不是逆流，要熱誠的歡迎。這同中央的要求都是一致的。其次，講清楚如何批評錯誤，應該接受一個教訓，滕海清同志在挖「內人黨」的問題上，批判高錦明的問題上，對形勢的估計的問題上，挖「內人黨」擴大化了，過頭了，不合乎實際了，因此，我們在糾正這個錯誤的時候，就不能又用擴大化的辦法，重複以前批判另一個傾向的教訓。現在糾正錯誤也不能擴大化，不要兩個過頭。還要考慮到，由於內蒙地處反修前線和當前對敵鬥爭的需要，在

批判的時候，不要採取大字報上街、登小報的方式。要回答錯誤性質的問題，是在清理階級隊伍中，沒有按照毛主席的指示、政策辦事，是犯了政策上的嚴重錯誤。所以這樣結論，就是要落實政策嘛！毛主席說，在清理階級隊伍中，內蒙已經擴大化了，沒有說路線的錯誤。對批滕這一方面要做工作，批滕是為了糾正錯誤，如果把綱上得高了，就會複雜化了。同時反烏蘭夫、挖「內人黨」、清理階級隊伍，方向還是對的。不能說內蒙沒有敵人嘛！當然要警惕階級敵人利用我們犯錯誤，不利於我們糾正。當然，既然擴大化了，必然要影響到其他方面，有後果，但不能說成是形「左」實右的路線錯誤。主席說劉少奇形「左」實右，是指他資本主義道路的右，目的是打擊一大片。瞿秋白、李立三「左」傾機會主義路線，形「左」實右，如果是右，還要反右，那就更「左」了。滕的這一段錯誤，看來是「左」的錯誤，不是形「左」實右的錯誤。應為清理階級隊伍，是和隱蔽的敵人作鬥爭，政策掌握不好，就容易擴大化。反右的風一吹下去，下邊就頂不住了。第三，內蒙、呼市革命造反派的覺悟是高的（幾個中央負責同志都講，總理、伯達、康生同志都講），是聽毛主席的話的，很好。當然，要防止他們驕傲。這是你們做好工作的很好的一個條件。第四，糾正錯誤，要積極，堅決、迅速，又要有步驟地進行。當前挖「內人黨」要停下來，搞錯了的人，要徹底平反，做好善後處理。因內人黨問題被關起來的，除確有證據和少數有重大嫌疑的要繼續審查以外，其餘的立即釋放出來，沒有定案的一律照常發薪金。根據中央的指示，中央負責人的教導，撤銷滕辦，滕辦的四個祕書同志到北京軍區學習。馬伯岩兩次衝擊內蒙革命委員會核心小組，破壞了軍政關係，損害了我軍擁政愛民的光榮傳統，在群眾中造成極壞的影響，為了擁護愛民，為了維護我們軍隊紀律，為了挽救在群眾中造成的不良影響，決定馬伯岩停職檢查。（鼓掌）今天下午已經照辦了。高增貴同志（呼市革委會主任）照常工作。（鼓掌）

（報據記錄整理，未經本人審閱）

85.吳濤同志傳達中央對內蒙古當前工作的指示（1969.05.23）

一九六九年五月二十三日

下面，傳達核心小組《堅決貫徹執行中央關於內蒙當前工作指示的幾點意見》。我們偉大領袖毛主席的批示：

照辦。毛澤東

中央批語：內蒙革委會、軍區黨委，中央同志《內蒙自治區革委會核心小組關於堅決貫徹執行中央關於內蒙當前工作的指示幾點意見》，希望你們高舉毛澤東思想偉大紅旗，根據「九大」精神，團結一致，共同對敵，迅速糾正前一時期在清理階級隊伍中所犯的擴大化的錯誤，正確區分和處理兩類不同性質的矛盾，穩定內蒙局勢，總結經驗，落實政策，爭取更大的勝利。

中共中央
一九六九年五月二十二日

堅決貫徹執行中央關於內蒙當前工作的指示的幾點意見

（由核心小組六位同志署名：滕海清、吳濤、高錦明、權星垣、李樹德、李質。一九六九年五月十九日）

毛主席、林副主席，中央、中央文革、中央軍委：

經偉大領袖毛主席和林副主席的批示，一九六九年五月十三日和十六日中央找我們來，對內蒙當前形勢做了極為重要的指示，這是中央對內蒙的極大關懷，極大愛護，我們深受教育，深受感動。對於中央的重要指示，我們堅決擁

護、堅決貫徹執行。

第一、內蒙是一個少數民族自治區,地處反修前線,在當前國際國內階級鬥爭的新形勢下,保持內蒙局勢的穩定,這是人民利益的需要,對敵鬥爭的需要,我們一定遵守中央的指示,高舉毛澤東思想偉大紅旗,緊跟毛主席的偉大戰略部署。迅速按照「九大」精神,加強團結,糾正錯誤,總結經驗,落實政策,穩定局勢,共同對敵。在以毛主席為首、林副主席為副的無產階級司令部的領導下,內蒙各族人民、偉大的中國人民解放軍、工人、貧下中農(牧)、毛澤東思想宣傳隊和各級革命委員會狠抓活學活用毛主席著作的群眾運動,狠抓階級鬥爭,做出了很大成績,內蒙出現了大好的形勢,這是運動的主流和本質。滕海清同志從一九六七年四月到內蒙以後,緊跟毛主席的偉大戰略部署,做了不少工作,是立了新功的。但是在一九六八年十一月以來,這一段時間裡,由於我們領導核心裡資產階級「多中心論即無中心論」的滋長,違背中央對內蒙工作的指示,尤其是關於清理階級隊伍方面要注意擴大化的指示,嚴重的驕傲自滿,自以為是,寧「左」勿右,在這種「左」傾思想的指導下,把高錦明同志防「左」的正確意見錯誤地當成右傾機會主義路線,在全區進行批判,這就更加助長了「左」傾錯誤思想在全區的發展。在清理階級隊伍中,誇大烏蘭夫的影響,過高的估計了敵情,特別是在挖「內人黨」的工作中,犯了嚴重的逼、供、信和擴大化的錯誤;在宣傳工作上,犯了違反毛澤東思想的「左」傾錯誤;在領導制度上,犯了破壞集體領導和民主集中制的錯誤等等。這就造成嚴重的後果,混淆了兩類矛盾和階級陣線,傷害了不少革命群眾,破壞了各族人民的團結,一些革委會陷入癱瘓和半癱瘓的狀況,一些地區的革命大聯合遭到了破壞,干擾了毛主席的偉大戰略部署,阻礙了毛主席各項無產階級政策的落實。我們深感對不起毛主席,對不起以毛主席為首、林副主席為副的無產階級司令部隊我們的信任,對不起內蒙一千三百多萬各族人民對我們的重托。在「九大」期間,滕海清、吳濤、李樹德三同志在中央領導同志的教育下,對前一階段工作中的錯誤,於四月十九日向中央做了檢查。這對於我們團結一致,糾正錯誤,總結經驗,落實政策,有了一個很好的開端。內蒙這段工作所犯的錯誤,滕海清應該負主要的責任,核心小組其他的同志也有不同的責任,我們一定要勇於承擔責任,團結一致,積極做好工作,迅速改正錯誤。下

面的同志是具體執行的問題，是要堅決糾正錯誤，落實政策，吸取教訓就行了，不要責怪他們。

第二、中央對內蒙當前工作的重要指示，是我們搞好內蒙工作的指導方針，我們一定要遵循偉大領袖毛主席在「九大」提出的**「我們希望這次代表大會，能夠開成一個團結的大會，勝利的大會，大會以後，在全國取得更大的勝利」**偉大的號召，做好下面的工作，認真學習毛主席在「九大」做的多次極為重要的講話，深入宣傳貫徹「九大」精神，進一步開展活學活用毛澤東思想的群眾運動，落實毛主席的各項無產階級政策，堅決糾正我們前一段工作中所犯的嚴重錯誤，團結廣大群眾，深入開展鬥批改，**抓革命，促生產，促工作，促戰備**，搞好團結，首先是我們自治區革委會核心小組的團結，自治區革委會常委會的團結，這是解決內蒙當前問題的關鍵，我們決心在毛澤東思想的基礎上緊密地團結起來，共同糾正錯誤，落實政策，這在中央領導同志面前，教育的啟發下，我們深感責任的重大。我們一定以大局為重，以人民利益為重，虛心接受群眾的批評，認真檢查改正錯誤，團結一致，絕不給敵人以挑撥利用之機，否則我們就要犯大錯誤。加強人民解放軍的內部團結，保持局勢的穩定，這是穩定內蒙當前局勢的重要因素。部隊各級領導同志應積極做好部隊的政治思想工作和群眾工作，在內蒙地區參加「三支兩軍」工作的人民解放軍的指戰員忠實地執行了毛主席、林副主席的指示，艱苦奮鬥，取得了很大的成績，做出了巨大的貢獻。在前一段清理階級隊伍中，由於內蒙革委會領導上犯了嚴重的錯誤，這個責任由內蒙革委會核心小組來負。中國人民解放軍永遠是我們學習的榜樣。我們要繼續加強擁軍工作，繼續大學人民解放軍，加強軍政、軍民之間團結，必須正確對待群眾，加強群眾工作。對我們前段工作所犯的嚴重錯誤，群眾中有不同的觀點是正確現象，廣大革命群眾起來批判我們的錯誤是對我們的革命監督，是對我們關心和愛護，是完全必要的，我們熱情歡迎。各級革委會在落實政策中，應就地解決問題，不要把矛盾上交。要遵循偉大的領袖毛主席的教導，勸說群眾就地鬧革命，不要進行大串聯，盡量減少上訪，我們對不同觀點的群眾都要做細緻的思想工作。按偉大領袖毛主席的教導，進一步加強鞏固革命的大聯合，團結起來共同批判幫助我們改正錯誤，團結起來共同對敵。不同觀點的群眾不要互相指責。由於內蒙地處反修前線和目前對敵鬥爭

形勢的要求，我們要繼續說服群眾，今後在批評我們錯誤的時候，都不要採取大字報、大標語上街的辦法和登小報的辦法，堅決執行毛主席的民族政策、大字報不要上街，大字報內容有些逼、供、信的東西，會被敵人拍照，攜帶到外國去，我們的同志是好意，是批判怕給敵人得去材料。堅決執行毛主席的民族政策，加強各族人民的團結。蒙族和其它少數民族人民和幹部絕大多數是熱愛毛主席、熱愛黨、熱愛祖國、熱愛社會主義的。在前階段在清理階級隊伍中誤傷了一些蒙族和其它少數民族的幹部和群眾，應該堅決徹底應於平反。相信他們，積極培養提拔有共產主義覺悟的少數民族幹部，尊重各少數民族的語言風俗習慣，加強各族人民之前的團結，必須迅速地、堅決地落實毛主席的各項無產階級政策。當前我區挖「內人黨」工作應立即停下來。對誤上的好人要徹底平反並做好善後工作。因「內人黨」問題而關起來的除確有證據，少數有重大嫌疑的外，都要立即釋放出來。在沒有定案的，要照常發工資。各級革委會的領導班子要迅速充實堅強起來，在清理階級隊伍中被錯搞為「內人黨」而停止、撤職的應迅速平反，恢復工作。各級革委會領導班子要緊跟毛主席的偉大戰略部署，在毛澤東思想統帥下**統一思想，統一政策，統一計劃，統一指揮，統一行動**。堅決反對資產階級「多中心即無中心論」實行民主集中制加強一元化領導。

第三、這次中央把我們找來當面給予極為重要的指示，對我們的教育極深，我們深感責任重大。儘管在落實中央指示中會遇到很多困難，但我們堅信，有偉大領袖毛主席和有以毛主席為首、林副主席為副的無產階級司令部的英明領導，有全區無限忠於毛主席的廣大無產階級革命派和各族廣大人民群眾一定能夠克服困難。我們決心和群眾站在一起完成中央賦予我們的任務。受否請指示。

滕海清同志的講話

最高指示：**錯誤和挫折教訓了我們，使我們比較地聰明起來了，我們的事情就辦得好一些。任何政黨，任何個人，錯誤總是難免的，我們要求犯得少一點。犯了錯誤則要求改正，改正得越迅速，越徹底，越好。**

（一九六九年四月十九日滕、吳、李三同志的檢查）

毛主席、林副主席、中共中央、中央文革、中央軍委辦事組：

中央領導同志指出我們在清理階級隊伍犯了擴大化錯誤，對高錦明同志批判是錯誤的，對我們教育很大，我們衷心接受，這是對我們的愛護，對內蒙的關懷。我們核心小組來開會的三個人進一步學習了上述的指示，檢查了自從清理階級隊伍以來，特別是從黨的八屆十二中全會以後，這段工作中深感錯誤嚴重，我們的錯誤集中到一點，就是沒有聽毛主席的話，沒有照毛主席的指示辦事，毛主席的一系列最新指示在內蒙落實得不好，很差，這說明我們對毛主席不忠，突出的是：

一、在清理階級隊伍中，特別是在挖「內人黨」的問題上混淆了敵我矛盾和人民內部矛盾的界限，違背了毛主席關於「**要重證據，重調查研究，嚴禁逼、供、信**」的教導，普遍地產生了逼、供、信，犯了擴大化錯誤，這個錯誤是逐步發展起來的。一九六八年十一月第四次全委會後，發展到全區性，在四次全委會前已經發展個別有武鬥逼、供、信現象。四次全委會後，又有農村牧區街道全面進行清理階級隊伍工作，這事本應按照毛主席的教導，群眾已經發展起來或已經開展鬥爭的地方必須防止「左」傾，但我們繼續開展反右鬥爭，結果造成了擴大化的逼、供、信的錯誤，當時提出了許多錯誤的論調，列如，共產黨的支部就是「內人黨」的支部，要發展就是「內人黨」的發展，「內人黨」沒有什麼證據等等的錯誤說法，中央早就指示我們在清理階級隊伍中要注意不要擴大化的問題，我們本應遵循，但是在今年二月初在北京由各盟市參加的彙報會議上滕海清同志提出主要的還是反右，右傾是主要的阻力，以致「左」傾思想到處氾濫，人人怕說右傾，人人自危的局面，而在解放幹部問題上，政策落實很差，毛主席教導：「**幹部大多數是好的和比較好的**」，這個馬克思列寧主義的科學論斷完全正確的。我們口頭上也說幹部大多數是好的，但更多的是說內蒙被烏蘭夫統治了二十年，他要叛國必然要培植他的反革命勢力，這樣就違背了毛主席的教導，對毛澤東思想在內蒙古占絕對統治地位，內蒙的天是毛澤東思想的天發生了動搖。內蒙解放幹部的工作本來就是很落後的，從去年六月到十二月還解放了一些，但從挖「內人黨」以來，不但沒有解放，原來解放和參加三結合的幹部也有的被揪回去了。我們沒有很好地執行毛主席「**懲前毖後，治病救人**」的方針，使解放幹部的工作進展得十分遲緩，

造成幹部的極大摧垮，使工作和生產受到損失，使犯了錯誤的幹部感到沒有出路。

三、對於群眾組織親一派疏一派，支一派壓一派，對革命群眾組織沒有做到像八三四一部隊那樣，堅持「三個原則」「九個一樣」，而是對親自己一派則親，疏自己一派則疏，對不同觀點的就壓，因而加深了兩派的對立。類似這樣的情況在烏達、巴盟、錫盟、呼市許多單位都存在的。[1]

四、在四次全委擴大會議以前，高錦明同志提出來在清理階級隊伍中要防止「左」的意見是正確的，可是我宣佈是錯誤的，把他當作右傾機會主義來打，來批批判。在全區範圍內公開的批判，停止他的工作。高錦明同志是革委會的副主任、核心小組組長，在「前門飯店」會議上批判烏蘭夫和頂「二月逆流」都是有貢獻的。

這樣做沒有得到中央的批准，這是無組織無紀律的錯誤。

五、在宣傳工作中，我們也在違反毛澤東思想的錯誤，引起思想混亂。如《內蒙古日報》社論上宣佈以「狠」字為基礎的錯誤論調，從而助長了「左」傾的思想。這裡要加一句，《內蒙古日報》上〈從二月逆流到九月暗流〉這篇社論是有嚴重的政治錯誤的。我們說犯錯誤根本方面是右，這是由於我們對內蒙的情況缺乏辯證唯物的分析，而是形而上學的看問題所造成的。在偉大領袖毛主席的親自領導和關懷下，本來內蒙的形勢是很好的，如果我們不犯這個錯誤，認真貫徹落實毛主席的各項無產階級政策，內蒙的形勢會更好。我們感到很痛心，辜負了毛主席和黨中央對我們的信任。我們對自己所犯的錯誤覺悟很遲，中央嚴肅批評後我們還沒有理解，還想慢慢地克服就成了。

正如中央領導同志批評的那樣，我們有私心，有驕傲，總是看成績多，怕否定大方向，怕否定成績，怕影響威信，沒有很迅速地痛下決心檢查、改正錯誤。在偉大領袖毛主席一系列最新指示鼓舞下，現在內蒙落實政策已初步成效，（這是指四月十九日那時講的。）我們的錯誤使革命損失很大，它混淆了階級陣線，傷害了一些好人，影響了文化大革命的勝利進程，在幹部和群眾思想上造成了混亂，我們辜負了毛主席和黨中央對我們的信任和希望。經中央嚴

---

[1] 史料原文編號沒有二。編輯保留。

肅批評和教育後，我們初步認識所犯錯誤的嚴重性，勇敢地承擔一切責任，丟掉一切私心雜念，決心把內蒙工作做好。這就是我們三個同志的檢查。我的檢查要單獨的來檢查。這實際上是吳濤、李樹德同志給我承擔責任囉。他們在這方面是沒有什麼責任的，主要是我來負責。下面是我聽了吳濤同志的傳達以後還有幾點個人意見：

一、對馬伯岩的問題。馬伯岩在五月七號晚上帶了一批同志，還有部隊的一些同志，圍攻我們革委會核心小組，把我們六個人拉了去，圍攻了一宵。但在這個場合下，我沒有批評馬伯岩，這是錯誤的。馬伯岩是軍分區參謀長，軍區的師級幹部，怎能幹出這樣的事情呢，軍隊怎麼能夠衝擊革委會，衝擊革委會核心小組的會議呢？這個錯誤非常嚴重。馬伯岩在最近一段搞了不少的背後活動，而且在相當長的時間裡搞了這些活動，的確有些招搖撞騙。這不僅僅是一個派性問題，這是破壞了軍區團結，破壞了軍區的紀律。他不是一般的群眾，若是一般的群眾，革命造反派、革命小將那沒有關係，我們不怪他們。他們批評我們的錯誤，我們歡迎他們，誠懇的接受。但馬伯岩那樣做是完全錯誤的，我們軍隊的支左同志也有一些人參加，這是錯誤的。我想這些同志應該很好地進行自我批評和檢查，堅決改正錯誤，今後不允許再重犯。現在不是那個時候，對資產階級反動路線、搞走資派的時候，現在是有無產階級專政的權利機構，它有錯誤應當進行批評，對某一個有錯誤應當進行批判。但是採取那種行動是不好的，是錯誤的。經軍區黨委研究，把馬伯岩停職檢查，這是完全正確的。我希望我們還有些同志對於這個行動要吸取教訓，要自我批評，今後不再重犯。

第二個問題，這次我們在清理階級隊伍中，特別是在搞「內人黨」，以前中央指出我們的錯誤很嚴重，但是批判我的錯誤時，我們呼市出現兩種不同的觀點，我們不是對兩種不同的觀點團結一致來批判我的錯誤。這幾天也有搞武鬥的，也有對立的宣傳，這樣很不好。內蒙形勢要穩定，內蒙處在反修前線，這樣不對嘛。把目標對準滕海清，不要互相指責。革命造反派嘛，都是幫助領導上糾正錯誤，這是愛護領導。我希望我們呼市造反派和全區造反派團結一致來批判我的錯誤。如果不這樣做，造成兩種不同觀點的對立，對內蒙形勢穩定是不利的。我們要顧全大局，大局這是中央講的，內蒙是反修前線，我們要團

結起來糾正錯誤，落實政策，加強戰略，共同對敵，這是大局。不是要去搞哪一個人，那不是大局，有錯誤應當批。保人不應當保他的錯誤，只有很好地批評他的錯誤，這才是真正地對他的愛護，使他不再繼續犯大的錯誤。我希望我們不同觀點的同志，不要強調對方上綱高了，上綱高了沒關係嘛！是愛護嘛！但另一方面也不要指責人家上綱低了。既然有不同觀點，高低都可以嘛，不要在這方面去搞對立，那就不好了。

第三，對於這一次錯誤，我們下面的幹部和軍隊裡的許多同志是執行了的，但是這種執行他們是沒有在責任的，主要責任在我。因此我希望我們各個群眾組織和下面各級幹部、軍分區武裝部、各機關、各級革委會、所有的領導同志沒有什麼責任，你們只要吸取教訓，很快地落實政策，總結經驗就成了。不要去層層地追究責任，責任主要由我來負，我來承擔這個責任。因為是我的指導思想的錯誤，影響下面同志犯錯誤，不能把這個責任搬到下面去。為什麼我們現在還有些抵觸，落實政策落實不下去呢？他們就是害怕否定了成績，害怕承擔責任。該平反的不平反，該釋放的不釋放，平反以後還留個尾巴，這就不對了，要徹底平反嘛，還留個尾巴，材料不交，那幹什麼？當然，打錯了嘛，不把交給人家，不徹底平反人家不放心嘛。我們這段要堅決地按照貫徹「九大」精神的通知中的幾條嘛，還有個附件，按那個附件當然不是很詳細，但你按那個做也好啊！關於這個問題，我希望大家注意，責任不在下面，主要的責任還是由我負責。我是歡迎同志們批評的，歡迎同志們來幫助我，我有決心改正錯誤。我希望同志們不要好像那個人一批判滕海清心裡有點不大舒服，我講那個不好。從我心裡講，我是希望同志們狠狠地批判，這樣才是能幫助徹底改正錯誤。人犯錯誤，犯錯誤就改嘛。當然該主要靠主觀，也還有一個客觀條件，群眾的幫助，同志的幫助，克服這個錯誤，糾正這個錯誤就更快一點。這是我們的三點意見，我希望同志們注意一下這個事情。我們革委會（指呼市）的副主任馬伯岩，他不僅是一個軍分區副參謀長，還是革委會副主任。下一級革委會副主任帶領人來衝擊上一級革委會，哪有這樣的事，這是完全錯誤的。這個文件，剛才吳濤同志講這是一個附件，還有一個附件。這個文件中央印，可能明天後天就送來，文件發到公社。

高錦明同志講話

同志們：

我講幾句話。傳達的問題，吳濤同志、滕海清同志都已經講過了。我講的是我的感想，我的態度。

第一、我完全擁護中央對內蒙當前工作的指示。中央的指示是英明的、正確的、及時的，是毛主席為首、林副主席為副的無產階級司令部的命令，我完全擁護，堅決執行。願意跟無產階級革命派、廣大的各族革命群眾在一起，按照偉大領袖毛主席五‧二二號的批示，堅決照辦。這就是高舉毛澤東思想偉大紅旗，突出政治，緊跟毛主席的偉大戰略部署，迅速按照「九大」精神，加強團結，糾正錯誤，總結經驗，落實政策，穩定局勢，共同對敵。

第二，過去幾個月對我的錯誤進行批判，對我是很大的幫助。我感謝革命的同志們。在批判中有些過頭，是領導問題，是領導上，包括我們在內，共同吸取經驗的問題。不能計較個人的得失，個人的恩怨，不能記仇。不但不能記批判我的同志們的仇，他們是幫助我。也不能記滕海清的仇，他也是幫助我，當然是過了頭。但是，我們共同吸取經驗教訓，由於我收到批判而受到牽連的一些好同志，也會逐步得到處理的，現在已經開始處理。我相信這些同志也不會計較個人得失、個人恩怨，團結起來，共同糾正錯誤；團結起來，共同落實政策；團結起來共同穩定局勢；團結起來共同對敵。

第三，這一段特別是在挖「內人黨」工作中，內蒙革委會領導上犯了嚴重的錯誤，滕海清同志負主要的責任，核心小組其他的同志，包括我自己在內，也有不同程度的責任，我們要共同承擔責任，共同改正錯誤。不能報錯誤的責任對到下面去，下面的同志是吸取經驗的問題，是要堅決按照中央的指示，迅速落實政策的問題。更不能推到群眾頭上去。我們共同按照毛主席的指示，按照黨中央對當前內蒙工作的指示，對挖「內人黨」的工作要實行：一、停止下來，二、堅決平反；三、把不應該關的人立即釋放出來。不然的話，我們就對不起毛主席，對不起內蒙的各族人民，更對不起許多被誤傷的同志和他們的家屬。（熱烈鼓掌）我相信我們廣大的無產階級革命派和各族的革命群眾，對於

我們堅決改正錯誤，從實際行動上迅速改正錯誤，不能揪住不放，更不能到下面去抓小滕海清，這個做法是錯誤的，不應該的。

第四，對滕海清同志要一分為二，滕海清同志是革命的老同志，對革命有貢獻，到內蒙兩年以來是立了新功的。在前一段的錯誤中，當然是由他負責主要責任。但是我們也要全面地、歷史地看一個幹部，對於目前的錯誤應該按照毛主席的教導，按照「**團結——批評和自我批評——團結**」的公式，從思想上團結同志。「**懲前毖後，治病救人**」，幫助滕海清同志認真檢查錯誤，認真改正錯誤，歡迎他的每一個進步，加強團結，堅強幫助，也要有必要的等待。滕海清同志對自己的錯誤能不能檢查好、改正好，第一、主要是靠他自己，第二、也要靠我們同志的熱情幫助，按照毛主席的教導：「**一切革命隊伍的人都要互相關心，互相愛護，互相幫助**」。第三、我們勝利實現中央對當前內蒙工作的指示，有利的條件是很多的，最主要的是有毛主席為首、林副主席為副的黨中央的正確教導，特別是當前又及時地給了我們重要的指示，有戰無不勝的毛澤東思想深入人心的這樣一個大好局面，有近三年來經過無產階級文化大革命鍛鍊的無產階級革命派，有全區熱愛毛主席、熱愛黨、熱愛祖國、熱愛社會主義的各族廣大人民群眾，我們一定要能克服困難，一定能夠擊破階級敵人和蘇蒙修可能採取的各種陰謀破壞，我們決心不管經歷什麼樣的艱苦、曲折的鬥爭，我們都會在毛澤東思想原則上團結一致，糾正錯誤，落實政策，穩定局勢，共同對敵。

最後讓我們共同高呼：毛主席萬歲！萬歲！萬萬歲！

我的話完了（鼓掌）。

（報據記錄整理，未經本人審核）

86.中共內蒙古自治區革命委員會核心小組負責同志在接見烏盟上訪團全體成員大會上的講話（1969.05.30）

一九六九年五月三十日

滕海清同志的講話

　　這次烏盟上訪團來的時間很長了，我們很對不起，沒有事先安排聽取大家的意見，僅僅是李德臣同志聽取了大家的意見，他向核心小組彙了報。烏盟上訪團的同志到這裡來，對我們有很大的幫助，特別是我們要落實毛主席各項無產階級政策，批判我的錯誤，在這樣一個時候，我們烏盟的同志到這裡來，這是對我們尤其對我個人是很大教育，我誠懇地接受烏盟同志們的批判，在烏盟的許多問題上，在一系列重要問題所出現的問題都是在我的左傾錯誤思想指導下所犯的一些錯誤，這些問題責任不在烏盟革委會，不在烏盟造反派，不在烏盟廣大革命領導幹部，革命群眾，不在烏盟革命同志。烏盟在幾個問題上，主要我負責任。一個是挖「內人黨」，挖「新內人黨」，犯了嚴重的逼、供、信嚴重的擴大化，嚴重的違犯政策的錯誤，這個問題主要是我的錯誤，我主要指導思想是左傾錯誤思想。反右，一直反右，一直反到今年三月初。所以在清理階級隊伍工作本來很正常的工作，在去年一九六八年十一月內蒙第四次常委擴大會議以後，在挖「新內人黨」工作中，犯了嚴重錯誤，在挖「新內人黨」工作中犯了逼、供、信擴大化錯誤。把我們許多的造反派、貧下中農（牧）共產黨員、青年團員、各級革命幹部，在政治上受到了嚴重的打擊，在精神上受到嚴重摧殘，在肉體上受到了摧殘受到損失。在這個情況下，錯誤是非常嚴重的，我們貧下中農（牧）烏盟三百萬各族革命人民，貧下中農（牧）、革命造反派、革命幹部、革命群眾是無限忠於毛主席，無限忠於毛主席革命路線的，是高舉毛澤東思想偉大紅旗的。

　　由於我錯誤思想的指導下，使得我們這樣多的階級弟兄受到打擊，受到摧

殘，而且由於逼、供、信，我們很多同志被打死了，有些同志受到嚴重摧殘，殘廢了，刑法之多，那是非常嚴重的。這樣一個錯誤是嚴重極了。這次大家對這個問題揭發了很多，我看還是很少很少，大量的事實，比那個多得很，所以這種嚴重錯誤，我們烏盟的同志，全內蒙的同志起來批判我的錯誤，這是完全正確的，是按照中央指示辦事的。只有堅決批判我的錯誤，才能夠更好地加強團結、糾正錯誤、落實政策、穩定局勢、共同對敵。我的錯誤是很嚴重很嚴重的，我的錯誤如果沒有廣大的無產階級革命派，廣大的革命幹部，廣大的革命群眾來幫助，這個錯誤是難以糾正的。

（群眾憤怒高呼：滕海清必須作觸及靈魂的檢查！

徹底批判滕海清左傾機會主義路線錯誤！

徹底批判滕海清反革命多中心論！

滕海清殘酷鎮壓廣大革命群眾罪該萬死！

滕海清顛覆各級紅色政權罪該萬死！

滕海清必須檢查為「二月逆流」翻案的問題！

滕海清為「二月逆流」翻案罪該萬死！）

我的錯誤很多了，我要向全體同志們作公開的檢查，今天，號召同志，要求同志們起來批判我的錯誤，幫助我來認識錯誤。

在挖「新內人黨」一直到烏盟幾個嚴重問題，都是我的錯誤思想造成的。

一個三・二六問題，三・二六問題是烏盟廣大無產階級革命造反派緊跟毛主席偉大戰略部署的，大方向是正確的，我把這件事情，在去年五月間，說成是復辟與反復辟、為烏蘭夫翻案、為「二月逆流」翻案是完全錯誤的，完全錯誤的，在這個錯誤下，我們很多同志受到了打擊，這麼多領導幹部，一直到造反派組織、造反派頭頭受到了打擊，而且以後把三・二六事件上到反革命事件，這是更加完全錯誤的。這個錯誤，主要的是由我負責。我向在打「新內人黨」打錯了的貧下中農（牧）、廣大革命群眾、革命幹部受到摧殘，向這些同志賠禮道歉，向三・二六受打擊的革命領導幹部，如許集山、孔祥瑞、王念赤還有許多記不清，還有許多同志受到打擊，還有造反派頭頭受到打擊，這是我的錯誤，我要向這些同志賠禮道歉。三・二六事件把問題顛倒過來，這個問題也是由於我的左傾思想指導的。根據這幾天烏盟上訪的同志來反映了許多情

況，現在真相已經搞清楚了。那是一個緊跟毛主席偉大戰略部署的，大方向正確的，這樣一個革命行動，積極地反「二月逆流」的這種行動，我把它當成一種右傾的、為烏蘭夫翻案、復辟反復辟的這種錯誤來批判，是完全錯誤的。三‧二六事件，這個問題傷害了很多的革命領導幹部、造反派頭頭和造反派，和廣大革命群眾，我公開向三‧二六事件受打擊、受害的同志平反，賠禮道歉。

還有在去年內蒙第四次常委擴大會議以後，再反高錦明這是完全錯誤的，這是我的錯誤。這個情況下在烏盟反了趙軍同志還有其他同志，還把我們下面很多同志幹部、造反派推到右傾機會主義路線的保守勢力那一方面、那是錯誤的，而且批判了趙軍同志的「右傾機會主義路線」我現在公開平反，向趙軍同志賠禮道歉，而且向趙軍同志一起受打擊的什麼小高錦明等這些同志，公開賠禮道歉平反，徹底平反。

我烏盟還有絨毛廠的問題，絨毛廠是一個很老的造反派，絨毛廠本來我不夠瞭解情況，聽了偏面意見認為絨毛廠是個馬蜂窩，所以這樣以後就捅絨毛廠這個馬蜂窩。這樣就把絨毛廠造反派‧革委會如賈成元同志，武歧山同志打擊了，還有革委會其他同志都打下去，絨毛廠造反派受到嚴重壓制，打擊。把很多造反派頭頭，參加革委會的都吐故出去，這個錯誤不怪支左部隊，不怪烏盟革委會，不怪其他，也是我的錯誤。因此要公開向絨毛廠賈成元同志，武歧山同志，還有其他一些同志賠禮道歉，向絨毛廠無產階級革命造反派賠禮道歉，說絨毛廠是老大難馬蜂窩是錯誤的，現在要把這個東西翻過來。絨毛廠問題這次反映情況反應了客觀存在，過去瞭解情況我偏聽偏信，所以壓制了絨毛廠的造反派，因此過去做了些錯誤的東西，實際上把絨毛廠革委會衝垮了，這是個嚴重錯誤，這個責任主要由我來負。

還有烏盟的一些造反派頭頭，如：朱志明同志、高乾哲同志、張■清[1]同志還有一些同志都遭到壓制。

（眾問：你對肉廠，你所謂的樣板怎麼看待？）

肉廠的問題，經研究由烏盟革委會派人調查清楚處理、做出結論。

---

[1] 編按：此處史料辨識不清，故以黑格標記。

　　向許集山、孔祥瑞、賈成元，還有革委會的王念赤、張文然等同志，應當給他們公開平反，恢復工作，賠禮道歉。

　　還有許多問題，烏盟出現的問題，挖「內人黨」擴大化問題，三・二六事件問題，絨毛廠問題，這些錯誤由我個人負責，責任不在下面。

　　現在為了糾正錯誤，大家幫助我糾正錯誤，所以同志們徹底揭露批判我的錯誤，現在有人，有少數同志對於批判滕海清錯誤抱著抵觸情緒，這是不對的，對錯誤不能保，保錯誤是錯誤的，應當看到我的錯誤對內蒙文化大革命的損失，它的嚴重性，它對革命的危害，我希望有抵觸情緒的同志，思想要轉過來，如果抱抵觸情緒是不對的，現在應當大家團結起來，共同起來，不同觀點的都團結起來，一致批判滕海清的錯誤，就這樣有利於團結，有利於糾正錯誤，有利於落實政策，不然的話，像中央指出來的內蒙當前形勢，可能有兩個可能，這兩個可能，第一個可能就是大家不同觀點的團結起來，共同徹底批判滕海清的錯誤。這種團結起來落實政策，糾正錯誤。一些同志批判滕海清的錯誤，是完全正確的，有些同志思想不理解，抵制這就可能產生不好的影響，不能馬上團結。我是站在批判滕海清這一方面的，不站在保滕這一方面，滕海清有錯誤應該批判，完全正確，應當熱烈歡迎，誠懇接受，糾正錯誤，落實政策。現在挖「新內人黨」問題，平反工作做得不好，落實政策做得不好，有些單位平反了，還留下材料，留下尾巴，說什麼，「組織上平反，思想上沒有平反」還說什麼「組織上沒有加入內人黨，思想上加入了」等等，都是錯誤的說法，都是對徹底平反、落實政策不利的，很大的阻力，不糾正錯誤，繼續犯錯誤沒有好下場，我們錯就錯啦，我們只要堅決改正錯誤，廣大群眾完全會諒解的，我希望有些同志思想不大通的，應當很快轉過來，不轉是不對的，對當前形勢是很不利的，不好的。中央指示，中央要求批判嘛，廣大群眾批判是同中央要求一致的，如抱有抵觸情緒，就不符合中央指示精神。總而言之，烏盟在工作中間出現這些問題，還有其它問題，都是同我的指導思想相聯繫，希望大家幫助我改正錯誤，回去以後把廣大群眾都帶動起來，共同來批判我的錯誤，這是我最大的希望，也是對我最好、最大的愛護，我感謝同志們對我的批判，這種批判是對我政治上的幫助。我就對烏盟幾個方面的大問題表一下態，不是什麼檢查，主要中心意思是號召大家批判我的錯誤。我就說這些了。

　　（群眾不斷高呼：滕海清必須到烏盟作觸及靈魂的檢查！炮轟滕海清，誓死保衛毛主席！）

高錦明同志的講話

同志們，烏盟上訪團的同志們：

　　我現在講幾句話。大家的心情我們是很理解的。因為在前段工作中內蒙革命委員會，特別是核心小組的領導同志，主要是滕海清同志，犯了極其嚴重的錯誤，其他的同志也有不同程度上的責任。

　　這個錯誤，就是在清理階級隊伍中，特別是在挖「新內人黨」這個工作中，在左傾錯誤思想指導下，產生了嚴重的擴大化，犯了極其嚴重的錯誤，違背了毛主席的各項無產階級政策，使我們在無產階級文化大革命進行了二年多的時候，發生了一次非常嚴重的曲折。

　　我們許多工人、貧下中農、貧下中牧、革命幹部、共產黨員、共青團員，許多革命群眾，遭受了殘酷的打擊。這個錯誤使我們很痛心。被害者的家屬有的已經來了，他們的心情是很悲痛的。

　　（群情激昂地呼口號：

　　誰鎮壓革命群眾誰就是國民黨！）

　　我們犯了這個錯誤，對不起我們偉大的領袖毛主席，對不起我們全區的各族人民，對不起受害者和受害者的家屬。

　　在這個錯誤發生以後，領導上思想覺悟得很遲，使這個錯誤又延續了一個相當長的時間，直到在黨中央、毛主席的親切關懷領導之下，特別是在革命群眾起來跟這種嚴重錯誤作鬥爭下，我們才開始逐步改正錯誤。特別是在五月十三日至十九日這七天中，黨中央把核心小組的全體成員，還有幾位其他同志，叫到中央，當面聽取了彙報並且對內蒙當前的工作給了極為重要的指示。

　　這個指示，吳濤同志在五月二十二日，已經在呼市向廣大革命群眾作了傳達。我想，同志們也會從錄音裡面聽到了。是否還有些人沒有聽到？

　　中央非常的關心當前內蒙的局勢。

　　（群眾高呼口號：

內蒙人民最想念毛主席！

內蒙人民永遠忠於毛主席！

敬祝毛主席萬壽無疆！）

毛主席是跟我們全國各族人民、內蒙全區各族革命人民心連心的。

（群眾長時間高呼：

敬祝毛主席萬壽無疆！毛主席萬歲！萬萬歲！我們永遠忠於毛主席！）

在毛主席的直接關懷之下，中央政治局的負責同志，在這七天中（五月十三日至五月十九日），接見了內蒙同志四次，每次都是五個小時或者比五個小時還多。這樣長的時間，大家都知道，中央領導是很忙的，管理著我們國家大事，也管理著世界上的大事。但是在這短短的七天中花費那樣多的時間聽我們的彙報，給我們作了很多重要的指示。

毛主席又在五月二十二日在署名我們六人給中央寫的報告這個文件上，批了金光閃閃的二個大字：「照辦」。

（群眾高呼口號：炮轟滕海清！保衛毛主席！敬祝毛主席萬壽無疆！萬壽無疆！萬壽無疆！我們永遠忠於毛主席！）

我們內蒙各族人民當前最重要的，就是要照毛主席的指示辦事，按毛主席的指示，按照中共中央對當前內蒙工作的指示，做好工作，實現第一個可能。

中央指示我們，要堅決貫徹「九大」精神，堅決落實最新指示，要根據「九大」精神，高舉毛澤東思想偉大紅旗，緊跟毛主席的偉大戰略部署，要加強團結，總結經驗，落實政策，穩定局勢，共同對敵。

落實這個指示，是我們內蒙一千三百萬各族人民的需要，是對敵鬥爭的需要，是革命的需要。

（群眾高呼口號：

加強團結，糾正錯誤，落實政策，總結經驗，穩定局勢，共同對敵！）

我們全區的無產階級革命派，全區的各族革命人民，我們大家要以無限忠於毛主席，無限忠於毛澤東思想，忠於毛主席革命路線的革命精神，堅決貫徹中央的指示，堅決落實中央的指示，讓我們偉大的領袖毛主席他老人家放心！我們一定要把局勢穩定下來，一定要改正錯誤，一定要團結起來，共同對敵！

（群眾長時間高呼口號：

革命造反精神萬歲！

毛主席為我們撐腰！

我們要為毛主席爭氣！

炮轟滕海清，保衛毛主席！

照毛主席指示辦事！讓毛主席放心！）

我們落實「九大」精神，落實中共中央對內蒙當前工作的指示，也是一個非常艱苦的任務，也是一個非常嚴肅的鬥爭。

（群眾高呼口號：下定決心，不怕犧牲，排除萬難，去爭取勝利！）

我們還要克服重重的阻力，才能把毛主席的指示，黨中央的指示落實得好，才能把錯誤改正過來，才能使黨的政策落實。

中央領導同志接見我們的時候，非常強調我們有利的條件。現在我們有很多有利條件來實現第一個可能。

中央領導同志指示，首先是我們有毛主席，有毛主席為首的無產階級司令部來領導，這就是我們最人的最根本的有利條件，我們要按毛主席的指示辦事，按五月二十二日批示辦事，我們就能夠把各方面的工作做好。

中央領導同志也指示我們，內蒙的群眾是好的；內蒙的群眾工作是好的；內蒙一千三百萬各族人民是無限熱愛毛主席，熱愛黨中央，熱愛社會主義，熱愛祖國的。

（群眾不斷高呼口號：

毛主席的戰士最聽毛主席的話！

滕海清繼續挑動群眾鬥群眾決沒有好下場！

堅決緊跟毛主席的偉大戰略部署！）

中央領導同志瞭解，深刻的瞭解了我們在前一段工作中所犯的錯誤。我們犯了這樣嚴重的錯誤，我們也看到了基本的一面，我們把許多好同志打成什麼「內人黨」，但是我們沒有人向外蒙跑的。我們有人向呼和浩特跑，向北京跑，說明了什麼？說明了我們內蒙的各族人民是心向毛主席，心向著共產黨，心向著北京城的，說明了內蒙的天是毛澤東思想的天，內蒙的地是毛澤東思想的地，不是烏蘭夫的。

（群眾長時間熱烈鼓掌，並憤怒高呼：打倒烏蘭夫！打倒王鐸！打倒王逸

倫！）

我們過去在左傾錯誤思想指導下，過高地估計了反革命修正主義分子、民族分裂主義分子這個頭子烏蘭夫的影響。烏蘭夫他的反革命影響是有的。但是，他終究遮不住毛澤東思想的燦爛陽光。

（群眾掌聲雷鳴）

內蒙的各族人民經過了一場新的考驗，更加證明了是熱愛毛主席、熱愛共產黨、熱愛社會主義、熱愛偉大祖國的。

我們現在要糾正錯誤，要充分的運用我們的有利條件，把這些有利條件，上邊靠毛主席，下邊靠各族革命人民，克服在前進當中，在糾正錯誤當中所有的困難，包括著階級敵人他們從暗中進行破壞和搗亂。他們不是需要的第一種可能，而是第二種可能。我們盡力避免，不能使敵人的陰謀得逞。

當然，中央的領導同志也講，出現第二種可能也不怕。但是，終究使我們在糾正錯誤中要付出一些代價。我們應該盡量減少這個代價。

（群眾高呼口號：

誰反對毛主席，誰就是反革命！

誓死保衛毛主席！誓死保衛黨中央！

滕海清還我子弟兵！）

我們在當前要根據「九大」精神，根據毛主席的最新指示，和中共中央對內蒙當前工作的指示，去把這個指示落實到當前的工作中去。我們要正確地理解並且要堅決地緊跟中央的步子走。我們無產階級革命派，各族人民是聽毛主席話的，聽以毛主席為首的黨中央話的。在糾正錯誤當中，中央的領導同志特別指出一定要加強團結，要用四個團結的力量來實現中央的指示，首先是核心小組的團結、內蒙革委會核心小組的團結。

這個團結不是無原則的。是革命的團結，是在毛澤東思想原則下的團結，是要共同落實中央對當前內蒙工作的指示，團結起來，團結一致，共同承擔責任，顯然，滕海清是負主要責任。

前段清理階級隊伍中，主要是由滕海清負責。但也不能說，事實上也不是有的同志沒有責任。包括我在內。我也是負有責任的，而且在某些方面也負了比較重的責任。因為我在很長的時間，我是在家裡主持日常工作的。當然在這

個挖「新內人黨」中我沒有工作，但是不能說沒工作，這個錯誤就沒有犯，我還是有很多錯誤的，在這一段又有不少。

在前一段，革命的同志對我的批判是對我很大幫助，對我是個教育。我感謝全區的革命同志對我的幫助、教育，在以後的工作中監督。

在目前，加強核心小組的團結，滕海清同志要認真努力檢查自己的錯誤，下決心改正自己的錯誤，上邊有毛主席、黨中央的教育批評，下邊有廣大革命群眾的監督，我們在一起工作的同志，我們核心小組的同志也要幫助滕海清同志，監督滕海清同志，我們團結一致，共同承擔責任，也有責任幫助滕海清同志。因為，改正錯誤不是他一個人的事，從領導上說，我們核心小組大家都要來承擔起責任來改正錯誤，不僅是核心小組、內蒙革委會常委、內蒙革委會承擔責任首先是核心小組要承擔責任。在一起幫助他改正錯誤，我們也從中得到教益。因為：一、我們也有這個錯誤；二、他的錯誤對我也是個教訓；再次，中央領導同志講軍隊的團結，軍隊是穩定我們局勢的重要因素，在這方面，我不多說了。我們相信，內蒙軍區黨委在黨中央、毛主席、中央軍委和北京軍區黨委的領導之下，能更好地團結起來，更好地穩定部隊，更好來完成毛主席、林副主席交給我們偉大的中國人民解放軍在無產階級文化大革命運動中擔負「三支」「兩軍」工作的光榮任務。我們在地方做工作的同志，要更好地做好擁軍工作。在這段，內蒙軍區在清理階級隊伍當中，在挖「新內人黨」工作當中，犯了嚴重的錯誤，我們戰鬥在「三支」「兩軍」工作第一線的中國人民解放軍，有些同志，當然不是全體同志，也犯了錯誤。但責任不在他們，這個責任在上邊，在內蒙革命委員會，特別是在核心小組。中國人民解放軍永遠是我們學習的榜樣。我們相信，中國人民解放軍是我們的子弟兵，是我們的親人，所以在批判這個錯誤的時候，我們革命的同志們千萬不能死揪住一些解放軍同志在「三支」「兩軍」工作中的錯誤不放。對他們來說，也需要總結經驗，進行自我批評，接受教訓的問題。我們也相信他們會改正的，不能把矛頭對準他們。

（軍民同聲高呼：

要擁軍愛民！

滕海清毀我長城罪該萬死！

向中國人民解放軍學習！

向中國人民解放軍致敬！）

中央領導同志還指示我們：加強團結，要加強各民族的團結。毛主席早就教導過我們：**「國家的統一，人民的團結，國內各民族的團結，這是我們的事業必定要勝利的基本保證。」**我們的內蒙古自治區是一個少數民族的自治區。在這一段挖「新內人黨」中犯的嚴重錯誤，我們的民族團結受到了嚴重的損害。

但是，我們相信，這只是一個小曲折。從根本上說，我們的民族關係在毛澤東思想基礎上，在毛主席民族政策照耀下，我們是空前團結的。我們大家應該在團結、勝利的旗幟下更好地執行黨的民族政策。毛主席的民族政策，各民族團結起來，共同對付階級敵人，共同對付帝修反，加強民族團結，打倒美帝，共同把無產階級文化大革命搞好。

中央領導還指示我們：要加強群眾之間的團結，各族革命人民群眾，無產階級革命派在當前對形勢、對批判滕海清錯誤會有不同看法，但這是觀點的不同，處理得好，我們就會在中央指示，在毛主席的支持下，在毛主席的革命路線下邊，逐漸趨於一起，團結起來，幫助領導上改正錯誤。

當前來說，剛才滕海清同志也說了，歡迎同志們起來批判錯誤。批判錯誤，就是對領導的幫助。但是由於觀點不同，不能夠造成群眾組織之間，群眾鬥群眾。如果有人挑動群眾鬥群眾，我們堅決反對。這不利於穩定我們的局勢，不利於共同對敵，也不能夠糾正錯誤，落實政策。

在這當中，我想我們在前一段錯誤裡面，有的群眾，也受到了左傾思想的影響，在挖「新內人黨」中做了一些錯事，說過一些錯話。但是這個責任也不能由他們來負，不能去抓群眾，不能去抓小滕海清、滕海清的爪牙、滕海清的什麼的。這樣，就把一部分群眾推到了第一線了。我們不能這樣做。

當然，階級敵人，利用我們所犯錯誤，他們殘害群眾，打死人，逼死人，他們刑訊多種，那是另外一回事了。那沒有團結的問題，跟敵人講什麼團結，對這些敵人要把他們揭露出來實行無產階級專政。

（群眾熱烈鼓掌，高呼口號：

嚴懲打人兇手！血債要用血來還！）

也要看到我們在前一段錯誤工作中，有些工宣隊、軍宣隊、貧宣隊，也受到了左傾錯誤指導思想的影響，犯過一些錯誤。但從大的方面，從總的方面來看，他們是按照毛主席指示辦事的，他們是做了不少工作。有的地方犯了些錯誤，甚至犯了嚴重錯誤。但是，責任不在他們。在糾正錯誤的時候，批判錯誤的時候，也不能把矛頭指向工宣隊、貧宣隊、軍宣隊。不要把我們個別地方，有群眾激昂的情況下邊，把某一個個別的工宣隊叫做滕海清工作組，叫做滕氏工宣隊、軍宣隊、貧宣隊，這是不對的，不應該的。我們希望不要這樣做。因為這樣我們要看到我們的工宣隊、軍宣隊、貧宣隊是我們的階級弟兄組成的。他們現在認識到這些錯誤，也會很痛的，而且責任也不在他們。

所以中央領導同志告訴我們，我們在糾正錯誤的時候要注意，不要以錯誤態度對待錯誤，要以正確的態度對待錯誤。這些話是對我們領導講的，不是對廣人群眾講的。但是，廣大群眾也從這句話裡面吸取教益。

這句話，特別是對我們講的，我是這樣理解。

因為我在前段對我的批判，如果不能採取正確的態度，我就會記滕海清同志的仇。那我就是不忠於毛主席，我就以錯誤的態度對待滕海清同志，就以錯誤的態度對待革命群眾，我要聽中央的，我要深刻地領會中央的話。

我決不記仇，我決不記滕海清同志的仇，決不記批判我的革命群眾的仇。而且我要感謝這些同志們幫助了我，使我避免今後犯更多的錯誤。

中央領導同志提到這些問題的時候，還提到，糾正錯誤，千萬不要用擴大化來反對擴大化。我們就是要注意這個問題，如果我們把矛頭向下，指向群眾，指向工宣隊、貧宣隊、軍宣隊，我們就有可能產生新的錯誤。在糾正錯誤的時候，產生新的錯誤。

我相信，我們廣大革命群眾，廣大各族革命人民會能正確的對待。當然，這不是說是主要的問題。現在還不是主要的問題。

現在的主要問題，我們還按中央指示，去克服一切阻力，糾正錯誤，落實政策。

尤其是當前，我們對挖「內人黨」的工作，按中央指示堅決執行下去。一、停止下來，不要再繼續挖了，二、要平反，把打錯了的，不是「內人黨」的好人打成「內人黨」或是搞成什麼變種組織或其他反革命組織的好人堅決徹

底平反。誰抵制平反、誰搞假平反，抵制中央的指示，就是對毛主席的不忠。（熱烈鼓掌）

三，就是要放人，要把那些挖「新內人黨」中被關起來的好人統統的放出去，不能把好人繼續再關，繼續關下去了。而且對於在挖「新內人黨」中對打死、逼死、打傷殘廢的同志和他們的家屬，要做好善後工作。要處理好他們的問題。

善後工作要處理好，中央的指示說的很明確，我們現在需要進一步的具體化，進一步的堅決執行。

烏盟上訪團的同志們到這裡來，同志們是對我們的一個革命的督促，促進我們更堅決更迅速地落實中央的指示尤其是迅速堅決地做好「內人黨」的被打錯的平反工作。我們善後工作做得很不夠。烏盟革命委員會核心小組的同志寫了報告，我們和上訪團的一些代表同志們，內蒙革委會核心小組和一些常委同志研究了你們的報告，這是對我們一個很好的幫助。

我們批准了這個報告。我們希望你們根據「九大」精神，高舉毛澤東思想偉大紅旗，根據「九大」精神，堅決落實，創造出更新的經驗。

過去，烏盟搞擴大化的時候，這不怨烏盟革命革委會，怨內蒙革委會的領導，內蒙革委會核心小組的領導，問題是比較嚴重的。現在，我們應該堅決迅速地糾正錯誤，希望你們全盟三百萬各族人民迅速地行動起來，幫助我們改正錯誤，大家共同落實政策，穩定局勢，團結對敵。

局勢不穩定我們不能落實政策，局勢不穩定我們不能糾正錯誤，局勢不穩定，我們不能搞好備戰，局勢不穩定，就可能被階級敵人利用，被蘇蒙修利用。這是我們革命人民所不希望的。

當然我們現在很多同志們來了。很多問題不能都在內蒙解決，還要靠盟市旗縣各級革命委員會和廣大群眾在一起來落實中央的指示。我們有些同志在沒有解決這些具體問題之前，還要回到盟裡、旗縣裡、公社各單位去具體解決。我們現在內蒙上訪的革命群眾很多。我們擠的問題很忙，也處理不過來，也不可能把所有的問題都集中到內蒙來解決。這就需要同志們在問題沒有解決之前，有些具體的問題還需要回原地解決。

我們各級革委會要負起責任來。

在前段清理階級隊伍中，錯誤地把一些好的同志用「吐故納新」的名義，吐了出去，這是不應該的，錯誤的。要使這些同志迅速地照常工作，恢復他們的工作，跟我們大家在一起解決還存在的許多問題。

因為我們有些同志還有許多話要講，需要在呼市講，把自己的話都講出來。我想，在今天的會上，有些話要講，但這麼多的人也不可能都講。不是說不叫講。核心小組向大家表示歉意。

希望廣大的同志們起來批判我們的錯誤，支持我們，按照毛主席的指示，共同前進。及時落實黨的政策和中央的指示來糾正錯誤缺點。在落實政策中，需要、希望廣大的革命群眾起來批評、幫助、支持我們。

我今天沒有準備。我臨時想起這麼幾點，說錯了請大家批評。我的話完了。（長時間熱烈的鼓掌）

吳濤同志的講話

同志們：

首先表示歡迎烏盟上訪團的同志對我們批評和教育，並向受害的同志致以衷心的、親切的慰問（熱烈鼓掌），向受害的同志表示賠禮道歉（熱烈鼓掌），我們內蒙地區在清理階級隊伍，特別是在挖「內人黨」工作上犯了嚴重的逼供信和擴大化錯誤。由於左傾思想的指導，很長時間沒有得到糾正，傷害了一部分我們自己的階級兄弟，傷害了一部分工人、貧下中農、貧下中牧、革命幹部、革命青年、革命群眾。這個錯誤是嚴重的，後果也是嚴重的。這個錯誤的主導思想就是在左傾錯誤思想指導下造成的。同時違背了毛主席的教導，毛主席教導我們：**在群眾尚未認真發動和尚未展開鬥爭的地方，必須反對右傾；在群眾已經認真發動和已經展開鬥爭的地方，必須防止「左」傾。**毛主席總結了幾十年鬥爭的經驗，得出非常英明正確的論斷。本來我們應該完全按照毛主席的教導來指導運動，恰恰相反，由於我們頭腦裡邊的主觀唯心主義、形而上學，沒有按照毛主席教導，而是主觀唯心主義的。反對右傾一直反下去，左的傾向一直在加碼，這樣就違背了毛主席教導，在群眾已經發動起來的時候，領導者的頭腦就應該冷靜一些，就應該防止左的傾向的產生。我們黨歷次

肅反運動也曾經有過擴大化的錯誤，本來是應該吸取教訓的，江西抓AB團的錯誤擴大化了，鄂豫皖抓改組派擴大化的錯誤，應該吸取，應該按照毛主席教導，群眾已經發動起來了，轟轟烈烈了，熱火朝天了，應該防止左的傾向的產生。恰恰在群眾發動起來後，轟轟烈烈了，我們領導者還在那裡繼續反右，用左傾錯誤思想指導這次運動，所以這個擴大化在很長時間內沒有得到糾正。再一個就是違背毛主席教導，毛主席說：「**我們要團結兩個百分之九十五，百分之九十五以上的幹部是好的和比較好的，百分之九十五以上的群眾是好的。**」恰恰相反，在挖「內人黨」工作中就違背了毛主席這一教導，把敵情擴大了，把我們自己的階級兄弟當作敵人來打擊了，這就犯下了嚴重的擴大化的錯誤。再一個就是違背了毛主席的無產階級政策，毛主席講：「**清理階級隊伍，一是要抓緊，二是要注意政策**」、「**要穩、準、狠**」、「**嚴禁逼、供、信**」，恰恰在這個方面，我們犯了錯誤，沒有按照毛主席教導和毛主席指示辦事，沒有把政策原原本本交給群眾。在貫徹執行政策方面，沒有層層把關，沒有把毛主席指示首先自己學通，所以在指導運動中，沒有把這個問題很好地向全體同志講清楚。我個人在這方面也是有責任的，在今年一月份，我們已經發現有擴大化和逼供信錯誤。雖然在一月份講了些政策，但都是從正面講的，沒有把當時所存在的一些傾向嚴肅地指出和下決心來糾正。所以，這次糾正錯誤非常遲緩，直到我們偉大領袖毛主席發現了內蒙的問題，毛主席指出：「**在清理階級隊伍中，內蒙已經擴大化了**」，中央負責同志嚴肅地批評我們：內蒙犯了嚴重的逼供信和擴大化的錯誤。這樣才敲起了警鐘。本來在這以前中央也有指示，由於沒有很好地堅決貫徹執行，所以使得錯誤延續地發展下去。所以說，對於毛主席的教導執行不執行，是不是堅決貫徹，這是對毛主席忠不忠的問題。本來發現問題就應該堅決糾正，不管遇到什麼樣的阻力，不管領導上意見有什麼分歧，都應該以毛澤東思想來統帥一切、統一一切，只有這樣才能真正捍衛毛主席革命路線。這次違背毛主席的教導，使錯誤延續時間比較長，應該由自治區革命委員會核心小組來負責，如果說我們指導思想上沒有左傾的錯誤，如果說我們反右也防了左，那麼問題就不會發展到今天這樣大，這是極其嚴重的沉痛的教訓。

這樣一個錯誤，中央已經有了指示，有了教導。這個錯誤當然和「二月逆

流」不一樣了，「二月逆流」是反對文化大革命，反對毛主席親自發動的、親自領導的這場文化大革命，是和毛主席革命路線背道而馳的，搞另一條路線，大方向是錯的，路線也是錯誤的。這一次是在清理階級隊中犯了嚴重錯誤，犯有違反無產階級政策的錯誤，因為清理階級隊伍的大前提還是對的，只是在清理隊伍中犯了嚴重錯誤。政策的錯誤和路線的錯誤當然不一樣，當然也不能說政策的錯誤就輕，損失就小，不一定，政策的錯誤也會造成嚴重的損失。「八一」南昌暴動的大方向是正確的，但是由於違反了政策，最後遭到了極大的損失，以致於失敗。所以說嚴重地違犯政策，同樣地會造成極大的損失，這要我們深刻地引起教訓。

這一場史無前例的文化大革命，把億萬群眾都發動起來了。本來在前一段文化大革命中，初期、中期，我們內蒙取得了很大的成績，但在清理階級隊伍中，在挖「內人黨」這個問題上，犯了嚴重的錯誤，這就給我們文化革命的進程，特別是鬥、批、改的進程，帶來了極大的影響，推遲了它的進程。所以說，前一段的錯誤是極端嚴重的，違犯政策是極端嚴重的，它的後果是很大的，惡果是很嚴重的。

我們當前為了糾正錯誤，為了落實政策，要按照中央的教導，要按照中央政治局所提出的「二十四個字」方針來解決，加強團結，糾正錯誤，總結經驗，落實政策，穩定局勢，共同對敵。加強團結是包括各個方面的，包括各級革命委員會的團結，包括軍隊的團結，包括革命群眾組織和革命群眾的團結，包括各民族的團結。毛主席教導我們：**「國家的統一，人民的團結，國內各民族的團結，這是我們的事業必定要勝利的基本保證。」**團結是非常重要的，二十四年以前，毛主席在「七大」就提出來要開一個團結的大會，號召我們全黨、全軍、解放區的人民都團結起來，取得了抗日戰爭的勝利，解放戰爭的勝利，奪取了全國政權。團結起來有偉大的戰略意義，有深遠的歷史意義，二十四年後的今天，毛主席又在「九大」，提出一團結的問題，所以說團結是非常非常重要的。首先是由於我們面對蘇蒙修正主義，我們處在反修第一線，在全國來講，我們面對著強大的階級敵人，美帝國主義，蘇修社會帝國主義，各國反動派和國內的階級敵人，所以我們必須團結起來，才能把我們的事業辦好，才能戰勝敵人。團結對我們來講是非常非常重要的。

　　要糾正錯誤，犯錯誤的同志應該糾正錯誤，要靠犯錯誤的同志深刻地、正確地對待自己所做的錯事，做觸及靈魂的檢查，應該提高到這是改造人生觀的問題、改造世界觀的問題。同時也需要廣大人民群眾的幫助，廣大革命同志的幫助。這就要歡迎同志們的批評，歡迎同志們的批判。同志們的批判，就是對錯誤的揭露，就是對錯誤的論戰，把這個錯誤給予總結，使犯錯誤的人得到幫助，而最重要的當然是犯錯誤的人自己下決心，如果不自己下決心，那是不行的。要總結經驗，特別是總結這場鬥爭的經錯，這是非常非常重要的。當前落實政策還有許多阻力，雖然毛主席有教導，中央有指示，自治區有規定，但是至今還有的單位，有的地方，沒有徹底地落實政策，甚至有抵觸情緒。平反留尾巴，平反不徹底的情況是相當嚴重的。誰不堅定地落實政策，誰在那兒頂著，誰就是對毛主席不忠。應該很好地、堅決地按著毛主席教導，把無產階級政策落實下去，這在當前來講，就是按照中央指示，第一個把挖「內人黨」工作停下來；第二個打錯了的同志一律平反，徹底平反；第三個對於抓的人要放人，現在同志們反映，直到今天還有沒放的，應該按照中央的教導來執行。對於打錯了的要徹底平反，要恢復他們的工作；或者另行分配工作；對於受傷的，要負責治療；由於「逼、供、信」所造成的非正常死亡，在沒有統一規定之前，工資照發，撫恤家屬，必須這樣做，立即這樣做。

　　落實政策是一個非常細緻、非常重要的事情，讓我們共同來監督、來執行。只有把政策落實好，錯誤糾正了，才能實現中央提出的第一個可能，如果不是這樣的話，就會發生第二個可能。對於同志們上訪和開會期間所反映的許許多多的具體問題，提出的很多條子，反映出許多非常嚴重的問題，我們一定負責把這些問題由自治區、由烏盟、由各旗縣給予解決，按照毛主席的教導、按照中央的指示、按照烏盟提出的意見，按照自治區革委會核心小組的批示來堅決貫徹執行。

　　發生這次錯誤完全應該由領導來負責，不能責怪下面，因為上面有錯誤的「左」傾思想來指導，所以下面就具體執行。本來人家在下面已經「左」了已經擴大化了，上面還在那兒反右，反右。這樣的話，「左」的這股風刮下去，下面頂不住，所以下面是具體執行的問題，不能責怪下面，他們不直接擔負這個責任，責任應該在領導上。對下面的工宣隊、貧宣隊、軍宣隊，應該本著增

強團結，糾正錯誤，落實政策，共同對敵這種精神，只要吸取了經驗教訓，只要認識了這個問題，有了自我批評，就可以啦，不要追他們。責任應該由上面來負，錯誤應該立即糾正。當前的問題，就是要把政策落實下去，把許多遺留的問題馬上給予解決，這樣，我們就在新的基礎上，用毛澤東思想統一行動，在毛澤東思想的基礎上達到新的團結，共同對敵。

以上同志們的講話，我是同意的，自治區批轉烏盟革委會核心小組的幾條意見，做為烏盟解決問題的一個總的原則規定，按照這個原則來處理問題。當然，這個文件裡包括了很多屬政策方面的問題，許多原則的規定，它對於全區也有很大的影響，在具體執行中如果發現有缺點或錯誤，請同志們隨時指出來，還可以修正。這樣的話，對內蒙全區也有很大的作用，因為這個文件包括很多問題，包括對於抓「內人黨」擴大化的錯誤怎麼樣糾正，怎麼樣給予平反和善後處理都作了規定；對於在去年十二中全會以後，錯誤地提出來在革命委員會裡搞什麼「吐故納新」這樣的說法，在全區傷了好多好人，數量是不少的。所以烏盟怎麼解決，其他盟也會學的，也會跟上來，政策性是很大的。大家按照這個文件來執行，有意見還可以提出來，將來對全區也有指導作用。

對於革命造反派，應該學習八三四一部隊的精神，對兩種不同觀點的革命造反派，要一視同仁，不能夠支一派，壓一派（熱烈鼓掌），支一派壓一派是錯誤的，要接受這個教訓。本來在前一個時期，我們內蒙對待革命造反派上來講六七年是不錯的嘛！做得很好嘛！可以這樣講嘛！後來，對革命造反派就採取支一派壓一派的做法，這是十分惡劣的，這是極其錯誤的（熱烈鼓掌，眾呼：向解放軍學習！向解放軍致敬！毛主席的革命路線勝利萬歲！毛主席萬歲！萬萬歲！）在捍衛毛主席革命路線上我們和造反派戰鬥在一起取得了勝利，建立了革命委員會。怎麼樣對待造反派這是對造反派的無產階級感情問題，造反派犯了錯誤應該幫助或者批評，應該教育。幹部、領導幹部都允許犯錯誤，允許犯嚴重錯誤嘛！犯了還得幫助教育嘛！為什麼對造反派就不能容忍哪？這是對造反派的感情問題，是對於無產階級革命造反派的階級感情問題。一定要吸取教訓，一定要把被壓的革命造反派、搞錯了的，都把它平反過來。這個精神要在我們全自治區都要這樣。對於各級革命委員會的成員凡是搞錯了的，都應該平反，恢復他們原來的工作，這是非常非常重要的。如果不是

這樣做，我們的紅色政權就不能鞏固，這是我們必須堅持的原則。今後請廣大人民群眾來監督，來實行無產階級專政，來鞏固我們的無產階級機構。我們要按照毛主席的教導，加強團結，這個問題無論在哪個方面來講都是非常非常重要的，因為我們面對著國內外強大的階級敵人，面對著蘇蒙修正主義，我們地處反修前線，如果我們這個地方不能團結起來，那就不能夠共同對敵，就會被敵人所利用。所以我們全體同志都應該按照毛主席的教導，團結起來，共同對敵。當然，我們要糾正錯誤，要落實政策，這就是要用毛澤東思想統一意志，做為團結的基礎。如果沒有毛澤東思想的統一，當然也就沒有團結的基礎。所以在這方面我們要共同按照毛主席的教導，真正把毛主席的指示落實下去。

最後，我認為我們內蒙古自治區是祖國的一部分，是中華人民共和國的一個省，我們內蒙古一千三百萬各族革命人民和其他各個省是一樣的，是心向毛主席的，是熱愛毛主席的，同樣是忠於毛主席的無產階級革命路線的，除了一小撮階級敵人以外。所以有這個基礎，我們就能夠把內蒙古建設為一個堅強的、反修的鋼鐵長城，來保衛我們的偉大領袖毛主席，來保衛以毛主席為首、林副主席為副的無產階級司令部，來保衛祖國，來保衛我們的邊疆，這樣來取得更大的勝利。我簡單地講到這兒，完了。

（長時間熱烈的鼓掌！）

（根據錄音整理，未經本人審閱）

（集寧地區批滕聯絡站整理）

87.中共內蒙古自治區革命委員會核心小組關於 「中共烏蘭察布盟革命委員會核心小組對 幾個重要問題的看法和處理意見」的批覆 （1969.05.30）

內蒙革發（69）148號

中共烏盟革命委員會核心小組：

我們同意你們的意見，這個意見中所提出的這些問題，特別是前一段工作中的嚴重錯誤，應由內蒙核心小組負責，我們決心改正錯誤。希望你們高舉毛澤東思想偉大紅旗，貫徹執行毛主席五月二十二日批示和中共中央對內蒙當前工作的指示，注意總結經驗，及時彙報。

中共內蒙古自治區革命委員會核心小組

一九六九年五月三十日

中共烏盟革命委員會核心小組對幾個重要問題的看法和處理意見

中共內蒙革委會核心小組：

我們偉大領袖毛主席一九六九年五月二十二日的批示和中共中央對內蒙當前工作的極為重要的指示，為我們指明了前進的方向。目前，廣大革命群眾起來批判糾正我們前段嚴重錯誤，這是對領導機關的革命監督，是對領導關心和愛護的表現，我們表示熱情的歡迎和堅決支持。我們遵循毛主席「要認真總結經驗」的教導，根據「九大」精神，對一九六八年春以來運動中的幾個重要問題的看法和處理意見如下：

一、關於挖「新內人黨」問題。

在前一段挖「新內人黨」過程中，在「左」傾錯誤思想的指導下，犯了嚴

重的逼、供、信，擴大化的錯誤，造成了嚴重的後果。對於這一段的錯誤，必須按照中央對內蒙當前工作指示的精神，認真、徹底、迅速地予以糾正。

凡在挖「新內人黨」中，被錯打成「新內人黨」的，必須徹底予以平反，並作好善後工作。

凡在挖「新內人黨」中被打、被逼而造成的非正常死亡的好人，應認真安排好其家屬生活問題；被打傷的應予以負責治療；因傷致殘者，生活應予以妥善安排。農村、牧區的社員群眾，被錯打成「新內人黨」的，在隔離、治療期間的誤工，予以補貼。對被錯打成「新內人黨」的及其家屬，在被迫害期間所遭受的損失，應合理解決。

二、關於《烏蘭察布日報》「三・二六」事件問題。

《烏蘭察布日報》「三・二六」事件是一個革命的事件，是緊跟毛主席偉大戰略部署的，是反擊為「二月逆流」翻案邪風的，大方向是正確的。也存在一些缺點和錯誤。但是，把「三・二六」事件打成反革命事件是完全錯誤的。它打擊了革命幹部和廣大革命群眾，這個責任在領導。因「三・二六」事件而被隔離、被通緝、被打成反革命、被扣上各種政治帽子的革命幹部、革命造反派和革命小將，都應立即徹底平反，銷毀整他們的材料。

三、關於趙軍等同志恢復工作的問題。

在「左」傾錯誤思想的影響下，將趙軍、賈成元、許集山、孔祥瑞、張文然等同志批判為積極推行所謂高錦明右傾機會主義路線或「三・二六」事件的後臺或「新內人黨」，而被停止工作或撤銷職務，這是錯誤的。應向群眾講明情況，恢復和支持趙軍、賈成元、許集山、孔祥瑞、張文然等同志的工作。

四、關於集寧地區「聯社」問題。

在去年十月份以後的一段時間，集寧地區十一個造反派組織被當作為烏蘭夫翻案的「聯社」來揪，這是極其錯誤的，應當恢復名譽和徹底平反。

五、關於各級革命委員會問題。

對於因「三・二六」事件，所謂「九月暗流」和挖「新內人黨」中錯誤地吐出去的各級革命委員會成員和辦事機構的工作人員，應立即恢復原職、原工作。

因上述問題進行「吐故納新」而納入到各級領導班子的新成員，由領導和

群眾進行協商上報審批後決定。

六、關於集寧絨毛廠的問題。

絨毛廠革委會和無產階級革命派是好的，在工作中有這樣那樣的缺點錯誤是難免的。但是去年五月二十八日以後，把絨毛廠當成「馬蜂窩」去捅是錯誤的。這樣做的結果，嚴重打擊了絨毛廠的無產階級革命派，搞垮了革命委員會，在全盟造成惡劣影響，這一錯誤必須糾正。

七、關於解決各旗縣問題。

全盟各旗縣類似上述情況，應按此件精神執行，各旗縣存在的問題，盟革委會正在逐一解決。

各旗縣革委會應勸說群眾不要上京和去呼，要堅持「抓革命，促生產」，就地鬧革命，就地解決問題。

我們希望全盟廣大工人、貧下中農（牧）、革命幹部、革命群眾和各族革命人民，一定要根據「九大」精神，遵循中央指示，高舉毛澤東思想偉人紅旗，加強團結，糾正錯誤，總結經驗，落實政策，穩定局勢，共同對敵，爭取更大的勝利。

以上意見當否，請指示。

敬祝毛主席萬壽無疆！

中共烏盟革委會核心小組

一九六九年五月二十九日

88.內蒙革委會核心小組成員滕海清、吳濤、高錦明同志接見錫盟聯合上訪團的講話（1969.05.31）

（1969年5月31日凌晨2時到6時30分）

錫盟聯合上訪團代表：我們代表錫盟聯合上訪團問核心小組，在今天晚間（5月30日晚）發生了一件令人難以理解的事情，內蒙革委會常委郝廣德同志，竟被馬伯岩的人馬打傷，現在腦震盪，這個情況說明了什麼問題。我們要求懲辦兇手，這種階級鬥爭的新動向，也提醒我們新的注意，是不是有人在背後搞鬼？這件事請你答覆。

滕海清：郝廣德同志我們剛才看到，才知道，郝廣德在呼市公安局取材料時，有我和吳濤同志寫的命令，取材料時呼市軍管會和一部分群眾把郝廣德同志搞武鬥打了。我們現在責成何付司令員（內蒙軍區）嚴格追查，查處這個問題，這是一個非常嚴重的事情。我們革命委員會的常委。呼三司的主要負責人，應當去搞這個事情。現在竟敢打我們革委會常委、打呼市革命委員會常委李福小。這個事情很嚴重，同志們提出來很好，這個事情我們剛才已開了會了，責成何鳳山付司令員馬上查處這個事情，非查處不行，嚴格處理這個事情，非常嚴重的事情。

吳濤政委：有人竟敢打自治區革委會常委，呼市革委會常委，這是個事件，嚴重的事件。

代表：現在請滕海清同志解答幾個問題……

滕：同志們提出六個問題，一個是挖「內人黨」，新內人黨有沒有的問題，這個在中央領導同志接見時已經講了，吳濤同志已經傳達了，新內人黨有，是個老根子，是一小撮，我們搞的擴大化了，新內人黨不會有那麼多，是一小撮，中央講了，這個內人黨有個老根子。

第二個問題，在「九大」前中央五次的批評，向同志們講一下，1968年2月4日，我一個、李樹德同志，向中央碰頭會彙報時，我們提出清理階級隊伍

那個時候大概搞了幾千人，那個時候還不是挖「內人黨」囉！提到我們內蒙情況比較複雜，中央就指出在清理階級隊伍中，要做階級分析，提出了這樣一個問題，這個問題沒有很好研究中央這個指示，這是一次。第二次在68年5月間，周總理打了個電話，告訴北京軍區付政委陳先瑞同志，有個下放青年，沒有講什麼地方，我在包頭接的電話，陳先瑞告訴，總理告訴你們在挖肅中間，在農村中挖肅，有打人的現象，我當時說我們挖肅未在農村搞。牧區劃階級搞了，這個問題也沒有認真研究，沒有追查問題到底在什麼地方，但有下放青年反映這個問題，那就是事實。

第三次在去年十二中全會以前，呼盟有個統一黨向中央有個報告，報告我沒有看，直接發到中央，中央康老、江青同志、姚文元同志就批評了防止擴大化的問題，江青同志和姚文元同志同意康老的看法，北京軍區發了電報轉內蒙軍區，內蒙軍區發了電報轉到部隊，但在革委會沒有很好研究學習，這是一次。

還有一次在「九大」期間開預備會，三月九口晚上，康老講到其他省的問題時，說內蒙有嚴重的逼、供、信。我和吳濤同志都在場。

四月十一、二日晚上康老打來電話，批評了幾件事情，一個是蓋展覽館，還有一個問題，某一個同志在二月逆流表現並不好，富「九大」代表，二月逆流表現不好，當「九大」代表這不是為黃、王、劉、張翻案嗎？高錦明同志去年八月間提出防止擴大化的意見，那是正確的。在這個問題上當時我思想不通。前邊的問題我向吳濤講了，後邊的關於某人當「九大」代表和高錦明去年八月間提出防止擴大化的問題，我沒有向吳濤同志和李樹德同志講，那時我思想不通，沒有轉過來。再一次是康老在「九大」代表小組會上有一次講話，鼓勵了我們，批評了我們。還有一次在今年二月四日向中央彙報時，中央負責同志講你們內蒙的步子太快了，本來步子太快了是個批評，沒有很好研究。有的傳達了，沒很好的研究，有的沒有傳達，例如陳先瑞給我打的電話。

第三個問題，挖「內人黨」擴大化問題，都是一個口徑，挖「內人黨」擴大化是在我「左」傾錯誤思想指導下，在清理階級隊伍以來，一直反右、反右，一直反到四次全委擴大會上，全會後還在反右。這次反右，主要是反高錦明同志右傾機會主義路線，反高錦明是反錯了嘛！這是我的錯誤，高錦明同

志在那個時候提出防「左」是完全正確的，我那時候把他的正確意見當右傾機會主義來搞，這是我的錯誤，他的正確，我的錯誤。逼、供、信，實際在我的「左」傾路線的指導下，由逐步的從個別地區、個別部門發展到全區性，普遍性的，為什麼發展到這麼嚴重？不是下邊的群眾什麼人搞的，主要我這個「左」傾思想，一直反右、反右，上邊反嘛，下邊群眾就頂不住，怎麼部署，就是一直反右、反右。而且這個擴大化，去年十一月以前就發現這個問題，沒提出防「左」，還是反右，在挖「新內人黨」時，去年十二月間，今年一月間，嚴重的逼、供、信，已經發現，有的同志提出了很好意見，特別今年二月間在北京召集各盟市彙報時，那時還說右傾是主要阻力，還是反右，雖然那時提出有右反右，有「左」反「左」，實際我那時指導思想還是反右，那怎麼去防「左」呢？防不了「左」。我這個指導思想，上面錯一毫釐，下邊差之千里，我的資產階級世界觀沒有改造好，就是唯心主義，形而上學。

代表：有幾個問題你沒講清，現在給你提一下：第一個，中央對內蒙的幾次指示，有關清理階級隊伍的錯誤，你為什麼沒有認真的研究，往下貫徹，這說明了什麼問題？

滕：這是對無產階級司令部的態度問題，對毛主席的不忠。

代表：第二個問題，停止高錦明同志的工作，你本身有沒有這個權利？

滕：沒有。

代表：沒有，為什麼不向中央彙報？這說明了什麼問題？

滕：這是錯誤，無組織無紀律的錯誤。

代表：你沒有這個權力，你這樣搞是不是對同志搞突然襲擊？

滕：同志們這樣認識嘛？

代表：挖「新內人黨」的根據是什麼？

滕：把烏蘭夫的勢力看的太大了，內蒙敵情估計嚴重，這是形而上學，沒有根據內蒙的實際情況，做具體分析、科學分析。

代表：那一個盟挖多少，數字從那來的？

滕：沒佈置那麼數字。關於內蒙141文件，我們要修改，裡頭有些錯誤，我和吳濤在北京寫的信，與文件可能口徑有些不一致，裡邊有錯誤的。關於指示趙德榮在錫盟怎麼挖「內人黨」問題，我根本沒有給趙德榮什麼指示，沒有

專門佈置你們搞多少「內人黨」。趙德榮支一派壓一派的情況我不清楚。我這個親一派，疏一派的思想是有的。

　　滕：我們聽了聯合上訪團彙報，給我很大政治教育，介紹這些情況，充分說明我錯誤的嚴重性，證明在清理階級隊伍、挖「內人黨」中嚴重的逼、供、信，擴大化，違反政策的錯誤，通過這些事實，完全證明了我錯誤的嚴重性。因此很多同志來批判我的錯誤，中央領導同志的指示完全一致的，必須這樣做，現在有些同志在批判滕海清的錯誤中間他們還有種抵觸，「批滕逆流」，這次群眾起來批判滕海清錯誤、上訪說成是什麼翻案風、逆流等等，這一切說法都是錯誤的。我的錯誤不僅僅是擴大化的一個方面，其他方面還有很多。同志們今天介紹的，今天我看到我們的貧下中農、我們的幹部、復員軍人、造反派，政治上受到嚴重打擊，精神上受到摧殘，身體上受到損失，這是多麼沉痛的。聽到一下子打到我們階級兄弟身上，我這錯誤非常嚴重。我也不是地主、中農，我也是個貧農、當過工人，為什麼搞了幾十年革命，現在反而嚴重錯誤思想指導下打擊了貧下中農，還是我們自己的階級兄弟，我這個人已經是忘了本，徹底忘了本。我向受打擊、受迫害的這些同志賠禮道歉。被打錯了的那些同志徹底平反，在革委會和其他機關被吐出去的那些同志，一律平反、復職，要恢復工作。在這個問題上我們現在還有阻力。阻力在什麼地方？這就是有些人不願意、害怕承認錯誤，他們要理解到這個錯誤是我的錯誤，我願承擔責任，下邊執行錯了，是執行者，沒有責任，主要他們總結經驗，落實政策，吸取教訓就行了，我們特別我來承擔責任。在打「內人黨」中間有些積極分子，那些人不理解政策，我們教育不夠，但他們還不是我們的敵人，也可能是貧下中農，是我們的階級兄弟，大多數是這樣，但也可能有像同志們介紹那些人。下邊有些幹部在執行中間，執行我的錯誤思想，他們錯誤的打擊了貧下中農，責任不在他們，責任主要在我。趙德榮，同志們講他犯錯誤是很嚴重的，主要是受我的思想影響，不能全怪他。下邊有些為什麼不敢按中央一要挖「內人黨」停下來，現在還在抓人。要徹底平反，不平反就是不按中央指示辦事，不平反怎麼能落實政策呢？有人不敢放，放人怕放錯了，本來打的都是我們貧下中農，貧下中農是忠於毛主席的，是工人階級最可靠的同盟軍，貧下中農怎麼可能參加烏蘭夫那個什麼黨呢？那只有是王公貴族、地主、牧主、喇嘛。小喇

嘛也不一定，大喇嘛上層喇嘛還是極少數。這就看出我們的錯誤時間很長，面很廣，影響很大，後果很嚴重。我犯的錯誤同志們的批判都是很正確的，一個把敵情分析錯，誇大了烏蘭夫這一小撮，把烏蘭夫在內蒙統治二十年一部分影響，看得太嚴重了，把內蒙的敵情看的過分嚴重，這就是唯心主義，形而上學的東西指導這個運動，不可能不錯誤。犯了錯誤怎麼辦？就是讓大家起來批判錯誤，不起來批判我的錯誤，對凡是錯誤的東西都應當批判，批判是消毒，對人民有利，對黨有利，對革命有利。我很高興同志們今天的發言，我每天都受好幾次教育。我們要爭取中央講的第一個可能，唯一的辦法，就是不同觀點的團結起來共同批判滕海清的錯誤。不能有兩種觀點，你要批，他就不批，造成人為對立情緒，這對我們目前穩定局勢，落實政策，總結經驗，糾正錯誤不利。一些共同性的問題，革委會還要研究一下，如吐出革委會的機關的人，打傷了的、死亡的、撫恤問題等等，將來我們革委會準備搞一個文件，放人、平反、處理善後工作，包括落實政策。由於時間關係，同志們要我作深刻的檢查，同志們要求很好，就是要檢查。我今天不是檢查，僅僅講些情況，將來還要作公開檢查。

另附中間插話摘記：

代表：現在有的旗不讓貼大字報，不讓搞宣傳，批判怎麼搞，這個問題怎麼辦？請答覆一下。

滕：那是錯誤的，現在要發動群眾起來批判滕海清的錯誤，這才是正確的。嚴重的逼、供、信，擴大化的違反毛主席各項政策的錯誤。

代表：這是一個問題。另外，錫盟現在落實政策阻力很大，昨天東蘇旗還打來電話，昨天還在抓人，這個抓人，不是抓黨中央所指出的殺人、放火、放毒現行反革命，而是抓某某懷疑的對象，什麼「內人黨」，莫須有的罪名抓起來，像這樣的問題怎麼辦？

滕：挖「內人黨」中央已經指出，一要停下來，二要平反，三要放人，現在還在抓人，完全是違反中央的指示的，抓的都放。（代表插話：有這樣情況，上訪團回去的人員，下車就抓）。

代表：錫盟落實政策有問題，阻力很大，要求內蒙革委會，派得力的調查團或毛澤東思想宣傳隊，到錫盟深入到各旗縣幫助落實政策，捍衛毛主席的無產階級革命路線。第二個問題，錫盟革委會的常委嘎那桑同志被關起來很久了，昨天錫盟工代會打來電話，已經被搶出來了，他就是因為說了一句錯話，我們認為他不是壞人，應當恢復職務。

滕：凡是打錯了的，一律平反，一律恢復工作。

代表：關於放人問題和抓人問題，抓什麼樣的人？

滕：現在不准抓人嘛！中央已有規定。（吳濤同志插話：殺人、放火、放毒、現行反革命以外不抓嘛！大部不抓，一個不殺。）

代表：關於有重大嫌疑，什麼叫重大嫌疑？是不是要有證據？

吳濤：重大嫌疑嘛！就要審查，不一定關起來，審查幹部也要審查嘛！

滕：不是一般的歷史問題，一般個人歷史問題，不是重大嫌疑。重大嫌疑就是非常嚴重的政治問題，沒有搞清楚，但這些人不一定要關起來，對這些人要繼續審查。

代表：我懷疑你是「內人黨」是不是嫌疑？

滕：你懷疑他，你沒有證據怎麼能行呢？

代表：敵人咬他一口，他就是，這是不是嫌疑？

滕：那個不行。

代表：我們那裡說三個人口供就算重大嫌疑。

吳濤：那也不行。

滕：那不算重大嫌疑嘛。

高錦明講話：

我們大家都要按毛主席5月22日的批示，中央對內蒙當前工作的指示去貫徹執行。在前一段所犯的嚴重錯誤，特別是在挖「新內人黨」這個工作中產生了左傾錯誤。犯了嚴重逼、供、信、嚴重擴大化的錯誤，應迅速糾正過來。實現中央所指示的加強，糾正錯誤，總結經驗，落實政策，穩定局勢，共同對敵。尤其錫盟你們處在北部邊疆，反修前哨，毛主席指示加強戰備，反修前哨

的錫盟更要注意，做好戰備，隨時迎擊蘇修、蒙修可能對我們的侵略。這次犯了嚴重錯誤，損害了我們階級兄弟，大家聽到這些都很難過，的確受了很深的教育。使我們更加認識錯誤，加強了改正的決心。同志們很希望有些具體辦法，包括如何克服阻力，包括處理被打錯的人，逼死、打死的人和他們的家屬等問題。最近內蒙革委會正一步一步的具體化。內蒙《141號》文件有很多錯誤，最近準備修改重發，那個文件不完全都錯，指導思想有錯個別具體規定有錯誤，修改以後再重發。比如平反處理材料問題，必須把本人寫的材料交還本人，別人揭發的材料銷毀，不准給人家裝入檔案。一手平反，一手給人家裝入檔案，這個做法是違背中央指示的。也不准複製，給你一份，還留一份，準備秋後或什麼時候算帳，這是不對的，違背中央指示。更不准轉移材料。我們要與這種現象做鬥爭，希望那些不執行中央指示的人迅速改變過來，不改變他自己就要受到懲罰的，在革命委員會搞「吐故納新」的口號是錯誤的，在實際工作當中確實吐出一批革委會成員。現在首先把這批好同志搞錯了要平反，要恢復工作。現在還關著的，應該馬上釋放出來。不要用各種辦法用某種藉口拖延中央指示的貫徹執行。中央有幾條：一要停下來，二平反，三要放人，包括處理善後工作，現在還有阻礙，用各種藉口，剛才收到一個條子說；因為到上級上告，回去說這叫犯錯誤，有個同志條子上寫的因為上告，回家又關了十人，這個做法完全是錯誤的。（吳濤插話：堅決反對。）還有的對現在上訪的回去馬上要抓起來。現在上告的還想抓起來。這些事情都有過規定，有的早規定的，有最近規定的，不按規定執行。這些規定當然有很多地方不很周到。但是符合中央指示精神的。現在又一個同志遞條子，現在一年的工資還不給發，要警告這些同志究竟是不是想決心對抗黨的政策，對抗中央的指示。（吳濤：扣發的工資要補發嘛。）什麼人不給發，你們直接寫信來告訴，為什麼這樣幹呢，不讓人活著能行嗎。勞改犯還得給飯吃嘛。糾正錯誤，落實政策也是一場鬥爭，不鬥爭改不了，不鬥爭黨的政策不能落實。總有那麼些人站在錯誤一邊，堅持錯誤，保護錯誤。當然，整個錯誤的責任滕海清同志說了不在下邊，不能推到下邊，清理階級隊伍當中很積極搞的人，但他也犯了很多錯誤。不能推到工宣隊、貧宣隊、軍宣隊身上。上邊內蒙革委會核心小組負責，滕海清同志應負主要責任，其他同志也有不同程度的責任。上邊承擔責任，完全攬

過來。但是我們的下邊如果繼續對抗中央指示，也是犯錯誤的，但這個錯誤不一樣。我們希望各級領導同志不要再抵抗，抵抗就要犯新的錯誤。你說過去的錯誤我不負責，指導思想不是我的，我是按上邊執行。現在上邊讓你平反，你平不平？你不平，這個責任誰負？當然不能對過去的錯誤揪住不放，思想沒過要很快的通，你不通也要執行，上邊規定的你不執行，說我思想不通，等通了以後我再執行，這也不對呀！不能等你思想通了人家再吃飯呀！你思想不通人家也得活著。當然還有很多。各地上訪的同志來，研究一些辦法。比如死的人怎麼辦，死的人怎麼待遇，自治區不能夠也無權做這個政策性的規定。我們現在想了個暫行的辦法，沒有統一規定以前，按因公死亡待遇。準備發文件。其餘還有很多具體問題，比如說，有的同志家裡財產都沒收了，他不是「內人黨」，是「內人黨」也不能沒收財產，沒有這個法律規定。準備做一個規定，對被錯打成「內人黨」的，他本人和家屬在受迫害期間所遭受的損失，包括身體上損失要治療嘛，財產的損失要合理的補償，如誤工的問題，工資的問題，還有其他財產的損失。將來辦法一步一步的具體化。原來是好勞動力，現在喪失勞動力，這些問題都要解決。政治上是第一位先給平反，然後再解決一些實際的問題。在平反中還有些問題比如重大嫌疑究竟怎麼解釋。我看不在這幾個字的問題，我們可以考慮用什麼字句可以不被歪曲，不被曲解。問題是思想通了的話他就不把你看成嫌疑，思想不通都是嫌疑。有人說什麼叫嫌疑，有人供你，就叫嫌疑，三個、三十個也能找出來嘛。他不供你打他嘛，打他就供嘛，現在都可以打成「內人黨」，我們在座的二個也有人說是「內人黨」（代表：我們是滕海清同志發展的）滕海清發展的你，你這個介紹人還不小呢。這樣的嚴重逼、供、信，下邊要口供不難，要知道口供這不是證據。毛主席講要重證據，口供就是證據呀？那不行，過幾天他一瞭解黨的政策不是那麼回事就推翻了，這不就完了。我們在進行工作時還有許多問題需要解決，首先要好好學習「九大」精神，好好學習毛主席「5、22」批示，中共中央對當前內蒙工作的指示。對錫盟的問題我們很關心，但是我們力量不夠。已決定派人去，到盟裡和西蘇旗，內蒙革委會常委那順巴雅爾同志帶隊去。

革命的同志們起來監督幫助，革委會落實黨的政策。我們還是依靠群眾，依靠群眾糾正錯誤，依靠群眾落實政策，離開群眾什麼事也辦不了，還得犯錯

誤。所以我想我們大家有充分的信心，總結這幾個月以來的沉痛教訓，好好的把毛主席的指示，中央的指示落實下來，改正錯誤，按毛主席在「九大」的號召，高舉團結勝利的旗幟，改正錯誤鞏固發展大好形勢，保衛三年來文化大革命成果。

吳濤同志講話：

首先歡迎同志的批評，接受同志們給的教育，向受害同志致以親切的慰問。對於被打錯了的同志，要徹底平反，受傷的同志要給治療，由於逼、供、信而造成的非正常的死亡的同志，給予平反，在沒有全區新的規定之前，暫時按因公死亡來撫恤家屬，如果將來有統一的規定，按新的規定。不然的話，有些人沒法生活，主要的勞動力死亡了嘛！被打錯了的，給予平反，要恢復工作或者另行分配工作，對於各派組織（革命群眾組織），有不同觀點的要一視同仁，一樣對待，對犯錯誤的造反派，也不能壓，也要進行幫助教育，共同團結起來，這樣才能把革命搞好。我們內蒙1,300萬革命人民是熱愛毛主席的，是擁護毛主席的，是忠於毛主席的。內蒙的天是毛澤東思想的天，毛澤東思想在內蒙是占統帥地位的。毛主席的威信在內蒙是絕對的。烏蘭夫反革命修正主義民族分裂主義分子，他雖然在內蒙二十年，是有他一定的影響的，有他的流毒，但是畢竟還是一部分。他是極端反動的。人民是要打倒他肅清他的影響。不能說內蒙這個地區由於烏蘭夫統治了二十年就影響我們對毛澤東思想的擁護，對毛主席的熱愛，絕不會這樣的，絕不是這樣的。毛澤東思想是光焰無際的，毛澤東思想照亮了內蒙古草原，毛澤東思想是真理，是代表廣大革命人民利益的最高的集中體現。所以各族革命人民，都能夠普遍的來學習運用，毛主席著作，毛澤東思想。來熱愛毛主席。這是天經地義的，不能動搖的。內蒙各族人民應加強團結。毛主席教導我們：「國家的統一，人民的團結，國內各民族的團結，這是我們的事業必定要勝利的基本保證」。內蒙是各民族的地區，各民族要加強團結。我們是社會主義國家，我們國內各個民族是平等的，各民族之的關係是團結的友好的。這次擴大化的錯誤，清理階級隊伍特別是在挖「內人黨」的問題上犯了嚴重的逼、供、信，擴大化的錯誤，傷害了打擊了

工人、貧下中農，貧下中農，革命知識分子，軍人各方面，特別是有一些地方對少數民族的幹部打擊的比例數較大一些，這是極端錯誤的。毛主席教導我們說：「民族鬥爭，說到底，是一個階級鬥爭問題。」不能以民族來分，而是以階級來分。凡是我們貧下中農，貧下中牧都是一家。凡是地主、牧主都是專政對象。這樣我們就能夠在毛澤東思想下加強團結，緊密團結。是什麼民族不能由個人選擇，你出生在那個民族裡邊你就是那個民族。說自己本民族的語言，完全是允許的。我們中國是多民族國家，所以我們要加強團結。加強各級革命委員會的團結，加強軍隊的團結，加強軍政之間的團結，加強各民族之間的團結。特別在我們這個地區面對著蘇蒙修正主義，我們處在反修第一線，各民族的團結更重要，能團結，糾正錯誤，落實政策，我們才能穩定局勢共同對敵。所以我們不要以民族來劃界線。而是以階級來劃界線。封建貴族王公、牧主、喇嘛和地主資產階級他們是一個鼻孔出氣的。貧下中農、貧下中牧，我們是階級弟兄，我們要增強團結，共同對敵。把我們穩定住，穩定好，把我們的鬥、批、改搞好，完成毛主席賦予我們的各項戰鬥任務，為把我們白治區建設成一個反帝反修的鋼鐵長城，而共同努力。

（根據記錄整理，未經本人審閱）

89.中共內蒙革委會核心小組接見呼和浩特批滕聯絡總站負責同志時，滕海清、吳濤同志講話（1969.06.05）

中共內蒙革委會核心小組於一九六九年六月五日晚十一時至六日晨五時，在華建二樓會議室，接見呼和浩特批滕聯絡總站負責同志。參加接見的有滕海清、吳濤、高錦明、權星垣、李樹德、康修民、霍道余、郝廣德、王志友、劉立堂等核心小組成員及部分常委。接見時，呼和浩特批滕聯絡總站的同志，向內蒙革委會提出了關於「加強團結，糾正錯誤，總結經驗，落實政策，穩定局勢，共同對敵」的具體建議。滕海清、吳濤二同志講了話。

滕海清同志講話

同志們提些問題，都是想把我們核心小組的工作做得更好一點，這是大家的心情。還是我們的工作沒有做好，同志們發言完全是對我們、對內蒙整個形勢的關懷，對核心小組工作的關懷。也是對我的批評、對我最大的教育、幫助，也是對我最大的愛護。

我想講這樣幾點意見：

第一點意見，目前不管在呼市還是全區，現在我們的中心到底是搞什麼？本來這個問題，在中央對內蒙幾個問題的批示，偉大領袖毛主席的批示，以及中央領導同志的講話，吳濤同志的傳達已經講得很清楚了，現在看來貫徹得還是不好。主要是對現在批判滕海清的嚴重錯誤大家認識不足，阻力很大。一個是目前我們的秩序比較動盪，不安定，這是很大的阻礙。不過大家都團結起來，一致對我，目標對著滕海清，批判滕海清的錯誤，那麼就好了，這樣我們第一個可能很快就出現。而現在沒有達到這個東西。就是批判這個錯誤，有些同志還沒有認識到這個錯誤的嚴重性，如果現在有些同志支持我的、保我的錯誤，這實際上不是保我的問題，而是推我下水、下臺的問題。而真正是愛護我的人呢？就是像我們同志那樣，深刻的批判。錯誤不批判就不得了。今天同志

們講了錯誤的危害性、錯誤的嚴重性，都講得很好。事實就是這樣，要糾正錯誤，必須揭露矛盾，才能解決矛盾。這個錯誤不揭露、不批判，想改正錯誤，那是不可能的。我們對錯誤，不能絲毫跟它有什麼客氣，錯誤對革命、對人民是犯罪的行為，是對革命的損失。這個擴大化的錯誤，傷害了多少的貧下中農、幹部、共產黨員、工人、革命造反派，這個錯誤多麼嚴重，我們怎麼還能祖護這個錯誤呢？祖護它就是不對。我想批判這個錯誤，是當前的中心，是中心任務，也是中心的中心。只有批判錯誤，才能落實政策，才能糾正錯誤，我希望不同觀點的同志，大家都團結起來，把目標對著滕海清。對著滕海清，不是對著滕海清個人，而是對內蒙整個犯的錯誤怎麼去糾正的問題。但是，在批判這個錯誤中間，現在有一些說法是錯誤的，什麼「逆流」啊，什麼「少數敵人在裡面挑動」啊！我們犯了錯誤，群眾起來批判，這完全正確，非這樣做不行。什麼「逆流」？講「逆流」完全是錯誤的。說「敵人挑動」，廣大革命派起來糾正錯誤，這是革命行動，好嘛！是不是有個別敵人，那是個別的敵人的問題，是敵人都要幹壞事，廣大群眾起來要糾正錯誤，不要把問題看成那樣，說是「少數敵人搞的」，這不對嘛，錯誤的嘛。不准批判或批判得不積極的，還有什麼謠言，「逆流」、「少數敵人挑動」等等，這些黑話，都是錯誤的。現在還有種傾向是不好的，最近同志們反映了一些情況，就是把矛頭指向群眾，指向造反派的頭頭，而不是把矛頭對著我的錯誤。對著郝廣德同志、霍道余同志、王志友同志，還有楊萬祥等其他的一些同志。主要怨我嘛！為什麼要這樣做呢？犯錯誤不是他們嘛，是我嘛！他們起來糾正錯誤這是好的嘛，應當表揚嘛（有人插話：楊萬祥保你）。不管是什麼人把矛頭指向群眾，指向造反派，這是錯誤的做法，不應當這樣，這樣就轉移目標，轉移方向。還有一種說法，叫做什麼綱上派、綱下派，這個說法也不對，批判錯誤，群眾上綱高一點，有什麼關係？低一點、高一點沒有關係嘛，群眾慢慢地在毛澤東思想的基礎上就統一起來了嘛，要相信群眾還是按照毛主席的指示辦事的。所以這個都不好。對我們目前的批判搞得不轟轟烈烈、不深入，和這些東西都有關係（錯誤的說法和錯誤的提法）。沒有集中力量把這個矛頭真正對著我，而是對準群眾，對著造反派的頭頭，特別是對著那些起來糾正錯誤的人，那更是錯誤的。同時我們也不要把矛頭對著工宣隊、軍宣隊，也不能把矛頭指著過去「挖肅」

鬥爭中的有些積極分子。他們犯了很多錯誤，但這個責任不在他們。工宣隊中有缺點、有錯誤，軍宣隊也是這樣，以及過去「挖肅」鬥爭積極分子，他們有錯誤，統統是我們的，我負責，不能怪他們。因我過去錯誤思想對他們影響，現在對他們政治思想工作做得不夠，有些同志思想沒有轉過來，但是這些同志還是好同志，應該教育，責任應該是我們負，特別是應由我負責，我想這一點希望同志們注意。我們要把百分之九十五以上的人都團結起來批判這個錯誤，那不就好了嗎？那我們這個局勢就穩定了嘛！

第二點意見，目前我們怎麼做法，目前就是放手發動群眾徹底批判錯誤，落實政策。革命群眾、同志們起來批評是對的，沒有什麼開大會呀，什麼去動員呀！特別是我自己沒有出去講，這是錯誤的。目前就是穆林同志提的意見是不是開全區電話會議呀，我看這個還是有必要。怎麼開法，現在我們革委會機關也是不太靈了，這個也不能怪群眾，是我們領導得不好，沒有把這個力量集中起來，批判錯誤。批判錯誤，這是目前的中心任務，但是還要抓革命、促生產。生產問題、工作問題，我們在這個方面領導得不好。發動群眾批判錯誤、落實政策很重要的一個問題就是要平反。平反的問題，現在也有阻力，這個阻力和上面的阻力是一致的。不願意批判錯誤哪能平反呢？有些工作不是那樣認真，要徹底平反，真正的平反。已有的做了，但做得不好。平反工作我們雖然發了一些材料，但是下面在執行中間還是貫徹的不好。有些地方貫徹的很差。這就是過去前一段在挖「內人黨」中間搞擴大化，傷害了貧下中農、貧下中牧、工人、青年學生、幹部，凡是擴大化的打成「內人黨」或「內人黨」變種組織的，要徹底地平反。我們現在平反不徹底的就是什麼呢？開會就平反了，不交材料，甚至把人家的材料還複製，還保存起來，還轉移。你既然平反了，還把材料保存起來幹什麼呢？還以後跟人家算帳嗎？當然我們已經把好同志打了嘛，現在平反嘛，承認錯誤嘛，把那些東西交代了嘛，我們那些同志還是通情達理的嘛。如果我們沒有這個決心，人家不相信嘛，現在實際上平反是組織上平反，思想上沒平反。思想上沒平反就是雖然給你平反，但我還是不放心的，你還是個「內人黨」，因此搞點材料，搞點複製，交一點留一點，這些都是錯誤的。這就沒有辦法落實政策。平反以後，要做善後工作，比方在擴大化中間打死的、逼死的、自殺的這些人，這就是要做善後的撫恤處理，你把他一

家人男的打死了，家裡還有女的、小孩怎麼辦？怎麼過生活？所以核心小組經過多少次研究，對這些人一定要撫恤。目前沒有一個統一的規定，以前凡是死的人按因公死亡對待，打傷了的要給治療。打傷了的如在錫盟有一個叫張××的同志，我們把他家都抄了，還是一個轉業的幹部，像這個人所受的損失還要賠償。像這些工作，現在做得還是很不徹底，有些工作阻力還很大。還有一個工作就是落實政策，過去革委會問題，同志們提出恢復過去革委會的權力、威信，這是很重要的。我想革委會過去在挖「內人黨」、在清理階級隊伍中間錯吐出去的那些人，現在一律要恢復原職，徹底平反，恢復名譽。對群眾組織也是這樣，過去錯打成反革命組織的，要取消這個錯誤的決定。被打的個人，有的打成什麼「右傾機會主義分子」批判等等的，對個人在落實政策時，也要徹底平反。糾正錯誤，落實政策問題，我們目前要貫徹下去，不貫徹下去，這個問題很大。

下面講工宣隊的問題。工宣隊問題，人家提了很好的意見，這個問題面比較大，我們研究過一次，但是還沒有研究出個結果，大家提的意見我們過去都考慮過，這些意見都很好，我們準備逐步地還繼續研究一下。工宣隊的問題，比如到廠礦企業的工宣隊，我們原來有個意見，就是逐步地把它撤出去。外地來的，我們研究過要撤出，不過現在還沒有完全研究好。軍宣隊準備最近調出來學習一個時期，有一個「論政策」學習一下。在目前由於這個政策落實、批判有阻力，現在還有這樣一個現象，除了今晚同志們講的以外，我們已聽到不少的這些情況，像這個武鬥，有少數人煽動武鬥、指揮武鬥、操縱武鬥，我們本來在過去搞擴大化的時候，搞武鬥，搞逼、供、信，現在落實政策的時候，還有人在那裡挑動武鬥，這樣搞是嚴重的。像過去這樣地搞擴大化、搞武鬥的，可能有一小撮個別的壞人，大多數是由於我們不懂的政策的這些人幹的。這些人將來要批評教育，吸取教訓總結經驗。在目前我們在落實政策上，正是批判錯誤的時候，還有人在那裡挑動搞武鬥，殺人呀，這個問題要及時地處理。比如殺人兇手、打人兇手，什麼時候我們都反對。目前這個問題，我們是發動群眾，你是挑動武鬥，操縱壞人，比如在臨河人家拿刀子殺人，這樣的人，應該當時就處理嘛！怎麼得了！這個人身沒有安全嘛！如30號郝廣德同志、李福小同志去取文件嘛？！取文件那天是吳濤同志同我給開的介紹信去

的嘛！我們公安局簡直是……，發生這樣一椿嚴重事件，這個問題我們正在處理，內蒙軍區正在研究，把這個問題嚴肅處理，處理方案正在研究。這個問題同志們提意見很好，因為不得了呀！不但是對群眾，人家下火車，就給人家一刀子，要是我們革委會的常委行使職權、工作的時候，都沒有保障，像我們大家都沒有保障，那還得了嗎？！這樣的公安機關，他是專什麼政呀？不是專敵人的政，是專我們自己的政嘛！這個確是非常嚴重！這是我們最近發現的一些情況，鐵路上的武鬥，公安局的事件，等等，這說明對我們目前落實政策、穩定局勢，他們是在那裡干擾，對抗吧！還有謠傳吳濤同志傳達中央的東西同中央的文件不一致，吳濤同志傳達這個東西是核心小組共同研究，有中央首長指示，把它綜合起來，但是我們綜合的不好，那是我們的水平問題。那裡面沒有私貨！沒有加我們自己任何一個意見，都是中央的指示，說吳濤同志還有什麼民族情緒，這完全是胡說八道！傳達中央的東西還是什麼民族情緒呀？中央政治局的指示嘛，中央同志的指示嘛，核心小組同志研究出來的嘛，吳濤同志是作傳達的。這樣提出問題完全是錯誤的，這是對中央指示抱什麼態度問題！而且把中央的指示和吳濤同志傳達對立起來，這是什麼意思？吳濤同志傳達和中央批准的文件完全是一致的。但我們那個文件，我們六個人寫的那個東西，不可能把中央所有的東西都寫上去。為了大家學習和把中央同志的所有的講話，把它單獨整理起來傳達，那就更加使我們學習起來更好了。不能把中央批示的文件和吳濤同志的傳達對立起來，對立起來是完全錯誤的。散佈這些東西這都是不利於團結的，不利於執行「五‧二二」批示，而且對中央的指示抱懷疑的態度這是不對的。還有一個傾向，防止有些壞人在那裡搞經濟主義，反革命經濟主義，有沒有？現在有，鬧工資的，鬧什麼東西現在都出來了。這是什麼情況？為什麼現在出來搞這個東西？我們要防止壞人搞反革命經濟主義，這是值得我們造反派大家注意的。現在無政府主義的現象比較嚴重，喜歡上班就上班，不喜歡上班就走了。工人可以不做工，一來幾百人，例如烏達有，其他地方也有，一來幾百人，來上訪。來上訪可以的，你可以派點代表來，你來這多人幹什麼？從我們現在上訪的人，大約有五千人在這裡，這五千人都要我們去搞這個沒有辦法的事情。比方來少數人，大家可以解決問題，幾千人、幾百人我們已經試過的一百人搞一夜、搞兩天一個問題也沒有解決。還是少數人像今

天晚上大家提出這樣一些好的意見，把意見提出來。我們今晚凶時間關係，大家等的很晚了，沒有很好的研究。像這樣的東西對我們幫助很大，的確我們現在的腦子是有點模模糊糊、昏昏沉沉的。希望要同志們幫助。當然那些同志也是對我們的促進幫助，但對生產不利呀。

同志們對我提出意見沒有到群眾中去，要誠懇接受同志們的批評。不能怪客觀的原因，還是怪我主觀上努力不夠。我想我在呼市怎麼害怕我們這個造反派呢？不管怎麼樣，我在這裡搞了兩年，由不熟悉還是熟悉嘛，因此到那裡去有什麼呢？那個倒沒有什麼。不過我們現在這個工作是的確安排得不好。同志們很擔心我們怎麼樣把這一關過去，我看這個擔心很有道理。我們的工作安排得不好，同志們也很擔心，找也找不到，實質上我們這個問題怎麼搞法，我們簡直是沒有辦法。今天同志們對我們提出一些辦法我們的腦子也好一點清醒一點。所以，希望同志們要誠懇幫助，要大家幫助，我們的工作才能做好。總言呀，最後一個我感謝同志們對我的批評和幫助。不過不是感謝那些現在一直在那裡那樣袒護我的錯誤、保我的錯誤的，那些同志我不感謝。我真正感謝的同志還是幫助我扎評我的錯誤的那些同志。同志們今晚還提一些問題，還有一些具體問題恐怕我們將來研究一下。群專的問題，還有一些什麼其他的問題，還有一些其他全區的問題，對工宣隊的問題等等。

（據錄音整理，未經本人審閱）

吳濤同志講話

接受同志們的批判，接受同志們的教育。同志們還有很多好的建設性的意見，幫助我們糾正錯誤，落實政策，穩定局勢，加強團結，共同對敵吧。

當前最嚴重的就是糾正錯誤，糾正錯誤最主要的是批判，錯誤不批判是不能改正的，閉門思過，在屋裡改是不行的，要發動群眾，批判我們的錯誤，只有揭發才能使得我們深刻地認識錯誤和修正錯誤。當前的形勢主要是批判錯誤，這形勢正在向前發展，這是個好形勢。如果沒有這些同志起來批判錯誤，那麼這個錯誤的糾正是不可能的，落實政策也是不可能的。因此，糾正錯誤和落實政策的聯繫是一個問題的兩個方面，糾正了錯誤才能落實政策，不糾正錯

誤怎麼能落實政策呢？就糾正錯誤，當前來講，要開展批判，批判是要糾正我們這個嚴重的擴大化的錯誤，這是在「左」傾錯誤思想指導下，特別是在清理階級隊伍中犯了這樣的嚴重錯誤，大家起來批判就能把所有的群眾、同志團結起來。我們這個明確表態，到群眾裡邊去講，去說，去動員大家都來批判。群眾就會一致囉，就會團結起來了。如果不是這樣的話，那麼群眾就會形成兩種觀點，甚至於形成兩派，再發展下去，甚至兩派鬥起來，這完全可能，所以當前來講，矛頭指向錯誤、批判錯誤，這樣才能把群眾團結起來。對群眾我們應該這樣的，應該大家團結起來共同批判錯誤。批判者本身不能受到批判。現在有些現象不太好，什麼批判霍道余呀，郝廣德呀，王志友呀，這樣不好，他們是抵制錯誤的，過去是抵制錯誤，現在批判錯誤，抵制錯誤和批判錯誤的同志不能再受批判，這樣搞的話不好。應該把矛頭指向我們犯的錯誤，因為錯誤是我們犯的，這樣大家就能團結起來，如果把矛頭指向批判者，這樣的話就會造成分裂。這個問題值得注意。再一個問題，不同觀點是允許存在的。要做很長時間的工作，做艱苦細緻的政治思想工作，這樣逐漸能夠用毛澤東思想來統一吧，用毛澤東思想來達到統一，只有這樣才能夠達到大聯合。所以這個什麼派的問題，不要強調這個東西，要強調什麼呢？要強調批判，先批判和後批判都允許，後批判應該向先批判的學習，後批判的不應該反對先批判的。為什麼要批判批判者呢？所以，先批判後批判都允許。只要批判都是我們的好同志，都是幫助領導糾正錯誤，所以，我們就不要提什麼保滕派，我的意見是這樣。不要這樣講，這樣講的話不利於團結，先批判後批判都允許（有人問：我們反面觀點的批不批呀？）對不同觀點的群眾，特別是大字報更不應該這樣，大字報應該指向錯誤嘛！擴大化的錯誤嘛，批判我們的錯誤嘛（有人插話：新紅聯貼出什麼「郝廣德、霍道余、王志友到處煽風點火，是製造第二種可能的罪魁禍首」）不應該批判什麼郝廣德呀，霍道余呀，那是錯誤的嘛，矛頭那樣指是錯誤的，不要那樣做嘛，批判錯誤是革命行動，要肯定，大家都來批判，允許先批判、後批判，允許昨天批判、今天批判、明天批判，只要錯誤糾正了，這就為止嘛。

第二個問題，就是我們堅決地落實政策。這個問題要迅速地堅決地採取果斷措施。下面那個地方落實政策不夠，這個問題主要責任在於領導者。領

導上態度明朗，承認錯誤，這個責任在於領導，這樣的話下面的同志就沒有顧慮了，落實政策阻力就小了，就沒有阻力了，主要在於領導。所以，我們本來想的嘛，落實政策下一個文件，《一四一》文件，這個文件是錯誤的，現在要把它撤銷，重新發一個，接受同志們的意見，好多革命造反派提出意見，說這個文件不好。這裡面最嚴重的一個問題把一大項漏掉了，凡是打錯了的都要平反，這是最重要的一句話。那裡面講的平反的話呢，講的很具體，什麼工人、貧下中農、貧下中牧，青年學生，一般幹部，恰恰就沒有寫下搞錯了的人都要平反，這句話是最重要最重要的了。你不能說青年學生就平反，老年人就不平反了？一般幹部平反，那麼別的幹部就不能平反？凡是錯了的都要平反。這句話是最重要的。當然，還有其他問題了，接受同志們的意見。平反嘛，要落實到個人，關於革命群眾組織和革命委員會成員，凡是搞錯了的都要平反。受傷者給予治療，由於逼、供、信而造成的非正常死亡，一定要給予撫恤。沒有新的規定之前，按照因公死亡的待遇來給予撫恤，這個問題嘛，將來在全區制定一個撫恤規定。總之，這些問題要堅決給予撫恤，給予平反，而平反的很重要的一個方面還是批判，批判錯誤。因為組織上、政治上平反了，已經宣佈了，但是，如果思想上沒有進行批判，腦子裡面還有一個「新內人黨」，那個問題的話也沒有徹底平反，所以要批判。組織上平反了，說你不是「新內人黨」，如果不進行批判，那腦子裡面還有個「內人黨」，那就不能以同志相待，分配了工作也不能很好信任，甚至於不信任，因為腦子裡面還有個東西嘛，所以只有展開批判，在腦子裡面他不是「內人黨」，這樣的話才能以同志的感情來對待他，才能真正達到團結，才能真正信任他，放在工作崗位上才能真正信任他，否則的話腦子裡還有個「內人黨」那就不行。這個問題的話，要徹底平反。各個地區要很好地來落實。首先在領導有明確的態度，承認錯誤，檢查錯誤。

第三個問題，對軍宣隊、工宣隊要進行一個時期的整訓。這些同志嘛，過去在工作中是執行了，主要在「左」傾錯誤思想指導下，有些缺點、錯誤，責任由領導來負。由擴大化「左」傾思想造成的嘛。本來是「左」啦，還在那裡反右，結果呢，越反越「左」，這個不能怨下邊嘛，怨領導錯誤的指導思想，這是「左」傾錯誤思想，主觀唯心主義的嘛，形而上學的看問題嘛，錯誤

指導，所以造成了嚴重的擴大化錯誤，責任不在他們身上。有一些關係搞的不好的，經過整訓還可以調整。外地區的工宣隊逐漸準備撤離。工人階級、產業工人，到工廠、礦山的工人階級管工人階級，這個辦法不太好，將來撤出。當然全國也有這種情況，但比較少。上海進駐老大難單位，也有產業工人進到工廠的，但是很少。在北京由大城市進到縣裡邊的小工廠，但產業工人進到產業工人的現在來看不成功。這個要撤離，當然要逐漸做。工宣隊指揮部要商量，做他們的工作，當然撤也要做他們的工作。他們過去清理階級隊伍的材料，要交給革命委員會，撤離時要把接交手續辦好。各個單位對他們走時還要進行歡送，做好團結，歡迎來的嘛，歡送走，不要搞的不好，因為工人階級嘛。這個問題如果是派的不合適，派錯了，責任在我們領導，在核心小組，對工宣隊本身沒有責任，他們是執行者。

第四個問題，我們現在還要抓革命促生產。革命造反派都非常關心這個問題。當前來看，這是對整個局勢的關心，對革命委員會的工作，對核心小組的工作都很關心。有很多同志講，看在眼裡痛在心裡，我想這個話是肺腑之言，非常誠懇，非常關心。關心國家大事，關心整個局勢，關心內蒙局勢。我們一定不辜負同志們的關心。我們一定要按照中央、毛主席「五‧二二」批示，中央的指示，特別是中央政治局的指示辦事。我們傳達的都是中央政治局負責同志講的，沒有一句話是我們自己的。至於沒有寫姓名說那個話是總理講的，那個是伯達、那個是康老講的，只是沒那麼寫上，把他們講的都寫上了嘛，都是他們講的。（有人插話後⋯⋯）在那裡黨中央對我們很嚴肅批評了嘛，那兩個文件是我們寫的嘛，一個文件就是我們檢討的，一個文件是我們六個人起草寫的中央批示的嘛，所以精神還是一致的嘛，當然語句嘛，兩個文件怎麼能一樣呢，語句不一樣，精神是一致的，我們保證我們傳達的每句話都是中央政治局負責同志講的。要堅決落實執行。中央政治局負責同志的講話和指示，我們還有什麼打折扣的呀，就堅持執行嘛，這個問題不能含糊。當前很多同志都很關心局勢，對我們進行了批評，給我們提了好多建設性的意見，許多具體問題我們還沒來得及商量把它具體解決。這些問題，我們還要坐下來每個問題、每個問題的研究，研究以後求得解決。建議裡面講到，一個一個問題，一個一個單位的解決問題，這是肯定的。另外也要發個總的東西，不然的話，時間來不

及。一個一個解決也是對的，並不是不對的。但是，完全這樣作，我們現在感到每天都接見一些人，安排不過來。現在已經摸到一些經驗，同志們的建議、批評已經指出了很多問題嘛，這些問題很好研究一下子，發一個全面性的這樣一個文件，在全區執行，有的解決了的就不來了嘛，為什麼來呢？就是因為沒有糾正錯誤、沒有落實政策嘛，政策不落實，所以人家就來了，政策一落實人家就不來啦嘛，就是沒落實嘛。所以我們發一個全面東西非常必要。

最後，這也是一場鬥爭，糾正錯誤的一場鬥爭。要把它很好的堅持下去，要按照中央指示「二十四」個字的方針，這是非常重要的。「加強團結，糾正錯誤，總結經驗，落實政策，穩定局勢，共同對敵。」這個問題也是要我們把這個總方針作為當前解決問題的指導方針和一切解決問題的依據，實際情況必須這樣。如果不是這樣的話，內蒙的局勢就會變成第二種可能，那就搞壞了。當前我們的許多同志很關心，提出了很多好的辦法，這就要我們執行了，一定要爭取第一種可能。我們要盡最大努力要這樣做。當前局勢，國內外形勢都不允許我們走第二種可能，第二種可能對我們損失就大了，特別是當前來講，共同對敵嘛，有些問題可以講一講，我們當前面對蘇蒙修正主義……。我們要加強戰備，防止階級敵人在邊境上挑釁，當然他們挑釁我們要堅決回擊它。所以，從國內外形勢來看，還要加強戰備，先把局勢搞好，對當前來講是非常重要。

當前最重要的就是抓糾正錯誤，落實政策。只有這樣才能達到團結，共同對敵。不是這樣的話，就做不到達到團結，共同對敵。

我就簡單講到這裡。

（錄音整理，未經本人審閱）

《大批判戰訊》第一期，內部資料，請勿外傳
內蒙古直屬機關毛澤東思想大學校《批滕聯絡總站》
1969.6.10

90.內蒙古自治區革命委員會文件
——關於認真貫徹執行「九大」精神和偉大領袖毛主席《五‧二二》批示及中央對內蒙當前工作的指示的通知（1969.06.09）

（內蒙革發〔69〕165號）

各盟（市）、旗（縣）革命委員會，各軍分區、武裝部，各地駐軍，各工宣隊、軍宣隊、貧宣隊，各革命群眾組織，內蒙古自治區直屬各單位：

當前，全區各族人民群眾，在偉大的毛澤東思想的指引下，遵循黨的「九大」精神，高舉「團結、勝利」的旗幟，按照偉大領袖毛主席《五‧二二》批示和中央對內蒙當前工作的指示（即吳濤同志五月二十二日晚所傳達的），掀起了一個由下而上地、波瀾壯闊地活學活用毛澤東思想、批判前一段自治區革委會領導上所犯的嚴重「左」傾錯誤、落實毛主席各項無產階級政策的群眾運動。形勢一片大好。遵照偉大領袖毛主席「團結起來，爭取更大的勝利」的偉大號召，各級領導要高舉毛澤東思想偉大紅旗，認真貫徹執行黨的「九大」精神和毛主席《五‧二二》批示及中央對內蒙當前工作的指示，正確認識當前形勢，正確對待群眾，正確領導群眾，切實解決當前工作中存在的重要問題。為此，特作如下通知：

一、認真學習、宣傳、落實「九大」文獻和偉大領袖毛主席《五‧二二》批示及中央對內蒙當前工作的指示。努力實現偉大領袖毛主席《五‧二二》批示和中央對內蒙當前工作的指示，與貫徹「九大」精神，落實「九大」提出的各項政策和各項戰鬥任務是完全一致的。

二、各級領導同志要發動群眾，相信群眾，依靠群眾，主動到群眾中去，同群眾一起，領導群眾批判我們的嚴重錯誤，落實毛主席的各項無產階級政策。

群眾起來批判我們的錯誤，是對領導機關的革命監督，是幫助改正錯誤，是完全必要的，這是主流。要發動廣大群眾起來，共同批判自治區革委會領導

上前一時期所犯的嚴重錯誤。要滿腔熱情地歡迎、支持群眾的批評，壓制群眾的批評是錯誤的。各級領導要引導不同觀點的群眾共同批判我們的錯誤，不能引起群眾鬥群眾，不能把矛頭對準群眾。革命群眾批判我們的錯誤時，存在這樣那樣的分歧，是正常的。對這些分歧，要在偉大的毛澤東思想基礎上，在中央對內蒙當前工作的指示的精神下，統一認識，各級領導要積極作好不同觀點的群眾的政治思想工作，增強以工人階級為領導、以工農聯盟為基礎的廣泛的革命大團結，鞏固和發展革命的大聯合。對群眾在批判中所出現的支流問題，要以愛護群眾的態度，耐心做工作，正確引導。那種把來自群眾的革命批判和群眾批判中的某些支節問題，說成是「逆流」，是極其錯誤的。

糾正錯誤和穩定局勢，兩者相輔相成。藉口穩定局勢而不糾正錯誤是不對的。在糾正錯誤中必須顧全大局，防止把局勢搞亂。只有這樣，才能糾正錯誤，落實政策，增強團結，穩定局勢，共同對敵。

三、在前一段清理階級隊伍中，特別是挖「新內人黨」的過程中，在「左」傾錯誤思想的指導下，犯了嚴重的逼、供、信和擴大化錯誤，造成了嚴重的後果。對於這一段的錯誤，必須按照毛主席「五‧二二」批示和中央對內蒙當前工作的指示，認真、徹底、迅速地予以糾正。一定要按照中央的指示，立即停止挖「新內人黨」及其變種組織的工作。凡被錯打成「新內人黨」成員的（包括錯打成其他反動組織成員的，下同。），必須徹底平反，並按照規定原則，銷毀整他們的材料，嚴禁轉移、複製、隱瞞和私自處理。對被打、被逼而造成的非正常死亡者，按「因公死亡」待遇，要認真安排好其家屬的生活；對被打傷者要就地負責予以治療；對因傷致殘者的生活要予以妥善安排。對被錯打成「新內人黨」者及其家屬，在被鬥爭期間所遭受的財物損失，要合理予以解決。

革命造反派組織，被打成「新內人黨」及其他反動組織的，要予以平反，並公開恢復名譽。要進一步鞏固和發展革命大聯合，反對重拉隊伍，另立山頭。

四、從自治區革委會四次全委擴大會議開始，在全區開展了對所謂高錦明右傾機會主義路線的批判，是錯誤的。凡是因為積極推行所謂高錦明右傾機會主義路線，或因所謂「九月暗流」，或因錯打成「新內人黨」成員，被「吐」

出去的各級革委會成員和辦事機構的工作人員，都要立即平反、恢復原職或另行分配工作。

各級革委會的領導班子和辦事機構，必須迅速充實、健全起來。要充分發揮各級革命委員會的作用，全體軍民，都必須堅決支持、信任、幫助、尊重和捍衛革命委員會。

各級革委會的所有人員都應當高舉毛澤東思想偉大紅旗，加強團結，顧全大局，堅守崗位，齊心協力，作好工作。

五、根據毛主席的偉大號召派到各單位的工宣隊、軍宣隊、貧宣隊，他們在組織和帶領廣大革命群眾活學活用毛澤東思想，領導鬥、批、改，抓革命、促生產等方面，做了大量的工作，取得了很大成績。他們有些人在工作中發生的缺點、錯誤，由自治區革委會領導上負責，他們主要是總結經驗，吸取教訓，落實政策的問題。革命群眾在批判我們的錯誤的時候，不能把矛頭對準他們，更不允許揪鬥他們。

各工宣隊、軍宣隊應有計劃地、分期分批地舉辦毛澤東思想學習班，認真學習「九大」文件，認真學習偉大領袖毛主席《五‧二二》批示和中央對內蒙當前工作的指示，總結前一時期工作的經驗教訓，提高認識，以便更好地發揮他們的作用。對貧宣隊，應即調回本地去抓革命、促生產。工廠和旗縣以上革委會機關，今後不再派駐工宣隊。凡派到外地的工宣隊，根據情況，逐步調回本單位參加鬥、批、改，抓革命、促生產。

六、要堅決貫徹執行中央《六‧六》通令、《七‧三》佈告和《七‧二四》佈告。堅決反對武鬥，嚴禁打、砸、搶、抄、抓等違犯政策的行為，防止反革命分子和壞分子混水摸魚，乘機搗亂。任何群眾組織和個人都不准抓人、關人，不准私設公堂和變相私設公堂，不准搶奪、竊取檔案和文件材料，不准搜查、抄家和封門，不准侵佔、搶砸國家、集體和個人財物。目前有的單位發生隨意揪人、查封和武鬥傷人，影響生產等現象必須堅決制止。

各級革委會、軍分區、武裝部和各地駐軍要認真擔負起保證中央《六‧六》通令、《七‧三》佈告、《七‧二四》佈告貫徹執行的責任。從文到之日起，對於違反中央上述通令、佈告的，都必須嚴加處理，對於肇事者和背後挑動者，對於肆意擾亂和破壞無產階級專政秩序的壞分子，對於打傷和打死人的

兇手，要依法懲辦。

七、進一步做好**「擁軍愛民」**、**「擁政愛民」**工作，加強軍政團結、軍民團結。

中國人民解放軍是無產階級專政的柱石，是保衛祖國的偉大長城。各級革委會在貫徹落實「九大」精神和偉大領袖毛主席《五・二二》批示、中央對內蒙當前工作的指示的過程中，要加強對各族人民群眾的擁軍教育和戰備教育，通過各種方式抓好擁軍工作，加強軍民團結。

各軍分區、武裝部和各地駐軍要加強擁政愛民工作。要支持和協助各級革委會做好工作。對前一段被打傷的群眾，當地軍隊醫院和醫療部門要派出醫療隊就地予以治療。

參加「三支」、「兩軍」工作的中國人民解放軍指戰員，忠實地執行了毛主席、林副主席的指示，在工作中取得了很大成績，作出了巨大貢獻。在前一段工作中，由於自治區革委會領導上犯了「左」傾錯誤，有些同志在具體工作中產生的缺點和錯誤，責任應由自治區革委會領導上承擔。在批判我們的錯誤的時候，不能把矛頭對準他們，不准到部隊揪人，不能衝擊軍事機關和軍隊駐地。

參加「三支」「兩軍」工作的中國人民解放軍指戰員，要高舉毛澤東思想偉大紅旗，突出無產階級政治，認真貫徹執行毛主席「五・二二」批示和中央對內蒙當前工作的指示，和廣大革命群眾一起，批判和糾正錯誤，總結經驗，落實政策。要像八三四一部隊那樣，堅持三個原則，九個一樣。要積極做好不同觀點群眾的思想政治工作，在「三支」「兩軍」工作中再立新功。

八、偉大領袖毛主席教導說：**「國家的統一，人民的團結，國內各民族的團結，這是我們的事業必定要勝利的基本保證。」**我們一定要進一步加強各民族的團結，堅決執行毛主席的民族政策。蒙族和其他少數民族的人民和幹部的絕大多數，是熱愛偉大領袖毛主席、熱愛黨，熱愛社會主義祖國的。在挖「新內人黨」中誤傷的少數民族幹部和群眾，要堅決徹底平反。要積極培養、提拔有共產主義覺悟的少數民族幹部，要充分信用他們。尊重各少數民族的語言、文字、風俗、習慣，加強各族幹部和各族人民之間的團結。

九、抓革命、促生產、促工作、促戰備。各級革委會，要狠抓革命，猛促

生產，不失時機地把工農牧業生產抓好，特別要抓好糧食、煤炭、國防工業生產和鐵路運輸。

要教育和發動群眾提高警惕，反對壞人煽動鬧經濟主義和無政府主義歪風，反對任何破壞生產、破壞交通的行為。

各級革委會，要說服群眾，堅持就地鬧革命，節約鬧革命，業餘鬧革命，不要到外地串聯，減少上訪，就地解決問題，矛盾不上交。

各級領導一定要更好地遵照偉大領袖毛主席的教導，正確區分和處理兩類不同性質的矛盾。凡是人民內部矛盾，都要用**團結——批評和自我批評——團結**這個唯一正確的公式去處理，都要從團結的願望出發，經過批評和自我批評，使矛盾得到解決，在毛澤東思想基礎上達到新的團結。要認真注意到一個時期有一種主要傾向，但它又掩蓋著另一種傾向。在反對右傾時候，就可能出「左」；在反對「左」傾時候，就可能出右。要認真貫徹執行加強團結，糾正錯誤，總結經驗，落實政策，穩定局勢，共同對敵的方針。要教育群眾，把仇恨集中到美帝、蘇修、蒙修和叛徒、內奸、工賊劉少奇及其在內蒙代理人烏蘭夫等一小撮階級敵人身上去。

各級領導，全體軍民，都要認真學習、堅決貫徹執行偉大領袖毛主席的最新指示：「**我們講勝利，就要保證在無產階級領導之下，團結全國廣大人民群眾，去爭取勝利。**」「**團結起來，為了一個目標，就是鞏固無產階級專政，要落實到每個工廠、農村、機關、學校。**」全黨團結起來，全體軍民團結起來，各族人民團結起來，高舉毛澤東思想偉大紅旗，糾正自治區革命委員會領導上在前一段工作中所犯的嚴重錯誤，落實政策，穩定局勢，共同對敵，認真搞好鬥批改，抓革命，促生產，促工作，促戰備，爭取更大的勝利！

（此件可以張貼，不登報，不要無線廣播。原內蒙革發〔69〕141號文件作廢。）

內蒙古自治區革命委員會
中國人民解放軍內蒙古軍區
1969年6月9日

已發：各盟（市）、旗（縣）、公社革命委員會，各廠礦、企事業革命委

員會，各軍分區、武裝部，獨立營以上單位，各工宣隊、軍宣隊、貧宣隊，各革命群眾組織，內蒙古自治區直屬各單位。

　　報中央。共印二〇、〇〇〇份。

　　　　　內蒙古自治區革委會辦公室祕書組　一九六九年六月十日發出

　　　　　　　　呼和浩特工代會　一九六九年六月十日翻印

91.六月二十三日滕海清同志在內蒙直屬機關毛澤東思想大學校的檢查（1969.06.23）

　　同志們：今天我一萬分沉痛的心情，向我們直屬機關毛澤東思想大學校全體同志們來檢查我所犯的嚴重錯誤。我的錯誤是十分嚴重的。在最新廣大革命群眾按毛主席5‧22批示和中央對內蒙的指示的精神，掀起了一個批判滕海清錯誤的群眾運動，形勢是大好的。最近內蒙核心小組的全體同志連續接見了各盟市旗縣上訪的同志，廣大的革命群眾對我們的錯誤進行了面對面的揭發和批判，同時我也到一些單位，接受了群眾對我的揭發和批判，廣大的革命群眾緊跟毛主席的偉大戰略部署，堅決執行中央的指示，這是廣大革命群眾對革命委員會的最大愛護，最大的支持。也是在政治上對我個人最大的教育，最大的幫助，最大的鞭策。最近通過廣大的革命群眾提出活生生的事實，使我認識到我的錯誤是十分嚴重的，前天晚上聽了我們大學校的一部分的幹部和代表對我的錯誤進行了批評和揭發，我衷心感謝，熱烈歡迎同志們對我的批評和幫助。我決心改正我的錯誤，按照中央最近的指示，要到群眾中去接受群眾的批判和幫助。我決心改正我的錯誤，我從1967年4月18日來內蒙二年多了，工作沒做好，錯誤犯得很嚴重，特別是1968年11月第四次內蒙自治區全委會談話後，在清理階級隊伍特別是在挖「新內人黨」中，犯了更嚴重的逼供信，擴大化的錯誤，嚴重的傾向思想的錯誤，違反了毛主席的無產階級各項政策，傷害了很多的幹部和革命群眾，損害了革命的三結合，和革命的大聯合，破壞了毛主席的民族政策，破壞了軍民之間的關係，我以沉痛的心情向內蒙各族人民低頭認罪，檢查我的錯誤，向我們偉大領袖毛主席請罪，向人民請罪，我的錯誤多方面的，是極為嚴重的，特別是在清理階級隊伍挖內人黨問題上，嚴重的違反了毛主席的無產階級政策，沒有聽毛主席的話，沒有按毛主席的指示辦事，犯了嚴重的這樣的錯誤。我到內蒙來，二年多來，特別是在清理階級隊伍中，開始以後，我對內蒙的敵情，估計得過於嚴重，誇大了烏蘭夫在內蒙的影響，我當時把內蒙敵情估計嚴重，我是把幾股敵人合起來作為烏蘭夫反黨犯國的勢力，就是過去偽滿時代留下來的一股殘渣餘孽，偽蒙疆時代的一下股殘渣餘孽，傅

作義留下來的一小股殘渣餘孽，加上烏蘭夫一小股叛國反黨勢力，我把這幾股勢力集中起來，作為烏蘭夫反黨犯國集團的一個勢力，認為這股敵人的力量很多，所以在清理階級隊伍，從1967年11月間開始，到1968年8月間，已經搞了10個月了，這個時候，由於我的左傾思想的發展，我認為內蒙清理階級隊伍還沒有搞徹底，還要繼續搞，在清理階級隊伍的開始，我一直是反對右傾，反右，這個反右一直反到今年三月間，還在那裡反右，越反，左傾的東西就越多，越升長。反右的這股歪風刮到下面，下面就頂不住了，這就是我的反右一直反下去，所以這種左傾的東西，左傾思想就一步一步升長加碼。在清理階級隊伍中，表面上看來是轟轟烈烈，實際上到下面不是那樣，特別是挖內人黨，去年11月以後，這一段下面不是轟轟烈烈，下面是在那裡搞逼供信，搞擴大化，表面上看是轟轟烈烈，實際上下面不是這樣，是冷冷清清的，很淒慘的，因為搞擴大化，搞逼供信，打擊了我們自己的階級兄弟，這個矛盾不是真正打擊在少數的階級敵人上，而是打擊在我們自己的階級兄弟身上。我的左傾思想的發展到去年第四次全會，這時候已經到惡性發展的時候，在第四次全會本來是要傳達十二中全會的精神的，但是傳達以後方向就轉過來了，錯誤的批判高錦明同志，這樣左傾思想在全區就進一步的發展，所以在搞新內人的問題就是在反對高錦明這一場的錯誤的鬥爭中，左傾思想發展到登峰造極的時候搞起來的，挖內人黨就是按照我的主管唯心主義形而上學的這個思想指導搞起來的，當時只看到一些口供的材料，沒有確鑿的物證和其他的東西，只看到這些口供的材料，就信以為真。認為新內人黨是一個龐大的革命組織，就在這種左傾錯誤思想的指導下，使挖內人黨從去年四次全會後，開始從個別地區，發展到全區性的，由於我的主觀唯心主義和形而上學的思想，沒有經過調查研究，偏信了一些逼供出來的一些材料，在去年年底時，有的同志拿給我聽，在60個內人黨支部，12個內人黨的黨委，我就相信了，實際上這些東西是逼供信逼出來的，現在那些黨委和支部都平反了，可是當時我就相信這種假材料，偏信了一些非常不真實的口供材料。我說過「共產黨的支部名義上是共產黨的支部，實際上是內人黨的支部。」這樣我非常錯誤的違反毛澤東思想的這種謬論，這就是以後搞擴大化的依據，為什麼擴大化在全區各個地方那樣子嚴重，這就是我說這個話，作為擴大化的根據了。同時我還說過：「在挖內人黨中間，有搞武

鬥的現象，有打人的現象」，我說：「打人不是對的，有些不懂改策，從正面教育一下，問題不難解決。」同時我還說道，「這些同志革命熱情是很高的，應當保護群眾的積極性。」這樣就是我們全區搞逼供信的根據。（口號），不僅僅是有那些輿論上的根據，而且也有組織上的根據，我們發了一個關於處理新內人黨的「六條」前面現在看來是對的，後面有些問題是錯誤的，那個時候，「六條」規定。

貧下中農、貧下中牧、工廠的工人、學生之前不抓內人黨，不搞挖內人黨的運動，但是這個文件上留了一個尾巴，就是說在農村、牧區、工人中間發現內人黨，通過辦學習班、正面教育弄清問題不再追究，那麼問題就出現在這個地方。你要通過辦學習班，要把問題弄清楚，問題弄不清楚，他就不放嘛，結果我們辦的學習班不是毛澤東思想學習班，而是逼供信的學習班，最近我們接觸上訪的同志，大部分都是在學習班裡面搞逼供信，殘酷的各種慘無人道的刑法都產生在學習班裡面，但這問題不能怪下面，這是由我來負責的，這個也就是搞逼供信的組織上的根據，不然這種逼供信，那種殘酷的刑法，不可能在全區那樣的普遍，因為我們有文字的規定，這樣不僅在擴大化逼供信，打擊了我們自己的階級兄弟，而且是在學習班，在其他的地方，許多我們的階級兄弟遭到了慘無人道的這種刑法，刑法之多是罕見的，殘酷的程度我從來沒有見過的，各種刑法用盡了，這些刑法不是對著階級敵人而都是對著我們自己的階級兄弟，貧下中農，農下中牧，共產黨員和我們的革命幹部，所以我犯這種錯誤，其惡果那實在是嚴重極了。我在清理階級隊伍中，講了很多違反毛澤東思想的錯誤的謬論，這些錯誤的謬論，是要求我們的群眾起來徹底的批判，我說過：「內人黨中央機構就在我們呼和浩特，我們機關裡面。」由於我的錯誤思想指導下，唯心主義主觀主義的思想指導下，我在內蒙毛澤東思想大學校還講過違反毛澤東思想的話，我在這講過這個問題，說我們機關裡面幹部50—60%是好的，那就是說還有30—40%是不好的，這是完全違反毛澤東思想的錯誤的謬論，這樣把我們機關的幹部，所以在挖內人黨中間，很多的同志，被打成內人黨限制了自由，遭到殘酷的打擊，有的被打傷，造成妻離子散家破人亡，這些同志收到了迫害，我這種錯誤思想要徹底批判，這是違反毛澤東思想的，毛主席教導我們，我們幹部95%以上都是好的，我公然講出這樣的話，這是違反

毛澤東思想的，我講這句話使許多的幹部受到了打擊，受到了迫害，我向這些受到打擊受到迫害的同志，向他們請罪，向他們低頭認罪，請這些同志起來批判我這個謬論，徹底批判我這個謬論，我向這些政治上受打擊，精神上受摧殘，身體上遭到了損害的這些同志賠禮道歉，而且要向他們請罪。由於我的左傾錯誤思想的指導，把內蒙的敵情估計得過於嚴重，我們內蒙的全體人員，全體幹部，是熱愛毛主席的、忠於毛主席的，忠於毛澤東思想的，無限忠於毛主席革命路線的，內蒙的天是毛澤東的天，內蒙的地是毛澤東的地，由於我這個嚴重的左傾錯誤，動搖了內蒙廣大的人民對毛主席的這種熱愛的信念，這個罪惡是非常嚴重的，由於這種擴大化的錯誤，我們許多的幹部受到了摧殘，現在我們沒有完全的數字統計，如果說我們全區挖內人黨死傷了一萬人，那麼他所牽連的不是一萬人，起碼每家五口人，就是五萬人，我們挖內人黨，不管是挖了二萬，三萬，幾十萬，這個幾十萬不是幾十萬的問題，而是幾百萬的人民在政治上受到了打擊，我們的家屬，他們的小孩，他們的親戚都受到了政治上的打擊和歧視，這就嚴重的破壞了民族關係，破壞了上下關係，這個罪惡不是可以用數字、經濟、什麼數字可以統計出來的，特別是嚴重的，我們少數民族的幹部有一些單位80%打成內人黨，有些單位100%打成內人黨，而且還有些地方就這樣講，我們偉大領袖毛主席不是蒙族的領袖，蒙族領袖是烏蘭夫，這是完全誣衊我們少數民族，誣衊我們蒙族廣大的革命群眾，想起來是多麼痛心的事情啊！我們廣大的人民是熱愛毛主席的，心望毛主席的、心望北京的，我犯這樣嚴重的錯誤我們那樣多的同志被傷害、被打擊，可是沒有一個朝外蒙跑的呀！而是朝北京跑的呀！（口號：全區各族人民永遠忠於毛主席的，各族人民大團結萬歲！）我們各族人民是多麼想念毛主席呀！怎麼這樣誣衊我們的同志；他們的主席是烏蘭夫不是毛主席，是多麼痛心的事情，我的罪惡這樣嚴重，那樣多的同志打死打傷，家破人亡、妻離子散，那有一個跑外蒙去的，不都是跑到呼和浩特，朝北京跑嗎？說明我們內蒙人民是熱愛毛主席的，無限忠於毛澤東思想的，無限忠於毛主席革命路線，現在我們這些同志起來批判滕海清的嚴重錯誤，完全是按照毛主席的教導來執行的，革命的行動啊！好得很呀！這樣由於我的錯誤，使我們的民族關係鬧得多麼緊張，當然不管是什麼民族，貧苦人都是一家人，他們中間沒有利害的矛盾，沒有利害衝突，由於我們

這種錯誤的打擊了這些好的同志，所以這個緊張的矛盾不怪群眾，也不怪下面，這是我的錯誤造成的，問題是很嚴重，我們最近看到各盟市、各旗縣，有些公社的同志上來，那種受的那種刑法，那種慘無人道的刑法，而出現在我們社會主義社會，出現在文化大革命三年之後，這樣的情況下，這實在太嚴重了，我對不起我們內蒙機關的，我們內蒙的幹部，我們內蒙毛澤東思想大學校七千多人，在大學校成立以後，我出了和我們的一些幹部講了一些違反毛澤東思想的一些幹部講了一些違反毛澤東思想的謬論以外，其他的問題我根本沒有管，主要的是權星恒他們同志來領導，我們廣大革命幹部。忠於毛主席、忠於毛澤東思想、忠於毛主席革命路線。我過去的看法，好像受烏蘭夫影響很深，所以就講我們很多有30—40%的幹部，那麼，就是這些幹部不是忠於毛澤東思想的，這實在錯誤到極點，我們內蒙的幹部，內蒙的人民是忠於毛澤東思想的，忠於毛主席革命路線的。（口號：我們永遠忠於毛主席！各族人民的心永遠向毛主席！用鮮血和生命保衛毛主席！）由於我的錯誤思想，我認為我們的好些同志是不忠於毛主席的，那就從我的思想上動搖了我們這些同志擁護毛澤東思想，擁護毛主席的；這是一種罪惡滔天的錯誤，從事實看來，特別是在我錯誤這一段時間看來，我們的人民，我們的軍隊，我們的幹部是多麼擁護毛主席，無限忠於毛主席啊！所以我這個錯誤不批判不肅清這個流毒，這個不行，要肅清我這個流毒，批判我這個錯誤，才能夠恢復我們這些幹部政治上的榮譽，我們的幹部是國家的財富，是黨、毛主席培養幾十年的幹部。烏蘭夫在內蒙有他的影響，但是毛澤東思想是光焰無際的，毛澤東思想在內蒙是占絕對統治地位的。我對這個問題動搖了，我這動搖了對毛澤東思想的基本信念。就是講我對毛澤東思想在內蒙占統治地位，絕對地位，光焰無際的，這個我發生了動搖，我不是說我們其他同志，我們的人民。我們的人民，我們的幹部是從來沒有動搖過的。在這一次我犯錯誤中間，完全證明了這一點，我們的人民是多麼好，多麼相信毛主席，多麼擁護毛主席啊！到呼市來幾個人，到呼市來幹什麼？就是到呼市來解決問題，要求平反，要求給他們解決問題，要求支持他們批判滕海清的錯誤，他們並沒有別的要求。他們到北京也是這樣的要求，這完全是合理的，完全是正當的，完全是革命的行動，現在情況那樣緊張，我們的軍隊，我們的邊防站，我們的戰士一天都守衛者我們的邊防，毫不動搖，邊防

的民兵配合我們的解放軍守衛著我們的邊防，我們少數民族的幹部、牧民晝夜的巡邏我們的邊防線，他們是多麼關心國家大事，對敵人是多麼仇恨呀！種種實際說明我們的幹部，我們的人民，這是中央講的，內蒙的人民是好的，內蒙的造反派是好的，內蒙的造反派頭頭是好的。恰恰是我違反了中央的這個指示，我講了很多違反毛澤東思想的話，那麼，在落實政策的時候，現在打成「新內人黨」的是沒有證據憑口供打成內人黨的同志，都要一律平反。我過去是相信個別口供，我犯了錯誤，有些單位，那些口供也是逼、供、信逼出來的，另外有些什麼黨委，支部，凡是沒有證據的，都要平反。我過去說過內人黨的機構在內蒙機關，是沒有證據的，只是憑口供。在平反的問題上，各個地方還有阻力，我希望凡是沒有三證的——人證、物證、旁證，只是憑口供的，交出來、逼出來的，都應當平反。毛主席教導要重證據，我過去違反了毛主席的教導，不是重證據，重口供，現在要改正這個錯誤，那就是過去那些口供，逼出來的，再沒有其他物證材料，那就要平反，整的材料，個人正的，交給他本人，其他人揭發的材料當眾銷毀，不留尾巴，不准轉移材料，不准複製材料，不准再把那一個同志的材料，或是把材料裝進檔案裡去這些做法都是錯誤的，不能那樣做，現在還有些同志對批判滕海清同志的錯誤，思想還沒有轉過來，我希望這些同志應緊跟毛主席的偉大戰略部署，按照無產階級司令部的聲音辦事，我過去犯錯誤，把這些同志帶錯了，把他們帶錯了路，他們受了我的蒙蔽，受了我的欺騙，責任不在他們，現在這些同志應當跟大家一起來共同批判滕海清的錯誤，這樣才能更好地落實黨的政策。

　　不管是任何同志都應當按照偉大領袖毛主席的「5.22」批示，應按照中央領導對內蒙工作的指示，一定要這樣辦。在毛主席的「5.22」批示以後，從我個人來說，對「5.22」批示貫徹的不夠，沒有向我們機關的同志來宣傳，組織同志們對我的錯誤，進行批判而去年批判高錦明的時候，就是很積極的，動員大家起來批判高錦明同志，可是到今年批判我的錯誤的時候，我反而不挺身而出，號召同志們起來批判，這是一種繼續犯錯誤的，我向今天我們學校的全體同志，我檢查我前一階段沒有引導大家來批判我的錯誤，我今天號召大家起來，不管什麼觀點應當要求大同存小異，但是當前的大方面是批判、糾正錯誤，落實政策。二十四字的中心的中心是要批判滕海清的錯誤，才能夠落實政

策，任何同志抵制，思想不通，都是不接中央對內蒙的指示，不按我們偉大領袖毛主席「5.22」批示的精神。

下面我講錯誤的批判高錦明同志的問題。我從到內蒙來一直到去年八月間以前，我跟高錦明同志在工作，我們是互相信任的。但是，以後由於我的左傾思想的嚴重發展，這個時候，我就逐漸的認為，高錦明同志有右傾，對他表示不滿，由不滿，對他採取了懷疑，聽到了某一些流言蜚語，我就相信了這些問題，動搖了我原來對高錦明同志的看法。高錦明同志是在紅八條上確定的幹部，但由於我的錯誤思想，資產階級個人主義思想的發展，登峰造極的時候，對正確的東西我看成是錯誤的。高錦明同志對我犯錯誤以前有些抵制，由於他抵制我的錯誤，我的思想有對他不滿，認為他有野心，要把我趕走，特別是在反對高錦明所謂右傾機會主義路線以後，在這個時候，我是無限上綱，已經把他上到烏蘭夫線上，把他當成烏蘭夫第二套班子，我對高錦明同志在去年十二中全會以後，實際上採取了卑鄙的手段，突然襲擊的辦法批判了高錦明同志，這完全是資產階級政客的手段。那個時候，我認為高錦明同志批判烏蘭夫以後他要取而代之。是要把矛頭對著我，對著我自己。（口號：滕海清陷害革命領導幹部決沒有好下場！老滕必須向毛主席低頭認罪，決不許老滕蒙混過頭！老滕不投降就叫他滅亡！）所以我對高錦明從我們開始工作是好的，以後對他不滿，不滿對他採取懷疑，由懷疑採取要把他打倒，那時我認為高錦明是烏蘭夫的第二套班子，認為他不是好人，就這一些對高錦明同志的批判，是有組織從而下是由我領導自上而下的批判的，完全不怪下面，不怪群眾，沒有經過中央批准停止了他的工作，而且沒有經過核心小組的討論，沒有經過中央，派人調查了高錦明的材料，歷史問題，還有一些問題，這一些不僅是無組織無紀律，而且是一種資產階級政客，突然襲擊，打擊我們自己的好同志，高錦明同志是我們革命委員會副主任，核心小組的副組長，工作是有成績的，做了很多工作，由於我的個人主義靈魂的醜惡，對高錦明同志採取了這種手段，這從黨紀律法上說來是不容許的，而且錯了以後，我還遲遲不能認識錯誤，到中央指出恢復高錦明同志工作的時候，我還認為這樣，我批判高錦明批判錯了，但是高錦明同志有錯誤過去取批判是對的，現在工作也是對的，我還是這樣想法，一直到今年5月16日我們到中央，中央領導同志嚴肅的批判以後，我才徹底認識

到我批判高錦明是完全錯誤的，原來，我還認為批判是對的，工作也是對的，我認識錯誤也是很遲的，很頑固的，由於在批判高錦明同志，在全區範圍內，左傾錯誤思想發展的最高潮的時候，從這個時候嚴重的逼、供、信擴大化，挖內人黨都從這裡頭一下子爆發出來。我沒有聽高錦明同志的正確批判高錦明的時候下面很多人代上莫須有的罪名，打成了小高錦明或是高錦明的右傾勢力等等，我向這些政治上被打擊的同志賠禮道歉，恢復名譽，恢復工作，這不怪下面群眾和組織，這主要是我的主導思想辦了這種醜惡的這件事情，那麼對高錦明同志在批判的時候，以致高錦明同志恢復工作以後，高錦明同志的思想與我的思想相比之下，那是天地之別，高錦明同志是顧重大局的，特別是我犯錯誤這一段，對我耐心的幫助和批評。可是，現在有一種謠言，說這一次反滕海清是逆流是高錦明，權星垣搞起來的，這完全是錯誤的，顛倒是非的，錯誤是我造成的，群眾起來批判是完全正確的，是按照中央指示辦事的，怎麼能說是高錦明同志在操縱的呢？就有這樣一小撮人，煽陰風，點鬼火，他們的目的幹什麼？為什麼把這些罪名，錯誤應當是滕海清的錯誤，又把這個錯誤加在高錦明同志身上，這完全是不公開嘛！不合理嘛，完全是捏造嘛！高錦明同志在恢復工作以後完全是顧全大局，完全是從團結的願望出發，完全是按照中央二十四字方針辦事的，我希望我們聽到這些事情，我們要追查，找過工錯了，我打擊了高錦明，我現在我向高錦明同志賠禮道歉，我向他們學習嘛，他已經耐心的幫助我，為什麼現在要把這個罪名加在高錦明同志身上呢？這是完全錯誤的，同時，我們大學校的同志，很多同志在反右、反對高錦明同志的時候，那些同志的思想是正確的，抵制我的錯誤的，不願意批判高錦明，被打成小高錦明，這些同志他們是正確的，應該給他們平反恢復他們的工作那些過去同我的思想一樣，打高錦明同志很積極的同志，也不怪他們，那是我的思想，受我的毒害，受了我的蒙蔽，那些同志沒有罪，只要現在轉過來，總結經驗，落實政策就行了。我們內蒙的，我們機關的幹部，我們那些同志由於我過去的錯誤思想的引導下，使得我們很多的同志政治上受到了打擊，而且把這些同志打的灰溜溜的，這個責任主要就是我來負責，我要向這些同志恢復名譽，我過去那些謬論是錯誤的，是違反毛澤東思想的，現在要批判，要批判我的錯誤，恢復這些同志政治上的名譽。

我還要說一點，最近在批判我的錯誤的時候，我希望不同觀點的群眾都要起來，現在有人不把矛頭對準滕海清而卻把矛頭對準某一些造反派的頭頭，無限上綱，說他們是違反中央的指示，反中央的，這種說法完全是錯誤的。滕海清犯了這樣嚴重的錯誤，中央也沒有講，群眾也沒有講，就是反中央，為什麼我們那些同志做了那樣多的工作，起來批判滕海清錯誤的時候，他們怎麼是反中央的呢？那就是傾倒是非了無限上綱嘛！這個不對嘛！比方我們機關裡成立了批滕海清聯絡站呢？因為當時沒有人領導，大家沒有辦法起來組織批判滕海清的錯誤，我認為這是好的，是革命的行動，等以後說不要，那就不要，那還是要批判，不要聯絡站，不等於批判滕海清的錯誤就不批判了，現在有一種謠言，說內蒙馬上要停止「四大」了，要打仗了，滕海清調到北京去指揮戰鬥了，昨天在包頭的同志還有講敵人已經打倒白雲了，等等一些謠言，幹什麼？目的就是一條不准批判錯誤，那麼，我對這些同志，我認為這些同志是好同志，但是他們不願跟廣大的同志起來批判我的錯誤，我對他們這個問題，我是很……我不支持他們的這個行動，他們是錯誤的，我再講到，我說我要改正錯誤，我就是站在批判我的錯誤那一邊的同志，我看我的錯誤才能改正。如果我站在那些同志，不願意批評我錯誤的同志，站在那一邊，我看我最後的目的，就是身敗名裂，只好垮臺（群眾笑聲口號），我現在對批判我的同志感到很親近，我最近接見了很多的受害同志，也到其他的一些同志，他們批判我，批判的很嚴格，我看很親近，他們真是誠心誠意幫助我改正錯誤，我深有體會，我很感謝這些同志，而那些同志不批判我的錯誤，拐彎抹角的造了一些謠言的東西，掩護這個東西，我認為對我不是很好處，而是幫倒忙，同志們想一想，我這個錯誤這樣的嚴重，不批判怎麼得了，我這個批判如果早三個月批判，我這個錯誤，人民的損失就沒有這麼大，麼有這麼大，如果去年十一月間、十二月間、一月間批判，我們的損失就沒有這樣大，如果現在還走那是猶豫，不批判錯誤，我們要挽救我們的損失，那是不可能的，我這個錯誤後果很嚴重，比方說民族團結搞的這樣緊張，這不是一天半月甚至半年能夠挽得回來的。我們傷害了那樣的好的同志，他們對我們怎麼看法呀，這不是一下子挽救過來的呀？中央講四個團結，民族團結、人民團結、幹部的團結、軍隊的團結，嚴重的錯誤呀！軍隊的團結現在也是很緊張。（大學校批滕總站當場質問滕海清，提出

幾個問題，讓他當面回答）（眾呼口號，並叫滕站起來）

問：第一，滕海清在全區鎮壓大規模的，把數十萬計的革命群眾，貧下中農（牧）、工人、革命造反派打成內人黨，我們要問：滕海清有什麼證據？你在六八年十一月發動大規模圍殲內人黨的時候有什麼證據？你說挖內人黨中央機構就在內蒙直屬機關，你現在有什麼證據？讓你回答。

滕答：我前面講了，我沒有什麼重要的根據，完全是憑主觀主義唯心主義，憑那些口供。

問：你在六八年十一月在全區發動圍殲內人黨的時候掌握什麼證據？你說內直屬機關大學校有內人黨中央機構你當時有什麼證據？

滕答：我當時沒有什麼根據、就是憑著那一些口供的假憶，逼供信的材料，沒有任何的根據，現在看來沒有任何的證據，我的錯誤是完全錯了。

眾繼續質問：為什麼不按毛主席的重證據重調查研究的指示辦事呢？

滕答：我違反了毛澤東思想，沒有按照毛主席指示辦事。

問：你必須回答現在內直大學校有無內人黨中央機構？

滕答：現在我沒有任何的證據，在大學校現在有中央機構只是口供，沒有其他的根據。

問：那麼你現在對這個問題怎麼看法，在全區搞這麼龐大的內人黨，到底有真案還是假案？

滕答：我在內蒙黨委裡面，原來我講過這裡有個中央機構，那是根據那些材料，根據那些口供的材料所講的，現在沒有其他的證據，來證明內人黨的機構就是我們機關，現在沒有證據材料。

問：你是根據誰的口供？

滕答：口供嘛有各個方面的，我想這個問題他既然是口供，是假的嘛，將來給他們平反嘛，我們不好講他們的口供做成證據。我現在沒有掌握確鑿的證據，內人黨的機關在我們黨委機關裡面。

問：你過去傳達說是謝富治副總理講的，表面上是共產黨實際上是內人黨，這句話是不是謝富治副總理講的？

滕答：是我講的。

繼續問：你為什麼在傳達時說是謝副總理講的？居心何在？（當場念了他

當時講的原稿）

滕答：那是我講的，不是謝副總理講的。

問：正面回答？（眾呼口號）

滕答：我捏造了中央指示。假借中央首長名義，為我的左傾思想服務的，我這個嚴重錯誤。（眾呼口號，要滕回答實質問題，挖思想）

問：你封鎖歪曲中央指示，是什麼性質的錯誤？你為什要這樣幹？

滕答：不是中央領導的東西，而是推行我的左傾路線錯誤，捏造的。我說我是捏造中央的東西推行我的左傾路線錯誤。捏造的。我說我是捏造中央的東西來推行我的左傾錯誤的（中間群眾插口質問）我這個思想錯誤，錯就錯在這個地方。我這個左傾思想嘛，立場錯了，一切都錯嘛！我錯了，我捏造了中央首長的東西，我想中央首長請罪。

眾指責滕海清的態度不好，問他提出幾個問題讓他下去回答。

滕：剛才同志們提出的一些問題有些問題我現在答覆不了，以後研究以後再答覆，一個問題就是中央對內蒙關於清理階級隊伍的經過，中央對內蒙清理階級隊伍的經過，我就是想傳達了就傳達，沒想傳達就是沒有傳達，一個在六八年二月四日的晚上，我們到中央去的人我和李樹德兩個，那次中央指示，就是清理階級隊伍，我們在開始的時候面不要搞寬了，要注意這個問題，本來沒有傳達。第二次，六八年大概是11月間或10月間，呼盟有一個報告，關於統一黨的問題，報告到軍委，報告到中央，中央看了，江青同志，姚文元同志有批示，防止擴大化，這個由中央辦事組、北京軍區到內蒙軍區，發到部隊了，革命委員會沒有傳達。還有一次，總理有一次電話給陳先瑞同志，說你們那裡搞一挖肅鬥爭，那個青年學生的反應，你們那裡有擴大化，這樣一個情況。我接到這個電話，我是去包頭沒有向家裡傳達，也沒有追問。第四次一九六八年二月四日（一九六九年）到中央彙報的時候，中央同志只講，你們內蒙同志清理階級隊伍步子太快了，同時將你們要接受鄂豫曉打改組派和江西江蘇區打AB團的經驗教訓。回來步子走的太快傳達了，沒有研究。接受教訓沒有傳達。還有一次在「九大」的時候，中央指出，毛主席講：「內蒙已經擴大化了。」康老在三月九號的晚上批評我們有嚴重的逼供信。那個時候雖然我們在北京做了一個簡單的檢查，不是這次發的文件的檢查，但是沒有馬上告訴家裡。再一個

是四號的時候，中央同志問，高錦明同志你們的報紙上沒有點名，實際上是點名了，小報點名了。說，你們批判還在搞嗎？我說，還在搞。又說，現在是不是可以不搞了。這個問題回來僅僅在常委上講了一下，要高錦明同志寫個檢查不搞了，實際上背後還是批判，還是搞，同時還要在指定高錦明同志工作的時候，我們在北京有吳濤同志，李樹德同志，說高錦明同志恢復工作是管常務還是管什麼，我說，高錦明同志管常務我不放心，什麼問題就是說，我開始把高錦明同志當作壞人看待，雖然中央指示了，我認為我批判高錦明是對的，高錦明有錯誤，所以我這個錯誤思想轉變的慢，沒有按照中央指示辦事，一系列的錯誤就在這個地方。共產黨是內人黨這個東西是我講的，不是謝副總理講的，我是捏造東西為我的左傾思想來服務的，我對中央這東西按照採取實用主義的態度，我認為需要就傳達，不需要就不傳達，有些認為中央敲了個警鐘，我們改了就行，不向革命委員會，不向核心下組傳達，這個問題什麼問題？當然這不是一個認識問題，是一個立場問題，是對毛主席為首、林副主席為副的無產階級司令部的態度問題，也就是對毛主席不忠，也就是對無產階級司令部不忠的表現，這個問題嚴重的錯誤，嚴重性就是封鎖了無產階級司令部的聲音，這個不是一般的錯誤，這是黨紀不允許，一個共產黨員應當是無條件的服務上面的東西，理解的執行，不理解的也執行，我就採取實用主義的態度，來搞這個東西，所以同志們起來批判我的錯誤。

剛才同志們提出一些問題，這些問題，同志提了是個問題，有些東西我想，我希望同志們等我再考慮一下，以後，我講了檢查不深刻，我還可以再到你們這裡來檢查嘛，讓你們批判嘛，多檢查幾次，你們多幫助我幾次，也好嘛，同志們對我這個檢查不好，我還有這個決心多檢查幾次，檢查不行讓大家批判，幫我提高，我再來檢查。我上邊講了我對無產階級司令部的態度，同志們講，我的腦子裡面沒有中央，沒有毛主席，實際上我封鎖中央的東西，歪曲中央的東西，捏造中央的東西，那不是一般的錯誤，中央已經提出來了不是認識問題，是立場問題，錯誤很嚴重，可以要求大家同志批判，批判我這個錯誤，我同時還要說一下，實際上我不僅僅是對無產階級司令部的態度問題，而且是嚴重的資產階級多中心論，上面講了對中央東西的封鎖，歪曲、捏造，而且從我個人來說，我在內蒙搞了多中心論是很多的，我想講一些具體的東西，

一個我是在內蒙個人擅自決定問題，不經過革命委員會核心小組的討論，這樣的問題很多，我想我找各個單位的同志彙報，大家都體會到這個問題，有的是一個或者二個人講了以後就決定下怎麼辦，怎麼辦……也沒有經過核心小組的研究，就是按照我個人的意圖辦事，還有我是隨便到處講話，到處發表議論，而且這些議論很多是錯誤的，沒有經過核心小組的討論，特別是嚴重的，最近發覺有人把我講話的東西印成小本作為學習材料，這是嚴重的政治錯誤，這不知是那些同志這樣辦的，我希望要求我們的同志們，幫助我檢查一下，這是了不得的事情，我的講話謬論很多，錯誤很多，怎麼能印成小本作為學習材料，這樣下去怎麼得了啊！這也是我的多中心論在下面的影響呀！再一個就是對待大家瞭解我周圍的滕辦，滕辦的革命委員會成立以後實際上滕辦是駕於革命委員會之上，駕於軍區黨委之上，不管這個問題什麼人做的錯事，那都不管，都是我默許下來搞的，那就是典型的多中心論，報紙上經常發表我的講話，內蒙日報經常發表我的講話（口號：滕海清必須做沉痛的檢查，內蒙古日報資產階級辦報方向必須徹底批判！）而且我的講話在很多地方作為學習材料，這些問題我們有採取斷然的措施抵制了這個問題，而且還有些人講了話以後街上貼出大字報「滕海清講話好的很」，種種這些事情，這不怪群眾，這是我怪我樹立自己的威信，搞資產階級多中心論，還有報紙上一些問題，內蒙日報發表了很多錯誤文章，如《打倒假洋鬼子》的文章，還有什麼「狠字為基礎」的文章和〈從二月逆流到九月暗流〉的文章，這些文章是在我的錯誤思想指導下拋出來的，這個也不怪報社內寫文章的人，主要是我錯誤思想貫徹的，特別是〈從二月逆流到九月暗流〉的文章，完全否定了造反派，否定了革命幹部，嚴重的政治錯誤的東西，這些東西就是在我的錯誤思想指導下，泡製出來的，我還有我個人在工作上只能聽順服的話，不能聽逆耳之音，我對和我一起工作的同志很不尊重，只要人家尊重我而我不尊重人家，獨斷專行，這樣破壞了黨的民主集中制的原則，破壞了革命委員會一元化領導的原則，我們革命委員會的生活非常不正常，開展批評和自我批評很少所以我的錯誤得不到克服，得不到批判，這怪誰啊？怪人家？不怪人家，我是革命委員會主任，核心小組組長，我是搞一言堂，這樣，圈子越來越小，耳朵越來越閉塞，既沒有調查研究，又沒有到群眾去蹲點，收集的一些東西就是一些偏聽偏信一些東西，像這樣下決心去指

導工作，沒有不犯錯誤的。

　　還有一個問題，我對群眾的態度問題，由我「左」傾思想指導下，這個對群眾的態度，犯了支一派壓一派的錯誤，在全區有一部分，造反派受壓，我對群眾的態度，對群眾採取了粗暴的態度，把一部分，特別是在反對高錦明同志所謂右傾勢力路線的時候，以後，把一些不願意，抵制我的錯誤的那些造反派，我把他們當作右傾勢力，我在對那一些吹捧我，按照我的意圖辦事的人，我就支持他，不按照我的意圖辦事的人就不支持他或是壓制他，我壓制造反派在大學校，我向大家都講了，這是到處都存在，在其他地方，烏盟有這個事情，326事件就是壓制了烏盟的造反派，我們在呼市幾個大家也是一樣的，在師範學院、內蒙古大學，我是支一派壓一派的，而宣傳隊進去是按照我定的調子支持那些人不支持那些人，不是按照毛澤東思想正確的支持不正確的就不支持，幫助教育，我不是這樣，而且對群眾有些人思想不服組織上採取措施，在其他的地區，比如烏達的造反派，最近包頭的同志也未反應了很多情況，由於我的錯誤思想給人家壓制造反派的武器很多同志受到了壓制，而且很多的造反派打成右傾保守勢力。戴上莫須有的這個帽子，在有些地方我是直接插手來搞的，有些地方，全區我沒有插手，但是由我的錯誤思想指導下，全區很多的地方造反派受壓制，這也是我的思想影響，內蒙的造反派是好的，在4.13以前來的時候，那個時候靠什麼？就是靠造反派，可是紅色政權建立以後，我的階級感情就沒了，對造反派採取一種親一派疏一派，支一派壓一派，採取蠻橫的態度，不是說服教育的態度去對待他們，我在4月18號來，4月19號保守派就衝新城賓館，那個時候到什麼地方去呀？沒有地方去，跑到鐵路局，跑到「火車頭」，那裡造反派幾百人晝夜保護著我，一直到5月27號中央仍然採取措施以後，在這一段時間，我們的工作，我們的一切東西，完全是靠造反派的，就是籌備小組成立以後，革命委員會成立以後，所以我們能夠做些事情，也是我們造反派支持。幫助，保護，可是由於我的「左」傾錯誤思想的發展，對群眾的態度變了，這種變，就是違反了毛主席的革命路線，在我的錯誤思想指導下根據最近大家反映的情況，很多地區造反派被壓下去了，保守派起來了掌了權，當然現在保守派這是不科學的，是站錯了隊的同志吧！有些人思想沒有轉過來，他們在那裡壓制了造反派，那麼這些不能怪下面，也不能怪其他人，主

要的錯誤是我對群眾的態度，背離了毛主席的革命路線，我要向受壓制的，受打擊的這些造反派賠禮道歉，恢復他們的名譽，我對不起他們內蒙無產階級革命造反派，這一次起來糾正我的錯誤的時候，還是靠這些造反派起來糾正我的錯誤，幫助我糾正錯誤，我的錯誤不僅是擴大化，在中央的問題，對高錦明問題，多中心論，對造反派一系列的嚴重的錯誤，這一些錯誤有罪與人民，我對人民犯罪在這一次大家起來批判我的錯誤這是完全應當的。我的錯誤造成的惡果，那不僅僅現在混淆了階級陣線，破壞了革命的三結合，革命的大聯合，破壞了民族關係、軍政關係、幹部與群眾之間的關係，干擾了毛主席的偉大戰略部署，推遲了內蒙鬥、批、改的進程，嚴重的影響了農牧、工業的生產，特別是在我們工業生產遭到了很大的破壞，現在鐵路運輸很不好，煤炭生產從來沒有現在低，現在大工廠有的停產了，有的也有停產的危險，鐵路不通，糧食運不進來，煤運不進來，而且在農業方面今年播種面積不但沒有完全完成，播進去以後，保墒工作也做的不好，最近市場供應緊張，財政收入很差，這一切都是我的錯誤所造成，這就是罪惡，後果是非常嚴重的，這不是在一個短的時期所能恢復的，很多的問題可能要很長時間能恢復的，這樣嚴重的問題呀！所以說我對人民犯了罪，犯了嚴重的罪行，上面同志們講，我對內蒙的幹部怎麼看法。我過去對內蒙幹部的看法，我在毛澤東思想大學校彙報時就講到這個問題，幹部是50—60%是好的，反過來30—40%是不好的，（原話如此），這種錯誤的謬論請同志們批判，違反毛澤東思想的，我現在從犯錯誤教訓了我，群眾、幹部教訓了我，我過去那一些信口開河，那一個「左」傾的思想指導下所犯的嚴重錯誤，講的那些話是違反毛澤東思想的，有的同志講，但現在對內蒙幹部怎麼看，我說我們內蒙幹部和其他地區幹部一樣95%以上是好的，我過去錯了就錯在這個地方。內蒙的人民是好的，擁護毛主席的，熱愛毛主席的，我過去把烏蘭夫的力量影響看的那樣重，這是我犯錯誤的很大一個原因。我特別是要向我們這一次被打傷、被打殘廢的，被打成新內人黨的政治上受打擊的這些同志，再一次向這些同志賠禮道歉，請這些同志深刻的嚴肅的來揭發來批判我的錯誤，我錯誤的後果嚴重的更多，大家提的這些問題呀有些問題我還講不清楚，我就總的一個原因，就是說我犯的錯誤呀！可是一下子馬上局勢穩定了馬上問題就解決，不至這個情況，工業、農業上，民族團結、軍隊、軍民團

結，幹部團結各個方面要做很長時間的工作，才能彌補這個損失，我不僅在政治上，經濟上造成了嚴重的損失，破壞了社會生產力，破壞了工農業生產。現在我們內蒙從沒有現在這樣一個很危險的，很危險的這個情況，這些事情都是由於我們錯誤所造成的，不怪工人、不怪農民、不怪幹部，這些錯誤主要是我的錯誤造成的。由於我的錯誤打擊了革命幹部，打擊了貧下中農、打擊了貧下中牧、打擊了工人、打擊了紅衛兵小將，壓制了我們這些同志，使得我們這些同志政治上受到了打擊，精神上受到了摧殘，身體上受到了損害，很多同志老年人失掉了他們自己的骨肉，青年人失掉了他們的妻子丈夫，小孩失掉了他們的父母，而且現在很多地區、很多的人家破人亡，這是怎麼來的呀！這就是我的錯誤所造成的，我犯錯誤不是偶然的，這是由於我的資產階級思想、封建思想，那一套的影響沒有得到解決，雖然參加革命不算短了，但是資產階級思想，我的資產階級世界觀沒有得到很好的改造，錯誤的東西沒有在我的頭腦裡肅清，我這個人忘了本，由於我當官做老爺時間很長了，官架子很大，脫離了群眾，脫離了人民，只靠自己吃老本，老本吃完了。必然要犯錯誤，又不按中央，更不按毛主席指示辦事，這是我犯錯誤的思想的根本原因。

最後我想講一下我犯了這樣嚴重錯誤怎麼辦？一條靠我自己來徹底的改造世界觀，按照毛主席指示，毛澤東思想辦事，這是主要的。外因是條件，內因是根據，我在這段對我的錯誤的認識不徹底的，改的很慢，但是我希望要求我們的同志對我的幫助，我們核心小組的同志、常委的同志，對我幫助很大，但是我犯了錯誤，我還不是自絕於人民，我願改正錯誤，接受群眾的批判、教育，我還是能夠為人民再做一點事情，我也決不由於我犯了錯誤就垂頭喪氣，抱著抵制情緒，不滿的情緒對著群眾，我不會的。我過去思想沒有轉過來，我的確是這樣的，我對高錦明同志我是這樣的，對其他同志我也是這樣的。在這一個多月來三十多次的群眾批判、揭發、實際上對我的很大的教育，這就真正看到了我的錯誤的嚴重性，所以我現在就決心改正錯誤重新做人。要求大家不講情面的來批判錯誤，要動大手術，不動大手術是不行的，所謂大手術就是掀起全區一千三百萬人民都起來批判錯誤，肅清我這個錯誤的流毒，只有這樣，我才能夠改正錯誤，改正錯誤以後，才能為人民做點工作，如果按照我過去錯誤思想，假「左」思想，仍然還要辦錯事，還要犯錯誤，我幹錯了，錯就是沒

有按照毛澤東思想辦事，頭腦裡毛澤東思想太少，脫離群眾，不是群眾監督之下，而是高高在上，當官做老爺，只聽好的，不能聽批判，只能聽悅耳之音，好的意見，逆耳之音，針插不入，水潑不進，就把人家抵回去，飛揚跋扈，獨斷專行，這完全是一種軍閥主義的作風，我怎麼養成這樣一個作風呢？當然，基本地還是我們有很好的改造思想。我不是資產階級出身，也不是什麼富農、中農出身，但是，我養成了一個軍閥主義，獨斷專行，這樣一個問題，說明我忘了本，世界觀沒有很好改造，我要痛改前非，刻苦的學習毛澤東思想，要在廣大的革命群眾監督之下改造我的世界觀我使這個人能真正的給人民當勤務員，做一點事情，永遠忠於毛主席，跟毛主席幹一輩子革命，我在內蒙這一段工作中間我錯誤很嚴重，嚴重的是對毛主席不忠，對毛主席司令部不忠。我對內蒙一千三百萬人民重托，我沒很好的完成，我犯了罪，向人民請罪、向內蒙各族人民請罪、向毛主席請罪、向無產階級司令部請罪、請同志繼續批判我的錯誤，我在同志們批判的基礎上繼續向同志們作檢查，檢查一次不行，檢查十次都可以的，我有這個決心向同志們檢查我的錯誤，我檢查錯誤的地方很多請同志們繼續批判，大家團結起來批判徹底的批判。

我今天就講到這裡，耽誤同志的時間，同志們提出的一些問題，請原諒一下，我將慢慢考慮，以後有時間再到你們中間去，到你們那裡去，請你們幫助我來分析，來解決問題，再做檢查，今天就講到這裡，耽誤同志們的時間。

呼和浩特市工代會
呼鐵局火車頭聯合總部
一九六九年七月三日

92.滕海清同志在電話會議上的講話（1969.08.21）

1969年8月21日凌晨

　　剛才吳濤同志講的要很好地研究一下，同時要給盟市、分區講一下，全面貫徹。我補充幾句：

　　鐵路運輸問題。夏義超同志到了沒有？鐵路上現在運輸很不好，請夏義超同志抓一下。特別是鐵路上軍管的人員、三〇師的部隊，要很好的執行中央給我們的任務，要把鐵路整頓一下。鐵路上有兩派，這兩派應當聯合起來。不管是什麼觀點，如果現在不抓革命，促生產，鐵路不通，一定要按照「七‧二三」佈告來執行紀律。我們現在有很多東西運不進去，工廠停產，人民的生活沒有保障。我們鐵路上廣大的幹部、無產階級革命應當負什麼責任哪！在這樣的情況下，還在那裡鬧派性，這是完全錯誤的。不管他是那觀點，首先應當是抓生產。如果現在還在那裡鬧派性，不上班，那就要進行教育。教育不改，要執行紀律，要扣發工資，甚至把他開除。有些幹部停留在那裡不上班，挑動群眾經濟主義，這樣的幹部應當嚴格批評，甚至將他們撤職。特別是鐵路上軍管人員，軍管會的同志，要他們挺起腰杆子，要負起這個責任。如果不負責任，那就是犯罪呀！要按照「七‧二三」佈告來執行。我希望三〇師的部隊在包蘭線上，要很好地做群眾工作。現在鐵路上紀律很鬆弛，隨便上車的、不買票的、在車上鬧事的、打人的，這些違法分子，應當是按照「七‧二三」佈告執行紀律，不准他們這樣胡鬧。他們幹什麼要這麼搞，不生產，不開火車，不下煤，不卸站，還在那裡鬧什麼東西。鐵路上，我看過去很好，為什麼現在搞成這個樣？我認為除了派性之外，是不是有少數敵人在那裡挑動。總有少數壞人，甚至少數壞頭頭來挑動。這些壞頭頭應當按照「七‧二三」佈告來處理他們。他們破壞生產，不開火車，鬧經濟主義，趁機衝擊鐵路局軍管會，衝擊鐵路局，都是錯誤的、違法的。我們軍管人員應當維護這個中心嘛！應當負起責任來嘛！不要怕過去我們犯了錯誤，打「內人黨」打了一些好人，把好人打錯

了，我們給平反嘛！那是錯誤的。現在壞人在挑動，我們不管，那不同樣地要
犯錯誤嘛！鐵路上，夏義超同志很好地抓住一下子。我相信鐵路上廣大革命職工
是好的，是聽黨中央話的。所以這段搞的不好，我看總是有個別的壞人、壞頭
頭在那裡挑動的。對這些人，教育不過來，要執行紀律，甚至把他們抓起來。

第二個問題是我們公檢法。下面的公檢法、軍管會也不敢管了，失掉了
自己的職務。對那些違法亂紀的壞人，不能很好地協同軍隊取執行紀律，而是
不管。我希望你們忽視的軍管會，其他各地的軍管會，要把這個責任負起來，
要配合軍隊，配合解放軍，解放軍也要和各地的軍管會配合起來，很好地執行
紀律的職責。如果不管，袖手旁觀，看著不管，就是不負責任的態度嘛！不
好嘛！不要這樣嘛！無產階級專政的權力機構嘛！為什麼就這樣不管哪！不管
是錯誤的。不管有多少意見，多少觀點不同，那是人民內部矛盾，在毛澤東思
想基礎上，大家提高覺悟，是可以解決的。目前，不是這個問題嘛，要準備打
仗，反對蘇、蒙修正主義嘛！國內抓一小撮階級敵人，抓叛徒、內奸、工賊劉
少奇及其在內蒙的代理人烏蘭夫一小撮階級敵人，地、富、反、壞、右嘛！我
們不能放鬆無產階級專政嘛！呼市軍管會，過去做了很多工作，但是還不夠。
希望你們振作精神，挺起腰杆子，和群眾配合起來，穩定局勢，維持治安，負
起自己的責任來。再要這樣下去就不好了。

第三，我們軍隊，支左人員，支左部隊，現在不敢講話，看到打人的、行
兇的不管，甚至我們的戰士被人家打了，我們就不敢抓兇手。「七‧二三」佈
告講的很清楚，為什麼不執行啊？當然囉，不能怪下面，不能怪戰士，主要是
我們領導上決心不強，領導同志也害怕犯錯誤，這樣下面就不敢執行。我們對
下面、對部隊、對幹部都要進行教育，一定要按照「七‧二三」佈告執行。特
別是烏達的部隊，部隊在那裡搞了這樣久，生產還沒有恢復起來，部隊應當做
群眾工作嘛！領導應當深入到群眾中去嘛！就把勞工人發動起來了。平莊停產
幾個月，派性鬧了很長時間，人家派部隊就恢復了生產。他們就蹲到工人區，
下礦下井嘛！做群眾工作，憶苦思甜，進行階級教育，這樣就把群眾發動起來
了，把壞人就抓出來了，為什麼我們烏達不行啊！我們的支左部隊要跟他們講
一下，不要怕犯錯誤，停工停產，給國家造成多大損失，那就犯很大的錯誤。
派部隊去幹什麼？不是站崗放哨，是做群眾工作，「抓革命、促生產」嘛！我

想烏達的部隊，還是要一定支持烏達的革命委員會。不支持烏達革命委員會是不對的，其他的廣大群眾也通不過。不管是什麼觀點的群眾，應當是支持革命委員會。當然，革委會裡面如故代表性缺乏一些，可以補充嘛！不執行革委會的是錯誤的。我們支左的部隊，特別是鐵路上，要很好地抓一下子，堅決按照「七‧二三」佈告執行。

還有一個問題，錫盟、巴盟收槍的問題，取得了很大的成績，我們部隊做了很多工作。但是，到現在還不徹底，你們的工作，要抓得緊一點。還有些人，聽說還把槍藏起來，沒有完全收淨。錫盟是反修前線，任務很重，要加緊一點速度嘛！目前錫盟分區還住著很多牧民在那個地方，為什麼不進行教育，宣傳「七‧二三」佈告，叫他們回去，準備打仗嘛！敵人就在我們面前，他們蹲在分區怎麼行啊！我看是個教育問題。革命委員會癱瘓，不能保護，我們那裡那樣多部隊，為什麼不能保護革命委員會，分區住那麼多人，為什麼不做工作啊！我看這裡也可能是一方面是我們做工作少，一方面是不是還有資產階級派性，是不是還有少數壞頭頭在挑動。不管是那一派的壞頭頭，不繳槍、不聯合，動員牧民進城鬧事，這些壞頭頭教育不改，轉起來辦訓練班嘛！不採取措施適不行的。我們要團結起來，準備打仗，這樣的情況，怎麼打仗啊！

穩定局勢上面吳濤同志講了很多了，我希望同志們很好地研究一下，堅決貫徹執行。這些不是我們開會同志的意見，而是中央首長指示的精神。我們綜合起來，提出幾個問題，請大家考慮執行。當然，還有些不周到的地方，請同志們補充一下，研究一下。但有一條，一定要堅決執行「七‧二三」佈告，不管是軍區、地方幹部、群眾組織都要執行。特別是革命委員會裡面，機關裡面，各級關處在半癱瘓狀態，革命委員會裡的解放軍幹部，應當做模範。前一段時間，大家精神狀態不好，有些意見，現在要打仗了。我們解放軍打仗，槍口對外嘛！要振作精神來做工作，地方幹部、群眾組織的頭頭，都要這樣嘛！大家團結一致嘛！槍口對外嘛！這就是大局，我們要顧全大局。不要因為觀點不同，有什麼這個意見，那個意見，那個是人民內部矛盾，可以通過批評和自我批評解決。不要再老罷工、老不上班，那就不好了。我們革命委員會裡面，還有一些同志成立批滕聯絡站，還有「五‧二二」戰團，還有其他什麼組織，馬上很快地解散。這是中央的指示，不解散就是對抗中央。如果他們還要在後

面搞什麼活動，那是非法的。搞什麼寡婦上訪團，搞什麼這些東西，為什麼搞那些東西。為什麼不做群眾工作，把他們動員回去嘛！受害的同志、誤傷的同志也要回去嘛！也要跟敵人作戰嘛！不是跟革命委員會鬧什麼嘛！革命委員會平反、賠禮道歉，那是應當的、正確的。賠禮道歉了、平反了，要動員大家起來，跟蘇蒙修打仗。這是個大局嘛！烏達上訪的還有幾百個復員戰士，他們在呼市不回去，要和他們講清楚，復員戰士轉業沒有半年，都把人民解放軍的光榮傳統丟掉了。解放軍的光榮傳統，那裡艱苦到那裡去嘛！「一不怕苦，二不怕死」嘛！為什麼到烏達挖煤就不幹了，一定要挑一個地方。那不行的，如果他不願意回到烏達去，那就開除他們。他們這樣鬧不行的，完全把人民解放軍的光榮傳統丟掉了，老三篇他們學了麼，為什麼現在他們不用了，為什麼現在他們在那裡鬧這些問題呢！當然，廣大的復員戰士是好的，也可能有被少數個別人挑動他們來鬧事。這些人通過辦學習班，講清道理讓他們馬上回去，不回去是不行的，他們要挑地方，挑城市，一律不准許。不回去，到期了不上班，按「七‧二三」佈告把他們開除。

還有些鬧經濟主義的人，還有些趁火打劫的人，要通過辦學習班，對他們進行教育，叫他們回去。繼續這樣鬧，那就要停發他們的工資，到了時間，也要讓工廠裡把他們開除。這些問題，我們的態度要堅決一點，堅決同他們作鬥爭。另一方面，廣大群眾是好的，但這裡面有壞人挑動。對這些壞人要狠狠地打擊，不打擊他們，我們的局勢就不能穩定，生產就不能恢復，鐵路交通不能恢復。現在很嚴重的問題，錫盟幾百輛汽車不能通，糧食運不進去，將來怎麼過冬啊！伊盟也存在這個問題。到底是什麼原因？是廣大職工不幹啊，還是壞人在那裡挑動，還是壞頭頭在那裡挑動？我想這個問題，要很好地檢查一下，看准了那些壞頭頭，要抓起幾個來，要專政，就是按照「七‧二三」佈告執行，誰也不能違反「七‧二三」佈告。

革命委員會的機關，有部隊在那裡，一定要維護革命委員會的機關，我建議那裡的部隊，呼市公安局也要派些部隊去，協助革命委員會維持革命秩序。不准任何人到革命委員會去吵。當然，有些人到革命委員會去談工作可以，但有些人不是去談工作，到那裡無理取鬧，部隊要管嘛！公安人員要說服，說服不聽壞人抓起來，辦訓練班嘛！不然，我們革命委員會就沒有辦法進行工作。

要採取堅決的措施。向他們做鬥爭，他現在主動向我們行政，我們不向他做鬥爭，向他讓步是不行的，他們也得採取措施，我們要鞏固無產階級專政，不這樣，我們就要犯錯誤。何鳳山同志、華香同志要好好地抓一下，首先把革命委員會機關穩定下來。衝擊革委會、軍區機關是犯法的，是違犯「七‧二三」佈告的。還有打我們銀行、革委會機關工作人員，打解放軍的幹部戰士，打群眾，這類違法現象，就是反革命行為。要採取嚴格的批評教育，以致紀律處分、紀律制裁。不然，局勢穩定不下來。局勢穩定不下來；我們要準備打仗，那是一句空話。

打仗的問題，我們在群眾中要講。我看了你們的電報，我們在呼市開了反對蘇修社會帝國主義對新疆挑釁大會，很好。我希望在全區大力宣傳蘇修在新疆的略侵罪行，進行戰備動員，要跟群眾講，敵人現在就是要挑釁，就是要想我們進攻的。我們不能麻痺，麻痺就要對人民犯罪。我們內蒙處在反修前線，是北京的大門，我們有保衛毛主席，保衛黨中央，保衛北京，保護首都北大門的任務。這不僅是軍隊的任務，而且是全區人民的任務。大家動員起來，準備打仗。要打仗，就得團結起來。所以要反對經濟主義、無政府主義、分裂主義，就要搞大聯合，就要實行無產階級專政。不管工廠、鐵路、公路一切運輸都要很快地恢復起來，不恢復起來，要準備打仗就落空了。

前一段工作，我們做的不夠，有很多原因，但是有很大成績的。這一段，我們要抓緊再抓緊。加強戰備，準備打仗，這是當前中心的中心，是當前主要的工作，如果把這個問題忽視了，我們就要犯錯誤，要犯罪。把這個工作抓起來了，抓革命，促生產，糾正錯誤，落實政策那就可以跟上去了。不把這個工作抓起來，局勢不能穩定，其他工作都是做不好的。

這些精神，特別是吳濤同志講的精神，一起討論一下，向下面各分區、盟市打個招呼，讓他們同樣地這樣辦。我們研究得很倉促，也很不全面，有些精神可能沒聽清，大概精神知道了。你們按這個精神研究，採取措施。我們一定要在國慶節以前，把我們內蒙的生產，鐵路運輸，糾正錯誤落實政策，加強戰備，準備打仗，搞出一個很好的成績來，迎接國慶廿周年大慶。我們一定要把這個工作做好。有有利條件，把這個工作做好的。

還有一個問題，現在包頭的糧食發生恐慌了，現在只夠供銷七天的糧食

了。包頭這樣多人口，沒有糧食吃，怎麼得了。八月份計劃調入糧食七千萬斤，現在只到了五百七十萬斤，日用品、汽油沒有了，汽油集中在天津、北京大城市，運不進去。這個問題很嚴重，請鐵路上夏義超同志很好地抓一下。這個問題不僅僅是包頭的問題，呼市也存在這個問題。關鍵是鐵路不順暢，東西運不進去。中央給我們東西，我們運不進去。我希望鐵局革委會主任、軍管會的主任、副主任，我們親自下到車站上去，把給我們的東西，運進去。你們去抓一下，所有車站的軍官人員，都在車站值班，很快地抓一下，我們親自到第一線去抓一下，看怎麼樣。下決心搞，各個車站的革命委員會領導小組的同志親自出馬，把廣大職工發動起來，一定發動群眾抓好。現在外面給的東西運不進去；我們自己的東西也運不出來，營盤灣存著七萬噸煤運不出來。鐵路的問題是很大的問題，嚴重的問題，不僅使工廠停產，電廠停電了，以致人民生活都沒有保障了。要和鐵路職工講清楚，這樣搞下去，不得了啊！人民不饒我們的啊！希望把這個很好地抓一下。

我今天補充的幾個問題，一個是鐵路的問題，一個是呼市公檢法的軍管問題，一個是支左人員的問題，希望大家很好抓一下，還有一個是保障革委會機關的正常工作問題，這個工作主要是呼市的軍隊和公檢法負責任，搞不好，將來我們要找你們負責任的，那個部隊搞不好那個部隊負責，呼市公檢法軍管會不把呼市革委會機關秩序維持好，將來要找你們的。這不是犯錯誤，我們不能正常工作，到處打游擊，這是非常錯誤嘛！我們不保護它，我們就犯錯誤。我們不要怕過去犯了錯誤，現在就什麼也不辦了，那還是要犯錯誤的。過去犯錯誤，主要我負責任，現在要你們這樣做，我們軍區黨委負責任，給你們撐腰；核心小組給你們撐腰；你們就這樣辦；你們要負責任。你們有什麼困難，可以提出來研究，但是要克服困難，不要怕困難，堅決地按照「七・二三」佈告去執行。

（根據記錄整理）

一九六九年八月二十五日

93.堅決貫徹「七·二三」佈告，穩定局勢，團結起來，準備打仗
——吳濤同志八月二十一日凌晨在電話會議上的講話
（1969.08.21）

同志們：

你們辛苦了！我們最近這個時期在北京開會，根據中央首長指示精神，把當前要抓的最主要、最中心的工作任務向同志們講一講。這個核心小組和開會的同志共同研究了的。題目就叫《堅決貫徹「七·二三」佈告，穩定局勢，團結起來，準備打仗》。

根據「九大」精神和「五·二二」批示，要繼續執行「二十四個字」方針，但當前要狠抓團結起來，準備打仗。這是當前的中心任務。一切工作都要從戰備出發，要服從戰備。首先，應該把廣大人民群眾引導到這方面來，就是要團結起來，準備打仗。當前國內外階級敵人，國外的特別是蘇、蒙修正主義，他們聯合反華，搞軍事基地，矛頭指向我們；國內的階級敵人，叛徒、內奸、工賊劉少奇及其在內蒙的代理人，反革命修正主義、民族分裂主義分子烏蘭夫一小撮，這是當前敵我矛盾，就是最重要的。我們應該把我們的鬥爭方向轉向對敵鬥爭，對外是對帝、修、反、特別是對蘇、蒙修正主義；國內是對劉少奇、烏蘭夫等一小撮階級敵人。同時，我們要繼續糾正錯誤，落實政策。但這個問題屬人民內部矛盾，要堅決、迅速地把政策落實。但是我們在當前來看，必須把位置擺正。就是說，首先是反對國內外階級敵人的鬥爭，特別是反對蘇、蒙修正主義，這是最主要的，應該主要抓這個方面，不能把位置擺到了，也不能平行。戰備、反對蘇蒙修正主義和人民內部矛盾的解決不能平行，應該把國內外階級鬥爭放在第一位，這是最主要的，要把廣大人民群眾引導到這方面來。目前，最強大的武器就是「七·二三」佈告。這是九屆中央委員會出的佈告，是我們偉大領袖毛主席親自批發的佈告。對於我們內蒙來講，穩定局勢，打擊經濟主義妖風，打擊無政府主義和分裂主義，是最有力的武器，是穩定當前局勢最強大的武器，我們應該堅決執行。

首先，要大宣傳、大落實。逐段逐句地落實，要落實到行動中去，這是最有力的東風，是浩蕩東風，是及時雨，必須堅決地貫徹執行「七・二三」佈告，必須堅決地捍衛「七・二三」佈告。

對「七・二三」佈告徹底執行與不貫徹執行，什麼也辦不到，什麼穩定局勢，什麼反對經濟主義妖風，什麼反對無政府主義，什麼反對分裂主義，都辦不到。同時，我們對於「七・二三」佈告，要進一步學習好，進一步提高認識，逐字逐條地都要深刻理解。這樣才能堅決貫徹執行。「七・二三」佈告裡邊指出來七條罪行，凡是有這樣七條罪行的，就是現行反革命，凡是有這樣七條罪行的；就是壞頭頭，不管他以前是什麼樣的人，或者說什麼成份出身，或者說他幹過一些什麼事情，或者說造過反，是造反派，或者說是人民群眾，但是如果現在犯了七條罪行，那就是反革命行為，都要遭到打擊，如果說犯了七條罪行，就應該按照八條決定來執行。「七・二三」佈告要大宣傳、大學習，要家喻戶曉，人人皆知，要堅決貫徹執行，要落實。而且要捍衛「七・二三」佈告，凡是抗拒、違背、破壞「七・二三」佈告，抗拒「七・二三」佈告，就是破壞無產階級專政，就是破壞無產階級文化大革命，就是破壞生產，就是破壞戰備。

當前我們內蒙的局勢，要服從國際國內形勢的發展。特別我們外面有美帝蘇修、蘇蒙修正主義，國內有階級敵人。我們必須加強對國內外階級敵人的鬥爭。只有堅決貫徹執行「七・二三」佈告，才能穩定局勢。我們要在貫徹「七・二三」佈告的同時，要打擊國內外階級敵人和區內階級敵人所掀起的反革命經濟主義、無政府主義和分裂主義，要狠狠地打擊。首先，在當前要反對經濟主義妖風，這個經濟主義妖風不剎住，就後患無窮。經濟主義鬧起來了，這股妖風如果越刮越厲害，它就會停工停產，癱瘓我們的各個方面，後患是無窮的。我們必須認識到，經濟主義妖風是階級敵人煽動、蠱惑、強迫受蒙蔽的群眾搞的，背後是有階級敵人的。所以，我們必須堅決頂住這股妖風，堅決剎住這股妖風，堅決反對反革命經濟主義。反對經濟主義是非常有意義的，對於穩定局勢，團結起來，共同對敵，團結起來，準備打仗，是有利的。如果不這樣做，就會停工停產，癱瘓一切，甚至於不好收拾。局勢穩定不下來，一切事情不會落實，而且會落空。反對經濟主義妖風，要抓一些好壞典型，好典型應

該很好地宣傳。比方說包頭華建八公司，最近召開了反對經濟主義大會，會具體開的怎麼樣，我們不太清楚，但這樣一個公司，在包頭能夠開這樣一個大會，是好的，就說明廣大職工群眾，特別是工人階級對於反革命經濟主義是反對的。因為反革命經濟主義是破壞生產的，所以我們對華建八公司開這個大會應該支持，應該表揚，應該向他們學習。同時，對壞典型，也要給予堅決處理，石拐煤礦事件要堅決處理。石拐煤礦強迫領導人簽字，強制提款，而且除了附加工資以外，還發了什麼地區補助費等。強迫簽字，打人，把人打傷住了院，這是極端錯誤的，到銀行強制提款，這是違反「七‧二三」佈告的。這個事件要堅決處理。原先擬定的對於處理石拐煤礦的那個通告還是要發的。堅決剎住這個經濟主義妖風，因為他們一下子就提款350萬元，這不僅在內蒙全區是突出的，在全國也是突出的。這個問題中央首長已經批評了，我們必須堅決處理。他們鬧經濟主義妖風、打人、逼迫領導簽字，強行到銀行提款，這都是違法的。

第二、對於附加工資問題，鬧經濟主義，除了附加工資以外，其他問題一律不給解決。附加工資的問題，也必須按照這種原則：

一、不准提高附加工資的標準，應按原來的獎金額，比如原來是四塊八角錢，現在還是四塊八角錢，如果說五塊錢還發五塊錢，不能提高標準，提高標準是危害國家經濟、集體經濟的，那是不對的，不准提高標準，原來是多少，現在發多少。

二、不准擴大發放範圍，原來在什麼範圍現在還在什麼範圍發放，根本沒有附加工資的不能發，範圍要限制在原來的範圍內。

三、不准一次補發，要分期分批。一次補發，衝擊國家市場，這個問題要特別注意。除了附加工資以外，其餘的一切要求一律都不能解決。必須在鬥、批、改的後期才能解決。比方說大批判、清理階級隊伍、整黨、精簡機構、下放科室人員、改革不合理的規章制度，經過整黨之後，進行改革不合理的規章制度時才能解決這些問題。有的就是不能解決，現在根本不能解決，一律不能解決，這些問題要講清楚。

第三、我們反對經濟主義，要提出來各個工廠、各生產部門、交通運輸部門，各方面要恢復生產。這是非常重要的。如果說不恢復生產，不上班，

停產，按「七・二三」佈告規定，到一定時期不上班，不生產，都要停發工資嘛！連月薪都要停發嘛，還要什麼附加工資。所以說要首先恢復生產。這是非常重要的。當前，我們內蒙局勢還不穩定，停工停產現象還很嚴重，必須恢復生產。對於那一些到期不上班的，要扣發工資，長期不上班的，不聽指揮的，不服從命令的，扣工資，甚至於開除。當前我們自治區交通運輸情況很不好，中央國務院決定每天給我們五列車煤，連車帶煤一起運到我們內蒙去，讓我們保證沿途暢順地通過，讓我們保證終點的時候按時卸車，使車返回去。我們前三天瞭解，應該每天發五列車煤，結果才收到了五列車。也就是說我們沒有保證每天進到內蒙五列車，而是五天之內才進到五列車。這就說明我們沒有保證。據講拉到二機廠的煤六千噸還沒有給卸下來，這就不對了嗎。黨中央那樣關心我們，每天給內蒙拉五列車煤，讓我們恢復生產，關心我們的生產，關心我們內蒙的情況，但是我們沒有保證每天五列車煤，火車暢通，到時能卸下來，保證車輛返回。這樣的工作我們都做不到，真正對不起中央。所以煤礦、國防工業的生產都很落後。請夏義超同志想想辦法，那個地方堵塞，我們要保證狠抓一下煤礦的生產，狠抓一抓交通運輸，狠抓一抓國防工業的生產。加強戰備，國防工業的生產更有意義。不僅如此，而且還有援助國際的任務。

再一個是反對無政府主義。這一時期無政府主義很嚴重，危害了、破壞了社會秩序，危害破壞社會治安，危害了破壞了我們的工作制度各個方面，無組織無紀律現象很嚴重，有的幹部不上班。我們說，國家幹部，軍隊幹部，應該「一不怕苦，二不怕死」。在關鍵時刻、緊張時刻要堅守工作崗位，這是第一個要求。不論有什麼意見，都應該堅守工作崗位，不論有什麼困難，都應當本著「一不怕苦，二不怕死」的精神來堅守工作崗位。不怕圍攻，不怕疲勞，不怕困難，要堅守崗位嘛！堅守工作崗位就是好樣麼。幹部不上班是不對的，錯誤的。當然也有許多問題，也有許多客觀原因，我們認為以前有許多原因，那麼從「七・二三」佈告文到之日以後，應該按期上班嘛！工人都要求按期上班嘛，幹部更應該這樣子了。

反對無政府主義，要保證各級革命委員會、各級軍事機關正常工作，不准衝擊。不准衝擊革命委員會，不准衝擊軍事機關。文化大革命已經搞了三年多了，我們的紅色政府已經在全國各個省、市、自治區都成立了。在我們內蒙古

自治區，全區內各盟市，各旗縣都成立了革命委員會，這個政權是紅色政權，是人民的政權，我們應該堅決支持它、擁護它、捍衛它，保證革命委員會的工作，不能衝擊革命委員會，特別是現在，文化大革命進行了三年了，這和文化大革命初期衝擊走資派是完全不一樣的，走資派是要衝擊的，而且是要打倒的，走資派打著紅旗反紅旗，是要反對的。我們的革命委員會是紅色政權，是人民自己的政權，是毛主席創造發明的，創造的三結合的紅色政權。我們應該捍衛它、支持它、擁護它、保衛它。不能衝擊嘛！軍事機關，特別是在現在加強戰備，準備打仗的時刻，一定要保護軍事機關的正常工作，不能衝擊。這不是喊一個口號就完了，要採取措施，保證革命委員會和軍事機關的正常工作。進行宣傳，教育廣大人民群眾，教育上訪人員不要衝擊，這是首先要做的。

再一個是加強各級革命委員會、各級軍事機關的警衛工作，不准隨便衝擊。如果不聽指揮的、不聽命令的、不遵守紀律的，要給予教育，要給予批評，要給予處分。要維護社會治安。制止行兇武鬥，對行兇武鬥的要依法制裁。打擊那些反革命分子，打擊那些犯罪分了，打擊壞頭頭。壞頭頭必須要打擊。如果說以前我們犯了擴大化，抓了人，抓錯了，那是錯誤，因為抓了好人，現在要堅決按照「七・二三」佈告執行。「七・二三」佈告中，規定的七條嘛，打人、行兇那是現行反革命嘛，凡有犯有七條罪行的，就是壞頭頭嘛！應該給予制裁嘛！不能姑息嘛，要打一驚百嘛！打一個驚百個，嚴重的要開除黨籍。開除一個可以挽救很多嘛！如果一個也不開除，那就會有很多人跟上來。開除他一個黨籍，就可以打一驚百嘛！制裁一個壞頭頭，就可以打一驚百嘛！這個非常重要。鬧無政府主義的就是破壞無產階級專政，妨礙無產階級專政，抵制無產階級專政。這是和我們鞏固無產階級專政相對立的，是和維護、保證革命委員會和軍事機關正常工作相對立的，是和穩定局勢相對立的，是和維護社會治安相對立的。我們要穩定局勢，我們要維護社會治安，我們要維護社會秩序，我們要保證革命委員會的正常工作，我們要保護軍事機關的正常指揮，階級敵人煽動、蠱惑、欺騙、強迫一些不明真相的群眾搞無政府主義，來和我們進行鬥爭，我們光有階級鬥爭不行，還要有無產階級專政。光進行階級鬥爭，不進行專政是不行的。對一些反革命分子、犯罪分子要進行專政。

再一個就是要反對分裂，實現革命大聯合。新成立的兩派對立組織，比

方「批滕聯絡站」「5、22戰團」，要堅決徹底取消，不准再活動，要堅決徹底取消，實現大聯合。如果再搞派性活動，就是非法的。要反對重拉隊伍，另立山頭，反對搞分裂，反對破壞大聯合。對於重拉隊伍、另立山頭的各方面組織，我們一律不予承認。重拉隊伍、另立山頭、搞分裂，破壞大聯合的，都反對。對於上訪的人員要動員他們回去，就地解決問題，堅持不回去的，要堅決地採取集中辦學習班的辦法，集中辦學習班也是為了動員他們回去，也是為了教育他們，讓他們就地解決問題。上訪人員不回去，對穩定局勢沒有好處，特別是保證、恢復革命委員會的正常工作，不能實現，對於戰備工作也不能落實。所以說，我們要反對經濟主義妖風，反對無政府主義，反對分裂主義。這個三個主義，足以造成局勢不穩定，使得我們各項工作不能落實，特別是「九大」各項戰鬥任務不能落實。我們必須堅決剎住這股妖風，來扭轉局勢。我們前一階段，在這些方面的工作做得不夠。我們糾正錯誤、落實政策是對的，而且取得了很大成績，完全應該的。但是另一方面，對於加強戰備、準備打仗方面，在廣大人民群眾中做工作卻非常不夠。但是另一方面，對於加強戰備、準備打仗方面，在廣大人民群眾中做工作卻非常不夠。和有的地區和友鄰地區，和東北各方面比，我們是很不夠的，我們應該加強這個方面。要團結起來、準備打仗，要加強戰備，要穩定局勢，必須反對經濟主義、無政府主義、分裂主義。不反對這個東西，形勢是穩定不下來的。這三個主義很厲害，危害性很大，它可以停工停產，它可以使各方面癱瘓，甚至它可以迫使我們領導上經常打游擊。還是我們打游擊好啊，還是叫經濟主義去打游擊好？我看，還是狠狠地打擊無政府主義，叫無政府主義去打游擊去！我們領導要堅決把革命委員會、軍事機關的正常工作秩序恢復起來。如果不堅決的話，就要犯更大的錯誤。因為當前最主要的是要我們團結起來，準備打仗，要加強戰備，準備打仗。如果不是這樣，就要落空。當然要採取具體措施。最主要的就是製造輿論，進行政治思想教育，進行宣傳，採取些加強組織紀律的措施。無論是公檢法、部隊、無產階級專政的工具都要起作用，要維護、保證革命委員會的正常工作，維護保證軍事機關的正常工作，要反對經濟主義，反對無政府主義，反對分裂主義。對那些反革命分子、壞頭頭、犯罪分子，要按這個辦法，不聽把他們抓起來，反革命分子就要把他們抓起來，都要給予法律制裁。這樣，才能

把局勢穩定下來，在這方面不要手軟。

「七、二三」佈告就是強大的東風，我們堅決按照「七、二三」佈告執行，就能把局勢穩定下來，山西太原已經完全生效，而且穩定下來了，就是堅決按照「七、二三」佈告執行的，把壞頭頭抓起來了。我看要堅決這樣做。我們的措施就是：

第一、領導上思想認識要一致，行動要一致，態度要堅決。要堅決地貫徹執行「七、二三」佈告，要加強執行「七、二三」佈告的指揮部的工作。我們不是成立了一個執行「七、二三」佈告的指揮部嘛？有指揮呀！付指揮嘛，要搞好。請劉華香同志、李樹德同志要認真把指揮部組織好，設一些辦事機關人員，把貫徹「七、二三」佈告的成績、措施、存在的問題，要認真研究，狠狠地抓這個工作，讓何鳳山同志也參加指揮部的工作。我告訴你們一下，北京軍區的黨代表大會推遲到國慶節以後召開了，大家不要為這個事緊張了。這次中央首長幾次指示，首先說我們領導決心不大，不堅決。山西就非常堅決，收的效果非常大，這是強大的東風，浩蕩的東風嘛！是黨中央的發的佈告嘛！是毛主席批發的嘛！我們執行不執行，是對黨中央的態度問題，是對毛主席忠不忠的問題。世上最高的網，所有的領導同志，都要堅決貫徹執行。要反覆不斷地逐條逐句好好地學習，真正把它吃透了，這樣才能堅決執行。抓准了反革命分子，就要打擊，狠狠地打擊。

第二、對於貫徹執行「七、二三」佈告，要大宣傳、大教育群眾，要抓典型，抓兩種典型，好的要表揚，壞的要處理，像華建八公司要表揚，石拓子煤礦要處理。分佈到各地方的部隊、公檢法軍管會的同志，要行使職權。有一些部隊，一方面由於過去我們犯了錯誤，跟著執行，現在遇到這些問題，有些膽小，有些顧慮，怕抓人，維護秩序怕搞錯了。當然，最主要的還是進行宣傳教育，把廣大群眾運動起來嘛！團結起來，準備打仗嘛！來維護我們的社會治安嘛！來扭轉局勢嘛！這是廣大人民群眾的責任嘛！廣大幹部的責任嘛！廣大的共產黨員、共青團員的責任嘛！廣大的革命軍人的責任嘛！所有共產黨員，所有革命幹部，所有革命群眾，都要工人階級領導，都要起來維護和堅決貫徹執行「七、二三」佈告。對於好的要表揚，壞的要批評教育，以致於紀律制裁。

第三、所有的部隊和公檢法軍管會都要按規定行使職權。有的同志有顧

慮，要向他們做些工作，維護秩序，穩定局勢是正確的。執行國家的法律，執行黨和國家的紀律是正確的。對於現行反革命分子，打一警百嘛！不是說大量的抓人嘛！不是那樣子。公檢法軍管會要很好地行使職權。特別是軍隊，不要光進行宣傳，對違法亂紀的事情，要維護紀律，維護法律嘛！要反對那些違法亂紀的嘛！要執行紀律，對那些搶劫、行兇、殺人的要逮捕法辦。這樣怎麼叫犯錯誤呢？把搶劫、行兇、殺人的人逮捕起來，不會犯錯誤。當然，也可能引起來一部分不明真象的群眾圍攻，那個不怕，講明道理，他們就明白了。對違法亂紀的事情不能輕易地放過。

第四、要發動群眾，把廣大人民群眾發動起來，捍衛「七、二三」佈告，協助各級領導、協助革命委員會，繼續落實政策，把局勢穩定下來，真正做到團結起來，準備打仗。

我們內蒙地處反修前線，有保衛祖國邊疆，保衛我們偉大領袖毛主席，保衛黨中央，保衛首都的光榮任務，我們必須把把好祖國的北大門的任務堅決地擔當起來。這一些地區首先扭轉局勢，如果局勢不穩定，一切都落實不了。要想局勢穩定，必須堅決貫徹執行「七、二三」佈告。貫徹執行「七、二三」佈告必須反對經濟主義，反對無政府主義，反對分裂主義。必須堅決地執行佈告，捍衛佈告，這樣才能生效。因為文化大革命進行到現在已經三年了，我們的紅色政權，要堅決按照黨中央的指示辦事。每個共產黨員都應該增強黨性，個人要服從組織，下級要服從上級，全黨服從中央。這樣才是一元化的領導。黨中央的佈告，我們要堅決貫徹執行。如果不堅決，就是對中央的態度問題，就是對毛主席忠不忠的問題。所以，我們對當前穩定局勢，加強戰備的問題，今天先講一講，我們的會議還要開幾天，整個精神以後再講。今天先講到這裡。

（根據錄音整理）

94.關於滕海清的三次被檢查的概略

　　滕海清對他挖內人黨的錯誤檢查過三次。第一次是在一九六九年五月，中央指示挖「內人黨」停下來之後，在受害者控訴的怒潮中，做了個很不情願的檢查。第二次是在唐山學習班，在他部下二十四軍政委朱松嶺主持下做了個「過關」檢查，然後學習班給他做「結論」，對其光榮革命歷史擺功稱頌之後說「……在內蒙工作期間，在文化大革命清理階級隊伍中，犯了擴大化錯誤，對黨對人民對民族團結造成了嚴重損失，今後希望努力學習馬列主義毛澤東思想，改造世界觀，對所犯錯誤認真改正，保持晚節。」在這個結論中一句未提「內人黨」三個字。學習班結束，滕海清就回北京軍區官復原職主持工作了。

　　粉粹「四人幫」後，一九八〇年內蒙古黨委在廣大受害者幹部群眾強烈要求懲辦滕海清的聲浪中準備追究他的法律責任。這時已經轉任濟南軍區常務副司令員的滕海清，見到內蒙古黨委對他所做「挖肅」罪行的結論之後，感觸到個人名利將要受損，他傷感落淚了，然後急匆匆向中央寫了「檢查」，把責任都推給他人，給自己留個空頭責任。他對自己要害避而不談，他向康生、江青咋彙報的，更是諱莫如深，不敢沾邊，他那個「滕辦」都幹了什麼，一點不講。其實他這個檢查不是個檢查，而是開脫自己罪行的辯解。說他挖「內人黨」是對高錦明、郭以青這些人「輕信」、「盲從」當了傀儡。全篇「檢查」都是「據說」、「聽說」、「他們幹的」、「集體決定」的，最後來個「不瞭解情況」。對他「情況不明決心大」，卻沒有一點痛心誠懇的檢討，對死傷殘那麼多的人沒有一點沉痛的表示，誠然，開挖內人黨先河是高錦明幹的。可是挖一段之後高錦明不幹了，而他滕海清卻把人家打下去，繼續深挖蠻幹下去，他滕海清又有何說呢！你是聽了誰的話呢？不管誰的動機如何，唯物主義者主要看事實看後果。打「內人黨」死傷的大數、整數都是在這後一階段，滕海清一人蠻幹時發生的。

　　以內蒙古軍區政治部為例，死的十個人都是在滕海清反掉高錦明「右傾」以後，從十一月二十七日以後到他準備向「九大」獻禮的四月二十二日這一段發生的。全區「內人黨」死一萬六千多人，至少有一萬四千人是在這深挖階段

死去的。滕海清他能逃脫罪責嗎？

下邊是滕海清的三次檢查，一次不如一次。前兩次檢查，為了過關，還接觸了點思想實際，最後要追究他的法律責任時，沒有叫他檢查，他卻以「檢查」的方式把錯誤和罪行都推到四面八方去了。（阿拉騰德力海著《內蒙古挖肅災難記錄》1999年、pp228-234）

95.滕海清在自治區直屬機關幹部大會上的
第一次檢查（摘要）（1969.06.23）

1969年6月23日

我以萬分沉痛的心情檢查我所犯的嚴重錯誤。

我從1967年4月18日來內蒙，已經兩年多了，工作沒有做好，錯誤犯的很嚴重，特別是1968年11月第四次內蒙革委會全體會議後，在挖「新內人黨」進程中，犯了嚴重逼供信擴大化錯誤，傷害了很多的幹部和革命群眾。我以沉痛的心情向內蒙古各族人民低頭認罪。

我對內蒙古的敵情估計得過於嚴重，誇大了烏蘭夫在內蒙古的影響。我是把幾股敵人合起來做為烏蘭夫反黨叛國的勢力。一是偽滿留下來的一股，偽蒙疆留下來的一股，烏蘭夫反黨叛國 股。認為這幾股敵人的力量很大。從「挖肅」開始，一直是反對右傾，反到今年二月間，越反，「左」傾越升長，「左」傾思想就一步一步升高加碼。上面轟轟烈烈，下面搞逼供信擴大化，很淒慘。我的「左」傾錯發展到第四次全委會，已經到惡性階段，可是我又錯誤地批判高錦明的「右」傾。這樣「左」傾思想發展到登峰造極。

挖「內人黨」是按照我的主觀唯心主義思想指導下搞起來的，只看到口供材料就信以為真。出現武鬥打人現象時，我說這些同志革命熱情是很高的，應當保護群眾的積極性。當時想通過辦學習班解決群眾中的「內人黨」問題，結果嚴重的逼供信，殘酷的各種慘無人道的刑法都在我們辦的毛澤東思想學習班裡產生了。刑法之多是罕見的，有的被打死打傷，妻離子散，家破人亡。我向這些受打擊迫害的同志請罪，向這些政治上受打擊，精神上受摧殘，身體遭到損害的同志和他們的親屬表示慰問，而且向他們請罪。

有些單位，少數民族幹部百分之百打成「內人黨」，還說我們偉大領袖毛主席不是你們蒙古人的領袖，蒙族領袖是烏蘭夫。這是污衊廣大蒙古族革命群眾。那樣多的群眾打死打傷，家破人亡，沒有一個跑到外蒙古去的，不都是朝北京跑嗎！說明內蒙古人民是熱愛毛主席，忠於毛澤東思想的。

中央對於清理階級隊伍工作防止擴大化有好幾次指示，一個在六八年二月四日晚上，中央指示開始的時候，面不要搞寬了；第二次是六八年十月，呼盟挖「統一黨」報到中央，江青、姚文元同志批示防止擴大化；還有一次，總理電話給陳先瑞同志，說有個青年學生反映你們那裡搞挖肅鬥爭有擴大化；第四次，一九六九年二月四日，在我彙報時中央領導講，你們內蒙清理階級隊伍步子太快了，同時講你要接受鄂豫皖打改組派和江西蘇區打AB團的教訓。

以上這些批評指示我都沒有傳達，「左」傾思想一直發展下去，以致犯了這樣嚴重擴大化錯誤。

大家對「滕辦」意見很大，這也是我的一個嚴重錯誤。「滕辦」駕於革命委員會之上。

還有在《內蒙古日報》上發表了很多錯誤文章。我的那些信口開河講話，「左」傾思想言論，也做為幹部學習材料，都是嚴重錯誤。我脫離群眾，高高在上，當官做老爺，獨斷專行，不受群眾監督。我這是軍閥主義作風，我在內蒙古工作這一段所犯錯誤這麼嚴重，我要向毛主席請罪，向無產階級司令部請罪。

96.滕海清在唐山學習班的第二次檢查（要點）（1970.12.16）

1970年12月16日

滕海清承認他的「挖肅」運動，以烏蘭夫劃線，以蒙族劃線（阿拉騰德力海）。

清理階級隊伍以來，誇大了，敵情，把大批群眾打成反革命。

揪出特古斯，把文藝界當成黑窩子，揪出王再天，把公檢法當成黑窩子。把黨委機關當成「內人黨」中央機關，把內蒙幹部看得壞的多，認為民族幹部都是跟烏蘭夫大搞反黨叛國的，把執行烏蘭夫路線的幹部都當成反革命勢力，以烏蘭夫劃線，以蒙族劃線，破壞了民族政策。

我把烏蘭夫勢力看過了頭，在革命委員會第二次全會上提出了「挖肅」口號，聽信了用逼供信搞出來的老內人黨骨幹的口供，以為內人黨很大，人很多，用挖肅改代替了毛主席的鬥批改，以挖內人黨代替了清理階級隊伍。

我把高錦明反「左」的正確意見當做右傾機會主義路線在全區批判，並造謠說康老點過頭，迷惑了思想不通的常委。68年7月三次全委會時已經出現擴大化，高錦明提出防「左」，我聯想到挖肅初期高不太積極，認為他的「925」講話是攻擊我的，於是在四次全委會上擅自決定批高。1969年5月10日，我向中央發電報說「高錦明同志4月17日恢復工作，70年開始亂」，把亂的責任歸咎於高錦明。我對中央恢復高錦明工作思想上沒有接受。68年12月，軍區一位負責同志對我說軍區有人整吳濤同志材料，我是批評了，沒有追查。

不久我在69年2月4日向中央彙報時，反映了吳濤有右傾，說他與烏蘭夫關係不清，處理鮑蔭扎布問題上右傾，懷疑了吳濤同志。毛主席批發「5．22」指示，我們有堅決貫徹，親一派疏一派，我對錯誤認識很差，搞了平反一風吹，讓厚和當了典型。

97.一九八○年滕海清向中央作的第三次檢查 （1980.04.16）

中共中央、中央軍委、中央紀委並中央組織部、總政：

一、內蒙古挖「新內人黨」是根據一九六八年兩報一刊元旦社論搞起來的。一九六八年一月召開內蒙革委會第二次全委擴大會，展開了清理階級隊伍（在內蒙叫「挖肅」運動）。同年四月十三日向全區發出了《向烏蘭夫反黨叛國集團及其殘黨餘孽發動總攻擊》的通告，從此內蒙形成了一個階級鬥爭、派性鬥爭混淆在一起的混亂動盪局面。

實際上這個清隊運動是文藝界根據叛徒江青的一九六七年「11.12」講話在首都先開始的。而後逐漸波及到整個文教口和公檢法。並先後揪出了特古斯、王再天。當時據高錦明的分析，烏蘭夫三股勢力中，王再天的勢力在公檢法，哈、特勢力以文教口為多，這兩界過去未被破獲的反動黨團、叛國案件被提出來了。從此，這個挖「新內人黨」問題作為清理階級隊伍中的一個問題，由暗到明，由隱到顯逐步展開，直到鑄成這個錯案。

二、「新內人黨」問題早在文革前就審查過。它不是個新問題，是個老問題，這一點瞭解內蒙古歷史的人都知道。

據反映，內蒙古地區歷史上曾兩次組織過內蒙古人民革命黨第一次是一九二五年，時間不長就解體了；第二次是在一九四五年日本投降後，哈豐阿、博彥滿都等人打著「高度自治、內外蒙合併」的旗號重新組織起來的，一九四七年四月二十日，被我黨中央正式命令取消。據說取消後仍有些活動。

我到內蒙後還聽說過幾件事：一是李樹德說內蒙檔案館查出胡昭衡等三人向西滿分局報告，哈豐阿在一九四七年有組織內人黨打入共產黨的活動。還有一件是一九四七年高萬寶扎布入黨前曾請示過哈豐阿，哈批示說：「高萬寶扎布加入共產黨是毫無異意的，但入黨之後，必須永遠保持我黨（內人黨）的立場」。二是「206號案件」。三是一九六八年一月二十四日，內蒙革委會核心下組會上，高錦明說奎璧告訴他「四十三人委員會就是新內人黨」。是不是這個情況，我不清楚。四是一九六四年文藝界整風時。發現過「蒙古民族統一

黨」，說這是內人黨的變種。

以上幾件事情在文革前都查過，文化革命初期，一些群眾組織和高錦明等人都把它當做「新內人黨」存在的根據提出來的。當時我不瞭解情況，對這些意見輕信、盲從、是我在內蒙犯錯誤的重要原因。

三、「新內人黨」是高錦明等人首先搞起來的。據揭發早在一九六七年十一月，內蒙革委會成立前，「揪叛聯絡站」的頭頭烏蘭巴干向高錦明彙報了哈特勢力與內人黨的問題，高錦明讓郭以青支持他。接著，高錦明、郭以青插手鮑蔭扎布和巴圖專案，用誘供和刊訊逼供的辦法迫使他們交待了所謂「新內人黨」的中央組織和參與「206」案件，四月，高錦明組織會議，聽取郭以青、彙報兩個專案情況，明確提出「新內人黨」是烏蘭夫的暗班子。他說「清隊以來搞了烏蘭夫的明班子，這次又搞出了他的暗班子，是個重大發現，一大收穫」，同時決定從鮑蔭扎布、巴圖供出的名單中確定十六人，實行軍管和隔離審查，選擇六人委突破口進行突審。四月二十四（應為四月二十六一編者）日由高錦明簽發了報中央突破新內人黨的電報。

上述情況是我在犯錯誤後知道的。他們開始搞的時候我在北京參加會議。內蒙給中央的電報是由中央轉給我看的。正因為我不瞭解「新內人黨」情況，所以也沒有引起重視，這是我在內蒙挖新內人黨犯錯誤的起點。

四、在內蒙普遍展開挖「新內人黨」是集體決定的，我要負主要責任。

五、挖「新內人黨」軍隊首先嚴重惡化。

六、我和吳濤參加八屆十一中全會後，召開內蒙革委會第四次全委擴大會議，大搞批高反右，使新內人黨這個錯案造成了更加嚴重的惡果。這個問題我要負主要責任。

滕海清

一九八〇年四月十六日

98.內蒙古黨委第二書記廷懋致信黃克誠追究 滕海清法律責任（1981.08.01）

―他迫害少數民族，實際上把蒙古人都當成敵人了―

廷懋同志這件信，言簡意賅，幾句話概括了滕海清的「挖肅」所造成的人道主義民族災難。他幹的這個「挖肅」不是「一般的草菅人命」，而是「草菅民族團結之命！」，其後果是少數民族千家萬戶難忘的問題」。廷懋同志這封信是針對滕海清向中央所寫的「檢查」而發（阿拉騰德力海《內蒙古挖肅災難實錄》1999年、pp235-237）。

黃老（黃克誠）：

我主張對滕海清追究法律責任。周惠同志由北京回來，說你似乎不主張這樣辦；還講到當年抓「AB團」的事。我聽後，沒有想通，因此給你寫這封信。

（一）內蒙在「文革」中打「烏蘭夫反黨叛國集團」和挖「新內人黨」，死兩萬多人，傷殘十七萬，被株連的上百萬人。第一案，沒有滕海清的事。第二案，挖「新內人黨」，他起了主要作用。誠然，這是在「文革」中發生的事，不能講殺人償命了。但死傷這麼多人，按過失犯罪論·他也不應逍遙法外。

現在，滕海清上推江青、康生，下推高錦明、吳濤。江、康、高、是各有罪責，而畢竟滕海清當時是內蒙的一把手。誰下命令要他非挖「新內人黨」不行呢？誰要他非挖幾十萬人不行呢？高錦明是「新內人黨」的發明人之一，挖到半道，高不幹了，滕還堅持挖。吳濤跟著挖，滕海清還懷疑他。無論如何，不能說挖「新內人黨」一案滕海清只是個執行者。

（二）挖「新內人黨」，不是「兩派鬥爭，不是失去控制」的混戰，是滕司令員親自部署、親自指揮，有組織、有領導進行的。當然，在挖「新內人黨」期間發生的那些慘絕人寰的事，他不可能都知道。但是，當時刑訊逼供，路人皆知，滕怎麼會不知道呢？不，他是搞逼供信的專家、大師；他全心全意

地搞逼供信，別的話他聽不進去。

滕海清說，他當時不瞭解內蒙古的情況。情況不明，為什麼決心那樣大？草菅人命到如此程度，怎麼可以不追究責任？

造成大錯之後，毛主席有「五·二二」批示，滕海清也調回北京軍區了。據我所知，他除了在被迫的情況下，不得不認錯之外，他沒有為內蒙人民（包括軍隊）說過什麼公道話，辦過什麼好事。今年，內蒙古軍區副司令員塔拉（當年的受害者）在上海遇見滕海清。滕也沒說一句有自我批評意味的話，毫無悔過表現。

（三）滕海清挖「新內人黨」不是個人恩怨問題；我主張法辦他也不是個人恩怨問題。他迫害少數民族，實際上把蒙古人都當成敵人了。內蒙古只有二百萬蒙古人，他挖了幾十萬還不停手，普通的工、農、牧民，幾乎家家有「反革命」；還挖了許多長期在內蒙工作的漢族幹部、職工。這在我黨歷史上是空前的，創紀錄的。如果這樣的人不法辦，怎麼能平息民憤？怎麼能安定團結？我們怎麼能說服人民群眾？連那些執行他的命令而犯錯誤的人也不會服的。

眼前的安定團結，還不是我想的最大的問題。最大的問題是各族人民群眾，特別是現在的青少年，怎麼理解和相信我黨的民族政策？怎麼能相信我們黨？滕海清辦的事，不是一般的草菅人命，是草菅民族團結之命！

我講個故事，前幾年我送孩子去牧區，中途到一個沾親帶故的老大娘家，她有個十來歲的孫女看見我們一下車就發抖；為什麼？因為我們穿著軍裝坐著吉普，她父母當年就是被這樣的車這樣的人抓走的。這類事，何止一家，外人去他們是不講的。下一代，和我這樣的蒙古人不同：和解放戰爭時期參加工作的人也不同；他們剛懂事就遇上了挖「新內人黨」。他們不認識滕海清，然而滕海清的大名婦孺皆知，甚至有人稱他為「滕格里阿爸」，意為天老爺，意為不可抗拒的力量。可不可以抗拒呢？可不可以處理一兩個罪魁禍首呢？挖「新內人黨」對內蒙各族人民是空前的災害，可不可以絕後呢！就是少許以後再發生這種事呢？這是內蒙古各族人民，特別是蒙古族和達斡爾、鄂溫克、鄂倫春等少數民族，千家萬戶難忘的問題。

黃老！恕我直率，這和抓「AB團」的歷史條件和今後影響均不相同！

此信是否可轉呈中央書記處，請黃老酌定。

　　　　　　　　　　　　　　　　　此致
　　　　　　　　　　　　　　　　　　敬禮
　　　　　　　　　　　　　　一九八一年八月一日

99.趙玉溫¹大反毛澤東思想言論集（1969.07.16）

目錄

（一）趙玉溫懷疑一切，大搞嚴重的逼供信擴大化。

趙玉溫說：

「內人黨」是執政黨。

（一九六八年十二月十在盟直機關職工大會上的講話）

在我們內蒙來講，這個「內人黨」變種組織，那就太多了，數不過來了。

（一九六八年三十二月十日在盟直機關職工大會上的講話）

我們盟是「內人黨」及其變種組織的老窩子，對我們哲盟不能小看了，「內人黨」在哲盟有基礎，他們的勢力，我們感到還是比較雄厚的。

（同上）

---

¹　編按：趙玉溫為滕海清部將，文革期間任哲里木盟軍分區司令員。

我們哲盟××××，××××，×××××這些王八旦召開黑會發展他的黑組織，那就沒有數了，那就太多了。

（同上）

原盟委，公署，百分之八十以上是「內人黨」盟「五，七」幹校是石，雲反黨叛國自的本營。

（同上）

經過兩年多的文化大革命，哲里木軍分區揪出了一個反黨集團，和原盟委，盟公署的反黨集團有聯繫，裡有歷史性的，但我感到還有一個現實性的反革命集團還是什麼東西，咱們瞅著看。

（一九六八年十二月二十九日在盟革委會三全會上的發言）

我講「內人黨」問題，有人不同意，我有充分證據證明這個問題，…今天在座的就有內人黨嗎？

（一九六九年十二月十九日在盟革委會三全會上的發言）

有的說，是「內人黨」還是共產黨我鬧不清楚？是「內人黨」還是共產黨你鬧不清楚誰鬧的清楚呢？這是欺騙蒙混過關，大家不要上當。

（一九六八年十二月十日在盟直機關職工大會上的講話）

「內人黨」的組織同樣發展型「三裡」「五界」到處都有…有的名義上是共產黨的黨委，實際上是「內人黨」的黨委？名義上是共產黨支部實際上是「內人黨」的支部，你看他在開支部大會，實際上是開內人黨的支部大會。

（一九六八年十二月十日在盟直機關職工大會上的講話）

這個反革命集團的黑手（按：指「內人黨」）伸的很長，很廣，在地方上不僅旗縣以上有，公社以下基層單位也有「內人黨」組織，我們盟以舊盟委、公署、盟公檢法，文教處、農牧水電處，處事單位成為「內人黨」的老窩

子⋯⋯就是連學校、機關、企業、農場、牧區水庫都有⋯⋯大大小小的機關都有，連軍隊也是一樣。

（同上）

內人黨分子，在我們各級政權機關裡都有，哲盟革委會把×××這個「內人黨」魁吐出去了，還有沒？還有幾個，那就不一定了。

（一九六九年二月十三日在盟革委會首次政工會上的講話）

不管是群眾專政的，或是專政機關專政的人，重要線索要靠審訊，審訊最主要。

（一九六八年六月二十六自在盟挖肅會議上講話）

我們對內人黨是有政策規定的，凡是超過規定時間不登記的，一律逮捕。

（一九六八每十一月廿七日在盟革委會二全會上的講話）

「內人黨有個特點，你不打他就不說」。「敵人嘛你不打他就不倒」

（一九六八年十二月十日在盟直機關職工大會上的講話）

對那些證據確鑿，而又反抗拒交代的骨幹分子，要狠狠地打擊他們，要嚴辦他們，要加重處理，有了證據，他又不坦白交待照樣定他案，照樣處理他。

（一九六八年十二月十日在盟直大會上的講話）

不要看在挖「內人黨」中有幾個吊死，打死了就大驚小怪。死幾個壞人有什麼了不起？我不是說多打死幾個，死的是壞人多？好人多？我看是壞人死的多，壞人死的不多，將來就要死好人。

（一九六九年二月十三日在盟革委會首次政工會上的講話）

有的圍剿「內人黨」，剛一圍剿出來幾個，就鬥爭批判，打，坐飛機這是不對的，但這都是支流問題，不是主流問題。

（一九六八年十二月十日在盟直職工大會上的講話）

（二）趙玉溫以反「右傾機會主義路線」為名行「左傾機會主義路線」之實

趙玉溫說：

各級領導的右傾仍然是嚴重障礙，我們不是防「左」，而是防右，不是反「左」而是反右。

（一九六九年二月十三日在盟革委會首屆政工會講話）

有些人的思想右傾的要死，他們不抓大批判清理階級隊伍，有的人在那裡打擊，壓制，「挖肅」積極的同志我看有些同志是階級立場問題，滕司令員講，不搞挖肅，給階級敵人平反，那不是無產階級革命路線，平了反的，一律無效。

（一九六八年十一月廿七日在盟革委會三全會上的講話）

為什麼行動不快，有這麼幾個原因：一個是各階級為什麼行動不快，有這麼幾個原因：一個是各級革委會」各級領導同志抓階級鬥爭抓的不狠，而且有嚴重的右傾……第二有的領導他本身就是「內人黨」分子。

（一九六八年十二月十日在盟直機關職工大會上的話）

圍殲「內人黨」及其變種組織，首先一條就是要認真的貫徹黨的八屆十二中全會精神，狠反「三右」把挖「內人黨」的人民戰爭當做是各級革委會，各單位各級領導和廣大人民群眾的一項重大政治任務，必須抓緊，抓到底，抓出成績來，不獲全勝，決不收兵。

（一九六八年十二月十日在盟直機關職工大會上講話）

在目前全區盟要突出抓好深挖混進「三裡」「五界」和人民群眾中加「內人黨」及其變種組織，在這場激烈的鬥爭中要決心大，要致於放手發動人民群眾打一場圍殲「內人黨」的人民戰爭。

（同上）

「內人黨」完全是一個現行反革命組織，是烏蘭夫搞反黨叛國的暗班子，這個黨的基本隊伍，是由民族分裂分子，蒙奸反動的日偽軍官，共產黨的叛徒，蘇、蒙修特務組成的，它的人馬齊備，組織建全。有黨委有支部，有領導小組。從盟到各旗縣、公礎、以及生產隊布成一條黑網，它的黨魁，黨徒鑽進了政治、軍事、經濟、文化、教育等部門裡，有的已經鑽進我們的肝臟——新生的紅色政權……我們一定要和這個「內人黨」進行生死搏鬥，我們不徹底砸爛這個活動猖獗的反革命組織「內人黨」就是對我們偉大領袖毛主席的最大不忠，我們有和這一小撮人血戰到底的氣概，不獲全勝決不收兵。

（呂順一九六九年一月×日在圍殲「兩人黨」及其變種組織成員政策兌現全盟有線廣播大會上的講話）

要把混在群眾的一小撮反革分子挖出來，學生中也可能有反革命分了，窩藏壞人多的地方一個是農村，一個是學校，提出在農村不搞挖肅是高錦明。

（一九六八年十一月廿七日在盟革委會三全會上的講話）

（三）趙玉溫大肆攻擊高錦明等同志，顛覆革命委員會為二月逆流翻案

趙玉溫說：

高錦明是我區右傾機會主義路線的總代表，是大揭反動的「多中心論」分裂各級革委會的黑後臺，是典型的反革命兩面派，是政治大扒手，是赫魯曉夫式的個人野心家，陰謀家，是地地道道的烏蘭夫死黨分子，是內蒙反軍的總頭目，是堅持資產階級反動路線，挑動群眾鬥群眾，鎮壓群眾的劊子手。

（一九六九年一月十七日在盟革委會三全會上的報告）

內蒙光是一個高錦明嗎？不是他一個人的同題，革委會裡也有他的人，社會上也有他的人。

（一九六八年十二月十九日講話）

　　高錦明右傾機會主義路線在哲盟的流毒是很深的，我盟某些人在思想上和行動上適應了高錦明的需要，致使高錦明右傾機會主義路線在我盟氾濫，工作一度轉了向。

　　　　　　　　（一九六八年一二月十三日在盟革委會三全會上的講話）

　　陳福隆同志是完完全全按高錦明的意圖辦事的。

　　　　　　　　（一九六八年十二月廿九日在盟革委會三全會上的發言）

　　陳福隆同志阻礙了挖肅鬥爭的運動，打擊了一些挖肅積極的同志，是在哲盟推行高錦明錯誤路線的代表，他和高錦明上下呼應一唱一和，他們唱的一個調子，走的一個路子，坐的一條板凳子，穿的一條褲子，高錦明在內蒙叫喊：「挖肅結束論」「到底論」陳福隆同志在哲盟也叫喊：「挖肅搞的差不多了」，「不能總搞挖肅」「再搞挖肅就和中央唱對臺戲了」，高錦明在內蒙以「保護一批老幹部，保護一批民族幹部」為招牌，死保烏蘭夫死黨分子，陳福隆同志在哲盟用「解放幹部」作幌子，把石雲反黨叛國集團的大小骨幹紛紛釋放出籠，高錦明在內蒙大搞反動的「多中心論」極力推行右傾分裂主義，陳福隆同志在哲盟拉山頭，搞宗派，鬧分裂，大搞兩套馬車，破壞一元化領導，高錦明在內蒙喪心病狂地排斥，反對滕海清同志，瘋狂地進行反軍活動，陳福隆同志在哲盟勾結阿、昭個別壞頭頭頭，一直把矛頭對準軍分區，高錦明在內蒙死保烏蘭夫的老班底，妄圖保存烏蘭夫反黨叛國的暗班子，陳福隆同志在哲盟千方百計地把石雲死黨分子，拉人各級革委去，竊據要職，高錦明在內蒙充當假洋鬼子，壓制一度受蒙蔽站錯隊的革命群眾起來革命，打擊挖肅積極的同志，陳福隆志在哲盟揮午「鎮壓老保翻天」的大棒不准已經站錯隊的革命群眾起來革命搞挖肅鬥爭。

　　　　　　　　（一九六九年一月十七日在盟革委會三全會上的講話）

　　在革委會內部清理階級隊伍「吐故納新」純潔我們的領導班子，實現真正

一元化領導。

我們有些革委會還不鞏固，領導班子還不純潔……有些是壞人，因此要不斷「吐故納新」。

（一九六九年十一月廿七，十二月十三日在三全會上的報告）

現在我們有的革委會，為什麼不抓階級鬥爭，不抓毛主席著作學習，不做群眾思想工作，還有些人在那包庇壞人，重用壞人搞復舊，這樣的革委會將來有走修正主義道路的可能

（同上）

據我瞭解，公社、大隊有部分領導班子的權不在我們無產階級手裡，恐怕有30%，領導班子不在我們手裡的，要在三月底以前統統奪回來，該吐的堅決吐出去，該納新的就要納進來。

（一九六九年二月十二日在盟革委會首屆政工會上的講話）

我們革委會是新機構老作風，老班底很多，工作踢皮球。

（一九六八年十二月廿九日在盟直委會三全會上的講話）

我們有些同志在領導崗位上，工作做不了，不工作吧他佔個茅坑不拉屎，有的當天和尚撞天鐘，有的當天和尚撞半天鐘，有的當天和尚根本不撞鐘。

（一九六九年二月十三日在三全會上的講話）

陳福隆同志打著所謂「老造反派受壓」的旗號極力壓制小人物和站錯隊的同志起來革命，動不動就是老保翻天。

陳福隆說：「從群眾，特別是機關的反映，對老造反派的作用發揮不夠，支持小人物和站錯隊的同志起來革命是對的，但要相信老造反派。」

陳福隆說：「對老造反派都成了假洋鬼子依靠不夠」「我不了解，直直屬機關依靠老造反派差勁，把老造反派都打成大批指的。」

陳福隆再三再四提出這個問題，其目的是壓制小人物，壓制一般幹部起來

革命，不讓他們搞挖肅，包庇壞人，把石雲在黨政機關的所謂老造反派拉入革委會為石雲翻案。

（一九六九年一月十七日在革委會三全會上講話）

還有一種說法是「老保翻天」啦「造反派受壓」啦這樣講是錯誤的，人家站錯了隊，站過來就行了嘛。

在文化大革命的各個階段都有個站隊問題，不能躺在五十天上吃老本。

（趙玉溫、呂順一九六八年十二月廿九日講話）

我就是支持老保翻天，你們紅衛兵公社（按早已垮臺的保守組織）不要怕，要幹。

（張玉棟一九六八年四月×日講話）

有人說我支持老保翻天，我就是支持老保翻天，翻牛鬼蛇神的天有什麼不好。

（呂順一九六九年一月×日在盟五七幹校大全上的講話）

（四）趙玉溫拉一派打一派鎮壓群眾挑動群眾鬥群眾

趙玉溫說：

「哲里木革命大批判指揮部」自成立以來……大方向始終是錯誤的。

「哲三司，工八東方紅儘管存在著這樣或那樣的缺點和錯誤」但大方向始終正確的。

（哲盟革委會，哲盟木軍分區關於處理「三、二一」武鬥事件的決定，
即「四・一」決定。）

哲盟的情況，哲三司，工人東方紅是革命的，而大批判指揮部和那些壞頭頭，黑高參，變色龍小爬蟲之類他們是反動的。

（一九六八年五月四日在左中的講話）

堅決貫徹內，哲革委會「四四」批示，「四一」決定。……和「大批指」一小撮壞人鬥爭，就是同國民黨的鬥爭，要把他們批倒批臭，實行專政「後臺、黑手、打人兇手一律都法辦」舉辦批鬥和批判「大批指」的大會，建立末批判「大批指」的機構，在全盟清流毒。

（一九六八年四月十三日在盟革委會常委會上的講話）

「大批判指揮部」九個月的大方向就是錯誤的，是典型的「反軍派」，這回要指導那些變色龍、小爬蟲、黑高參都揪出來。

（一九六八年四月十日在盟革委會二全會的講話）

有人說現在是白色恐怖，不管他是什麼恐怖，繼續恐怖下去。

（一九六八年四月十六日在盟革委會二全會上的講話）

就拿你們中旗來講，內蒙革委會早就決定了，「井岡山」「東方風」兩派廣大群眾都是革命的……你們左中「東方風」上層組織和哲盟「大批指」有沒有聯繫吧？我看是有的，「東方紅」上層組織肯定地說是反動的。

「東方紅」上層組織和哲盟大批指揮部的一小撮壞蛋楊成■[2]、滕發、霍風林等人聯繫是密切的。

（一九六八年五月四日在左中的講話）

科左中旗「井岡山」強然有這樣或那樣的缺點錯誤。但大方向始終是正確的，它代表了左中無產階級革命派……

「井岡山」在二、三月逆流中，犯了一些錯誤，反了八條，但在今年一月份以後「紅後代」、「東方紅」也反了九條。九條是八條的產物。所以「東方紅」反九條也就是反八條。就是二月資本主義反革命復辟逆流翻案，為烏蘭夫，石，雲特力更翻案。

（同上）

---
2 編按：此處史料辨識不清，故以黑格標記。

你們兩派（按指「井岡山」、「東方紅」）有真打特力更的無產階級革命派，也有假打特力更的假革命派，到底誰是真的革命派，誰是假革命派，你們自己去衡量。

（一九六八年五月四日在左中的講話）

（五）趙玉溫破壞民族團結破壞軍政關係

趙玉溫說：

「內人黨」發展對象，一是蒙族幹部，蒙族幹部我們說不能說都是內人黨但是一大批批……再有的是有民族情緒的蒙族人民，一講就是我們成吉思汗的子孫；我們內外蒙合併；我們蒙族的風俗習慣；我們蒙族為蒙族服務，這就是他的發展對象。再有呢！就是學生。各個學校大的小的都可以發展。

（一九六八年十月十日在盟直機關職工大會的講話）

「內人黨」大多數是蒙族人，漢人不是沒有而是極少數。

（同上）

哲盟敵情嚴重，光蒙族就有四十萬。

（對內蒙古日記者××的談話）

「打倒反革命兩面派高盡命」
「堅決揪出高錦明在哲盟的代理人」
（哲里木軍分區司令部、政治部、後勤部、支左辦貼在通遼街頭的大字報）

（六）趙玉溫緊跟滕海清吹捧挖肅鬥爭

趙玉溫說：

十二中全會公報下達後把我盟情況向滕司令員，樹德同志做了彙報，我們

肯定了我盟的成績，肯定了大好形勢，找出了差距，滕司令員對我們的工作很滿意。

（一九六九年二月十三日在盟革委會政工會上的講話）

內蒙四全會記要和滕海清同志的講話是高舉毛澤東思想偉大紅旗的，完全符合我們全區的實際情況。會議提出的各項戰鬥任務，是緊跟毛主席偉大戰略佈署的是正確的，適時的，我們要堅決貫徹執行。……一小撮別有用心的壞傢伙千方百計地攻擊和破壞偉大的「挖肅」鬥爭，只能是搬起石頭砸自己的腳。

（一九六九年一月十七日在盟革委會三全會上的講話）

十二中全會公報下達後三個月成績是偉大的，戰果是輝煌的，特別把內蒙地區……反革命民族分裂集團「內人黨」挖了出來，首先從組織上摧垮，這就大滅了階級敵人的威風，大長了人民的志氣。

（一九六九年二月十三日在盟革委會政工會上的講話）

特別是具有偉大歷史意義的黨的八屆十二中全會的公報，毛主席在全會上兩次重要指示和林付主席在全會上的重要講話和自治區第四次全委擴大會議的精神，滕司令員在全委會上的總結報告和記要，給我們哲盟大革命人民群眾最大的鼓午最大的鞭策。

（一九六九年十二月二十三日在盟直機關職工大會上的講話）

（七）趙玉溫自毀長城

趙玉溫說：

新「內人黨」是蒙修特務組織，長期以來，這個特務組織竊取大量軍事政治情報，他們搞情報，活動方式多種多樣，他們把外蒙潛伏越進來×百××多名特務分子全部安插在邊境線上，他們通過軍隊的黨的叛徒建立情報絲……最近錫盟挖出八部電臺而且都是新內人黨近行聯繫。

（一九六九年二月十三日在盟革委會首次政工會閉幕式上的講話）

《中共中央關於處理內蒙問題的決定》頒發後，新「內人黨」有計劃地向共產黨進攻，大搞形「左」實右，大揪「黑司令」。軍區政治部付主任是內人黨執行委員，與×××、×××制定了全區奪軍權的計劃。

（同上）

各級分區司令部政委幾乎都是「內人黨」，我們是六五年來的，借到內蒙四千多幹部嗎，除了這些幾乎都是「內人黨」。

（一九六九年二月十三日在盟革委會首次政工會閉幕式上的講話）

烏蘭夫很早就有計劃要政變……咱們這也是這樣佈置的，××××、××××等這些壞蛋同樣的這樣佈置的，從各個盟軍分區機關，從專職武裝部和民兵連長都作了安排。

（一九六八年十二月十日在盟直機關職工大會首次政工會閉幕式上的講話）

（八）趙玉溫對抗中央指示造中央首長的謠

趙玉溫說：

滕司令員二月四號下午八點到十二點向中央首長彙報……中央首長對內蒙工作評價很高。中央首長說：內蒙成績很大××講：內蒙敵人很多。

（一九六九年二月十三日在盟革委會首次政工會閉幕式上的講話）

「平反嗎、只要是貧下中農（牧）他自己要求平反，都可以平，是內人黨的也可以平，這有好處，如果他是給他平了反，將來他認識到了，那他對毛主席就更會熱愛。

（一九六九年六月十三日在通遼熱電廠的講話）

吳濤同志傳達的中央對內蒙當前工作的指示只是一張傳單僅能參考。

（一九六九年五月×日的談話）

……下一步開大會，大會開三天然後開常委擴大會，小會同時進行，檢查（指陳■龍[3]）問題再研究，這需要請示內蒙革委會，還不是什麼右傾不右傾的問題了，夠打倒的就打倒。

（盟三全會，十二月二十三日趙玉溫講話）

……與些同時，要徹底批判以「大批指」為代表的反動資產階級思潮，徹底肅清他在各地的流毒。

（盟二全會，趙玉溫總結發言）

……我們的任務還很重要，這次會議之後，要需要深入貫徹執行內蒙革委會，內蒙軍區昭盟批示和哲里木軍分區關於處理三・二一事件的決定，堅決貫徹執行滕海清同志四・一三講話的指示精神……

（盟二全會趙玉溫總結發言）

……駭人聽聞的九六反革命事件就是他們在地下黑司令部的統一指揮下，一手領導演出來的人證物證俱在，賴是賴不掉的，九・六事件發生後，這些壞傢伙作賊心虛又泡製出了個「告全區人民書」，妄圖掩蓋九・六事件的真相，直到現在，他們還搞攻守同盟恣意進行抵頓，為了進一步揭露敵人，教育群眾，以後我們準備將九・六事件的全部真相用六字報公佈於眾，讓全盟革命群眾都來看看這批反革命分子及其黑後臺、黑高參的醜惡嘴臉。

（盟二全會趙玉溫總結報告）

……在這場激烈的階級鬥爭中，哲三司，工人東方紅等無產階級革命派，積極遵照偉大領袖毛主席一系列最新指示的偉大教導，同被×××操縱的為烏蘭夫反黨叛國集團翻案的批判指揮部進行了堅決的鬥爭，揪出了這個大批判指揮部的黑後臺××××，××××接受又揪出了這個大批判指揮部的黑高參張

---

[3]　編按：此處史料辨識不清，故以黑格標記。

××，取得了第四個回合的偉大勝利，至此，哲盟的無產階級文化大革命取得了偉大，歷史性的偉大進展。

（同上）

……於是從地下冒出來極力拼湊人馬，進行了新「內人黨」的大發展……在四清中發展的「內人黨」不少。

（趙玉溫在全盟首次政工會閉幕式上講話）

什麼肉聯廠非得用「阿紅」殺牛才能出口，我們殺了蓋上他們一個戳：他能知道嗎？！

（趙玉溫在全盟工交口財貿會議上的講話）

趙玉溫在三年無產階級文化大革命中，上抗中央，下壓群眾，堅持，「二月逆流」反動立場，扼殺了哲盟的文化大革命。他為了給自己的錯誤立場製造輿論，發表了數十萬字的報告和指示，放出了大量反對毛主席，反對毛澤東思想的毒草，全面地、系統的推行滕海清「左」傾機會主義路線，抵制毛主席的無產階級革命路線，為了執行毛主席「不破不立」的偉大領導，開展革命大批判，我們將分期選錄趙玉溫部分言論，供內部批判用。

哲盟上訪團供稿
內蒙師學院東縱印
一九六九年七月16日

內蒙古文革檔案03　PC0949

新銳文創 INDEPENDENT & UNIQUE
　　滕海清將軍有關內蒙古人
　　民革命黨講話集（下冊）

主　　編	楊海英
責任編輯	尹懷君
圖文排版	周妤靜
封面設計	蔡瑋筠

出版策劃	新銳文創
發 行 人	宋政坤
法律顧問	毛國樑　律師
製作發行	秀威資訊科技股份有限公司
	114 台北市內湖區瑞光路76巷65號1樓
	電話：+886-2-2796-3638　傳真：+886-2-2796-1377
	服務信箱：service@showwe.com.tw
	http://www.showwe.com.tw
郵政劃撥	19563868　戶名：秀威資訊科技股份有限公司
展售門市	國家書店【松江門市】
	104 台北市中山區松江路209號1樓
	電話：+886-2-2518-0207　傳真：+886-2-2518-0778
網路訂購	秀威網路書店：https://store.showwe.tw
	國家網路書店：https://www.govbooks.com.tw

出版日期	2020年7月　BOD一版
定　　價	440元

國家圖書館出版品預行編目

滕海清將軍有關內蒙古人民革命黨講話集 / 楊海
英主編. -- 一版. -- 臺北市：新銳文創,
2020.07
冊； 公分. -- (內蒙古文革檔案；1-3)
BOD版
ISBN 978-957-8924-99-4(上冊：平裝). --
ISBN 978-986-5540-00-5(中冊：平裝). --
ISBN 978-986-5540-01-2(下冊：平裝). --
ISBN 978-986-5540-02-9(全套：平裝)

1. 文化大革命 2. 內蒙古 3. 種族滅絕 4. 內蒙古
自治區

628.75   109007185

讀者回函卡

感謝您購買本書，為提升服務品質，請填妥以下資料，將讀者回函卡直接寄回或傳真本公司，收到您的寶貴意見後，我們會收藏記錄及檢討，謝謝！

如您需要了解本公司最新出版書目、購書優惠或企劃活動，歡迎您上網查詢或下載相關資料：http:// www.showwe.com.tw

您購買的書名：＿＿＿＿＿＿＿＿＿＿＿＿＿＿＿＿＿＿＿＿＿＿＿＿

出生日期：＿＿＿＿＿年＿＿＿＿＿月＿＿＿＿日

學歷：□高中 (含) 以下　　□大專　　□研究所 (含) 以上

職業：□製造業　□金融業　□資訊業　□軍警　□傳播業　□自由業

　　　□服務業　□公務員　□教職　　□學生　□家管　□其它＿＿＿

購書地點：□網路書店　□實體書店　□書展　□郵購　□贈閱　□其他

您從何得知本書的消息？

　　□網路書店　□實體書店　□網路搜尋　□電子報　□書訊　□雜誌

　　□傳播媒體　□親友推薦　□網站推薦　□部落格　□其他＿＿＿＿＿

您對本書的評價：(請填代號　1.非常滿意　2.滿意　3.尚可　4.再改進)

　　封面設計＿＿　版面編排＿＿　內容＿＿　文／譯筆＿＿　價格＿＿

讀完書後您覺得：

　　□很有收穫　□有收穫　□收穫不多　□沒收穫

對我們的建議：＿＿＿＿＿＿＿＿＿＿＿＿＿＿＿＿＿＿＿＿＿＿＿＿

＿＿＿＿＿＿＿＿＿＿＿＿＿＿＿＿＿＿＿＿＿＿＿＿＿＿＿＿＿＿＿＿

＿＿＿＿＿＿＿＿＿＿＿＿＿＿＿＿＿＿＿＿＿＿＿＿＿＿＿＿＿＿＿＿

＿＿＿＿＿＿＿＿＿＿＿＿＿＿＿＿＿＿＿＿＿＿＿＿＿＿＿＿＿＿＿＿

11466
台北市內湖區瑞光路 76 巷 65 號 1 樓

秀威資訊科技股份有限公司　　　收
BOD 數位出版事業部

....

（請沿線對折寄回，謝謝！）

姓　　名：_____　年齡：_____　性別：□女　□男

郵遞區號：□□□□□

地　　址：_____

聯絡電話：(日) _____ (夜) _____

E-mail：_____